“十三五”财政部规划教材
全国财政职业教育教学指导委员会推荐教材
全国会计从业资格考试辅导教材

财经法规与会计职业道德

何荣华　主编

中国财经出版传媒集团
中国财政经济出版社

图书在版编目（CIP）数据

财经法规与会计职业道德／何荣华主编．—北京：中国财政经济出版社，2016.8
“十三五”财政部规划教材　全国会计从业资格考试辅导教材
ISBN 978-7-5095-6789-0

Ⅰ.①财…　Ⅱ.①何…　Ⅲ.①财政法-中国-资格考试-自学参考资料 ②经济法-中国-资格考试-自学参考资料 ③会计人员-职业道德-资格考试-自学参考资料
Ⅳ.①D922.2 ②F233

中国版本图书馆 CIP 数据核字（2016）第 133356 号

责任编辑：樊　闽　　　　责任校对：唐　堂
封面设计：构远设计

中国财政经济出版社出版
URL：http：//www.cfeph.cn
E-mail：cfeph@cfeph.cn

社址：北京市海淀区阜成路甲 28 号　邮政编码：100142
营销中心电话：010-88190406　北京财经书店电话：64033436　84041336
北京密兴印刷有限公司印刷　各地新华书店经销
787×1092 毫米　16 开　17.25 印张　415 000 字
2016 年 8 月第 1 版　2020年8月北京第16次印刷
定价：35.00 元
ISBN 978-7-5095-6789-0/F·5462
（图书出现印装问题，本社负责调换）
本社质量投诉电话：010-88190744
打击盗版举报热线：010-88190492　QQ：634579818

编写说明

本书是“十三五”财政部规划教材、全国财政职业教育教学指导委员会推荐教材，由财政部教材编写委员会组织编写并审定，作为全国职业院校财经类教材使用。

为了更好地反映新修订的《会计法》的内容和指导思想，以及会计资格考试的最新要求，本书在原会计从业考试科目《财经法规与会计职业道德》的基础上，结合初级会计资格考试的《经济法基础》大纲，做出相应调整，力求突出以下思路：

一、突出针对性、全面性、时效性，助学生夯实基础

本教材基于原财政部会计从业考试的知识体系和范围，立足财会专业核心知识，对财经法规的基础知识和财会人员思想道德建设的相关要求进行了详尽梳理和阐释，使学生知其然，更知其所以然。进一步地，本书结合最新的财税行业政策（截至 2019 年 8 月 1 日）与人才需求，对全书内容作了重点更新，突出时效性。

二、结合最新考试政策，“提醒”式讲解设计“循循善诱”

除了内容全、内容新，本书还在系统介绍会计从业人员必备的经济法知识和技能的基础上，精心搭配原会计从业考试和部分初级资格考试历年真题，并辅之以“解释”“小结”“提示”“举例”“思考”“技巧”等拓展讲解形式，衔接考试与实务。既帮助学生提高应试能力，为初级会计资格等考试打下基础，又注重知识的长期积累与职业素质的培养。

三、“点、线、面”有机结合，编写体例优化创新

财经法规涉及的知识点众多，有的还相当繁琐细碎，给教学和自主学习增加了一定程度的困扰。在本教材的修订过程中，我们重新设计了章节框架、内容导入、考点讲解与知识回顾等环节，构建“点、线、面”有机结合的编写体例，方

便学生按图索骥，厘清知识结构。此外，在保持本系列教材广受好评的“教材、辅导书、习题集三位一体”特点的同时，本次修订优化了书中知识点精析与专项练习的内容和层次，帮助学生更合理地安排并掌握学习进度。

四、整合线上线下备考资源，学习“获得感”快速提升

本教材在此次修订中将“随章同步练习”整合融入“PASS + 会考题库”（登录 pass. cfeph. cn 并注册，根据提示在激活页面输入配套的单科激活卡的卡号与密码，激活相应科目后即可使用），PC、iOS、Android 跨平台访问，内容实时更新。并新增在线版“随章拓展阅读”模块，推送核心考点、配套数字备考资源和考试资讯。另本系列教材为教学需要配备了教学 PPT 资源，欲下载者请登录 pass. cfeph. cn 下载专区下载。

本次教材的修订由浙江商业职业技术学院何荣华负责框架结构、主体内容、编撰体例的设计和全书的统稿工作。其他编写者有浙江商业职业技术学院陈冬妮、浙江经贸职业技术学院方飞虎、浙江商业职业技术学院林依娴。

由于编写时间仓促，加之编者水平有限，书中错误在所难免，恳请广大读者批评指正。另外本书的编写参考了许多辅导教材、习题集等，在此一并表示感谢！

编　者

2019 年 8 月

目　录

第一章 chapter 1 会计法律制度

课前导语

本章讲述会计法律制度的相关内容，其法律依据主要有《会计法》《会计基础工作规范》《会计档案管理办法》《企业内部控制基本规范》《行政事业单位内部控制规范（试行）》等。本章总体难度不高，其中法律责任为初级考试委员内容（本章仅涉及《会计法》的法律责任），应熟练掌握。准备初级考试的读者还应掌握经济法法律基础及经济纠纷的解决途径等内容。另外需要说明的是，本章第三节“会计核算”中除“会计档案管理”的内容外，其余部分都在《会计基础》课程中详细讲解，学习时应以《会计基础》课程内容为主，掌握相关考点，在本课程中将不展开叙述。

基本要求

了解：会计法律制度的构成

熟悉：会计工作管理体制；会计档案管理；内部控制制度；会计机构的设置

掌握：会计核算的要求；会计工作交接的要求；会计违法行为的法律责任

本章框架结构

会计法律制度

1. 会计法律制度的概念与构成
2. 会计工作管理体制（行政管理、行业自律、单位内部的会计工作管理）
3. 会计核算（总体要求、会计凭证、账簿、财务会计报告、会计档案管理）
4. 会计监督（单位内部会计监督、政府监督、社会监督）
5. 会计机构与会计人员（会计机构的设置、会计工作岗位设置、会计工作交接、会计专业技术资格与职务）
6. 法律责任（概述、不依法设置会计账簿等会计违法行为的法律责任、其他会计违法行为的法律责任）

第一节 会计法律制度的概念与构成

一、会计法律制度的概念

会计法律制度是指国家权力机关和行政机关制定的，用以调整会计关系的各种法律、法规、规章和规范性文件的总称。

【解释】 会计关系，是指会计机构和会计人员在办理会计事务过程中以及国家在管理会计工作过程中发生的各种经济关系。

经典例题讲解

例题1－1·判断题 会计法律制度是指国家权力机关和行政机关制定的，用以调整会计关系的各种法律、法规、规章和规范性文件的总称。 （ ）

【答案解析】 √ 表述正确。

例题1－2·判断题 会计关系是指会计机构和会计人员在办理会计事务过程中以及国家在管理会计工作过程中发生的各种经济关系。 （ ）

【答案解析】 √ 表述正确。

二、会计法律制度的构成

我国会计法律制度主要包括会计法律、会计行政法规、会计部门规章和地方性会计法规。

【点拨】 要求会判断具体某一部会计法律制度属于四类里的哪一类。

（一）会计法律

会计法律是指由全国人民代表大会及其常务委员会经过一定立法程序制定的有关会计工作的法律。主要有：《会计法》和《注册会计师法》。

【提示】 会计法律是会计法律制度中层次最高的法律规范，是制定其他会计法规的依据，也是指导会计工作的最高准则。

【点拨】 目前会计法律就两部，没有其他，选择时注意。

1.《会计法》

（1）相关时间：1985 年颁布，后在 1993 年、1999 年进行了两次修订。现行的《会计法》是 1999 年第二次修订后于 2000 年 7 月 1 日起开始实施行的。

（2）立法宗旨：规范会计行为，保证会计资料真实、完整，加强经济管理和财务管理，提高经济效益，维护社会主义市场经济秩序。

2.《注册会计师法》

（1）相关时间：1993 年 10 月 31 日通过，于 1994 年 1 月 1 日起施行。

（2）地位：《注册会计师法》是规范注册会计师及其行业行为规范的最高准则。

（3）主要内容：注册会计师的考试与注册、承办的业务范围和规则、会计师事务所以及会计师协会的相关问题、注册会计师有关法律责任等。

（二）会计行政法规

会计行政法规是指由国务院制定并发布，或者国务院有关部门拟定并经国务院批准发布，调整经济生活中某些方面会计关系的法律规范。主要有：《企业财务会计报告条例》和《总会计师条例》。

【提示】 会计行政法规的制定依据是《会计法》。

【点拨】 目前会计行政法规就两部，没有其他，选择时注意。

1.《企业财务会计报告条例》

（1）相关时间：2000 年 6 月 21 日国务院以 287 号令颁布，并于 2001 年 1 月 1 日起施行。

（2）主要内容：对《会计法》中有关财务会计报告的规定进行细化，主要规定了企业财务会计报告的构成、编制、对外提供、法律责任等。

2.《总会计师条例》

（1）相关时间：1990 年 12 月 31 日国务院以 72 号令发布。

（2）主要内容：对《会计法》中有关规定进行细化和补充，主要规定了总会计师的设置、任职条件、职责权限等。

【链接】 总会计师的设置、任职条件、职责权限等内容在本章第二节中的“会计人员的选拔任用”部分有具体补充。

（三）会计部门规章

会计部门规章是指国家主管会计工作的行政部门即财政部以及其他相关部委根据法律和国

务院的行政法规、决定、命令，在本部门的权限范围内制定的，调整会计工作中某些方面内容的国家统一的会计准则制度和规范性文件。

（1）组成：包括国家统一的会计核算制度、会计监督制度、会计机构和会计人员管理制度及会计工作管理制度等。

（2）举例：《企业会计准则——基本准则》《财政部门实施会计监督办法》《代理记账管理办法》《企业会计准则第1号——存货》等具体准则、《会计基础工作规范》《会计档案管理办法》等。

【解释】 国务院其他相关部委根据其职责权限制定的会计方面的规范性文件也属于会计规章，但必须报财政部审核或者备案。

【提示】 会计部门规章效力低于宪法、法律和行政法规。

（四）地方性会计法规

地方性会计法规是指由省、自治区、直辖市人民代表大会或常务委员会在同宪法、会计法律、行政法规和国家统一的会计准则制度不相抵触的前提下，根据本地区情况制定发布的关于会计核算、会计监督、会计机构和会计人员以及会计工作管理的规范性文件。如《云南省会计条例》《湖南省实施〈中华人民共和国会计法〉办法》等。

【解释】 计划单列市、经济特区的人民代表大会及其常务委员会也可制定会计规范性文件。

【总结】 有关会计法律制度构成的总结（见表1－1）。

表1－1

构成	制定或颁布机关	主要形式	含义及法律效力
会计法律	全国人民代表大会及其常务委员会	（1）《会计法》（1985年颁布，其后进行了两次修订，现行的《会计法》是1999年修订后于2000年7月1日起施行的） （2）《注册会计师法》（1993年公布，1994年1月1日起施行）	（1）会计法律是指由全国人民代表大会及其常务委员会经过一定立法程序制定的有关会计工作的法律 （2）会计法律是会计法律制度中层次最高的法律规范，是制定其他会计法规的依据，也是指导会计工作的最高准则
会计行政法规	国务院	（1）《企业财务会计报告条例》（2000年国务院以287号令颁布并于2001年1月1日起施行） （2）《总会计师条例》（1990年国务院以72号令发布）	会计行政法规是指由国务院制定并发布，或者国务院有关部门拟定并经国务院批准发布，调整经济生活中某些方面会计关系的法律规范
会计部门规章	财政部以及国务院其他相关部委	《企业会计准则——基本准则》《财政部门实施会计监督办法》《代理记账管理办法》《企业会计准则第1号——存货》等38项具体准则、《会计基础工作规范》《会计档案管理办法》等	会计部门规章是指国家主管会计工作的行政部门即财政部以及其他相关部委根据法律和国务院的行政法规、决定、命令，在本部门的权限范围内制定的，调整会计工作中某些方面内容的国家统一的会计准则制度和规范性文件

续表

构成	制定或颁布机关	主要形式	含义及法律效力
地方性会计法规	省、自治区、直辖市人民代表大会或常务委员会	如《云南省会计条例》《湖南省实施〈中华人民共和国会计法〉办法》等 **【提示】**计划单列市、经济特区的人民代表大会及其常务委员会也可制定会计规范性文件	地方性会计法规是指由省、自治区、直辖市人民代表大会或常务委员会在同宪法、会计法律、行政法规和国家统一的会计准则制度不相抵触的前提下，根据本地区情况制定发布的关于会计核算、会计监督、会计机构和会计人员以及会计工作管理的规范性文件

【技巧】 会计法律、会计行政法规、会计部门规章、地方性会计法规的制定机关及主要形式要重点关注，务必准确记忆。记忆时，注意一些技巧：“××法”一般均指会计法律；“××条例”没有冠之以地方称谓的一般均属会计行政法规；其余的除了冠之以地方称谓的一般属于地方性会计法规外，基本上都属于会计部门规章。

【小结1】 法律效力比较：宪法＞会计法律＞会计行政法规＞会计部门规章（地方性会计法规）。

【小结2】 制定或发布机关比较：会计法律——全国人民代表大会及其常务委员会；会计行政法规——国务院；会计部门规章——财政部及国务院其他相关部委；地方性会计法规——省、自治区、直辖市人民代表大会或常务委员会（包括计划单列市、经济特区的人民代表大会及其常务委员会）。

经典例题讲解

例题1－3·多选题 我国的会计法律制度包括（　　）。

A. 会计法律　　B. 会计行政法规

C. 地方性会计法规　　D. 会计部门规章

【答案解析】 ABCD　我国会计法律制度主要包括会计法律、会计行政法规、会计部门规章和地方性会计法规。

例题1－4·单选题 2000年国务院以第287号令颁布的会计法律制度是（　　）。

A.《会计法》　　B.《注册会计师法》

C.《总会计师条例》　　D.《企业财务会计报告条例》

【答案解析】 D　《企业财务会计报告条例》由国务院2000年6月21日以287号令颁布。

例题1－5·判断题 《总会计师条例》颁布于1995年。　（　　）

【答案解析】 ×　《总会计师条例》颁布于1990年。

例题1－6·单选题 （　　）是指由国务院制定并发布，或者国务院有关部门拟定并经国务院批准发布，调整经济关系中某些方面会计关系的法律规范。

A. 会计法律　　B. 会计行政法规

C. 地方性会计法规　　D. 会计部门规章

【答案解析】 B　会计行政法规是指由国务院制定并发布，或者国务院有关部门拟定并经国务院批准发布，调整经济生活中某些方面会计关系的法律规范。

例题 1－7 · 单选题 会计法律是指由（ ）经过一定立法程序制定的有关会计工作的法律。

A. 国务院 B. 财政部

C. 全国人民代表大会及其常务委员会 D. 地方人民代表大会

【答案解析】 C 会计法律是指由全国人民代表大会及其常务委员会经过一定立法程序制定的有关会计工作的法律。

例题 1－8 · 单选题 下列各项中，属于会计法律的是（ ）。

A.《会计法》 B.《企业会计准则》

C.《总会计师条例》 D.《企业财务会计报告条例》

【答案解析】 A 会计法律主要有《会计法》和《注册会计师法》。

例题 1－9 · 判断题 《企业会计准则》是我国会计法律制度中层次最高的法律规范。（ ）

【答案解析】 × 会计法律是会计法律制度中层次最高的法律规范，是制定其他会计法规的依据，也是指导会计工作的最高准则。

例题 1－10 · 单选题 国家主管会计工作的行政部门即财政部以及其他相关部委根据法律和国务院的行政法规、决定、命令，在本部门的权限范围内制定的，调整会计工作中某些方面内容的国家统一的会计准则制度和规范性文件属于（ ）。

A. 会计法律 B. 会计行政法规

C. 会计部门规章 D. 地方性会计法规

【答案解析】 C 会计部门规章是指国家主管会计工作的行政部门即财政部以及其他相关部委根据法律和国务院的行政法规、决定、命令，在本部门的权限范围内制定的，调整会计工作中某些方面内容的国家统一的会计准则制度和规范性文件。

例题 1－11 · 多选题 下列属于会计部门规章的有（ ）。

A.《中华人民共和国会计法》 B.《会计基础工作规范》

C.《总会计师条例》 D.《财政部门实施会计监督办法》

【答案解析】 BD 《中华人民共和国会计法》属于会计法律、《总会计师条例》属于会计行政法规。

例题 1－12 · 多选题 会计部门规章的效力低于（ ）。

A. 宪法 B. 法律

C. 会计行政法规 D. 会计分析报告

【答案解析】 ABC 法律效力比较：宪法 > 会计法律 > 会计行政法规 > 会计部门规章 > 会计部门规章（地方性会计法规）。

例题 1－13 · 判断题 地方性会计法规是指由省、自治区、直辖市人民代表大会或常务委员会在同宪法、会计法律、行政法规和国家统一的会计准则制度不相抵触的前提下，根据本地区情况制定发布的关于会计核算、会计监督、会计机构和会计人员以及会计工作管理的规范性文件。（ ）

【答案解析】 √ 表述正确。

第二节 会计工作管理体制

会计工作管理体制主要包括会计工作的行政管理、会计工作的行业管理（自律管理）、单位内部的会计工作管理。

一、会计工作的行政管理

（一）会计工作行政管理体制

我国会计工作行政管理体制实行"统一领导、分级管理"的原则(即"政府主导型"管理体制)。

（1）国务院财政部门主管全国的会计工作，县级以上地方各级人民政府财政部门管理本行政区域内的会计工作。

（2）审计、税务、人民银行、证券监管、保险监管等部门依照有关法律、行政法规规定的职责和权限，可以对有关单位的会计资料实施监督检查。

【点拨】 我国会计工作行政管理的总原则及国务院财政部门和县级以上地方各级人民政府财政部门在会计行政管理中的职责、分工非常重要，也是常识性内容。

（二）会计工作行政管理的内容

会计工作的行政管理主要包括：制定国家统一的会计准则制度、会计市场管理、会计专业人才评价、会计监督检查。

1. 制定国家统一的会计准则制度

（1）国家实行统一的会计准则制度。国家统一的会计准则制度由国务院财政部门制定并公布。主要包括：国家统一的会计核算制度、会计监督制度、会计机构和会计人员管理制度、会计工作管理制度。

【点拨】 注意国家统一的会计准则制度的四部分内容，是不是和前面"会计部门规章"包括的内容基本一致？

（2）对会计核算和会计监督有特殊要求的行业，国务院有关部门可以依照《会计法》和国家统一的会计准则制度，制定实施国家统一的会计准则制度的具体办法或者补充规定，报国务院财政部门审核批准。

（3）中央军委后勤保障部可以依照《会计法》和国家统一的会计准则制度制定军队实施国家统一的会计准则制度的具体办法，报国务院财政部门备案。

【提示】 注意有关部门制定具体办法或补充规定后要履行的程序："国务院有关部门——报国务院财政部门审核批准""中央军委后勤保障部——报国务院财政部门备案"。**【判断题】**

2. 会计市场管理

会计市场管理包括会计市场的准入管理、过程监管（运行管理）和退出管理三个方面。对会计出版市场、培训市场、境外"洋资格"的管理等也属于会计市场管理。

（1）准入管理。会计市场准入包括：注册会计师资格的取得、会计师事务所的设立、代理记账机构的设立等。这些会计市场的机构和人员在获准进入会计市场后，还应当持续符合相关的资格条件。否则，原审批机关应当撤回行政许可。

（2）运行管理。对获准进入会计市场的机构和人员是否遵守各项法律法规执行业务所进行的监督和检查。

（3）退出管理。财政部门对在职业过程中有违反《会计法》《注册会计师法》行为的机构和个人进行处罚，情节严重的，吊销其职业资格，强制其退出会计市场。

【提示】 财政部门是会计工作和注册会计师行业的主管部门，履行相应的会计市场管理职责。

【思考】 会计市场管理包括哪些内容？会计准入包括哪些准入？会计准入、运行、退出管理分别表示什么意思？

3. 会计专业人才评价

目前我国已经基本形成阶梯式的会计专业人才评价机制，包括初级、中级、高级会计人才评价机制以及会计行业领军人才的培养评价体系等。对先进会计工作者的表彰奖励也属于会计人才评价的范畴。

【思考】 会计专业人才评价包括哪些内容？

4. 会计监督检查

财政部门实施的会计监督检查主要是会计信息质量检查和会计师事务所执业质量检查。此外，还包括依法加强对会计行业自律组织的监督、指导。

（1）财政部组织实施对全国的会计信息质量检查，并依法对违法行为实施行政处罚；县级以上财政部门组织实施本行政区域内的会计信息质量检查，并依法对本行政区域内单位或人员的违法会计行为实施行政处罚。

（2）财政部组织实施全国会计师事务所的执业质量检查，并依法对违反《注册会计师法》的行为实施行政处罚；省、自治区、直辖市人民政府财政部门组织实施本行政区域内的会计师事务所执业质量检查，并依法对本行政区域内会计师事务所或注册会计师违反《注册会计师法》的行为实施行政处罚。

【小结】 对会计师事务所的执业质量检查的执法主体是省级（自治区、直辖市）以上人民政府财政部门，不包括县级。而对会计信息质量检查的执法主体是县级以上财政部门（含县级）。注意区分。

经典例题讲解

例题 1－14 · 多选题 下列各项中，属于会计工作行政管理的有（　　）。

A. 会计监督检查　　B. 会计市场管理

C. 会计专业人才评价　　D. 制定国家统一的会计准则制度

【答案解析】 ABCD 会计工作的行政管理主要包括：制定国家统一的会计准则制度、会计市场管理、会计专业人才评价、会计监督检查。

例题 1－15 · 单选题 （　　）以上地方各级人民政府财政部门管理本行政区域内的会计

工作。

A. 市级　　B. 县级

C. 省级　　D. 区级

【答案解析】 B　县级以上地方各级人民政府财政部门管理本行政区域内的会计工作。

例题 1－16·单选题　中央军委后勤保障部可以依照《会计法》和国家统一的会计准则制度制定军队实施国家统一的会计准则制度的具体办法，报（　　）备案。

A. 全国人民代表大会　　B. 中央军委

C. 国务院财政部门　　D. 国家审计署

【答案解析】 C　中央军委后勤保障部可以依照《会计法》和国家统一的会计准则制度制定军队实施国家统一的会计制度的具体办法，报国务院财政部门备案。

例题 1－17·多选题　政府对会计市场的管理，包括（　　）。

A. 会计市场准入管理　　B. 会计市场退出管理

C. 前期管理　　D. 会计市场过程监管

【答案解析】 ABD　会计市场的管理包括会计市场的准入管理、过程监管和退出管理。

例题 1－18·单选题　根据《会计法》的规定，我国会计工作管理体制实行（　　）的原则。

A. 统一指导、集中管理　　B. 统一领导、分级管理

C. 统一规范、分层管理　　D. 全面管理、分级控制

【答案解析】 B　我国会计工作行政管理体制实行"统一领导、分级管理"的原则。

二、会计工作的自律管理

（一）中国注册会计师协会

中国注册会计师协会是依据《注册会计师法》和《社会团体登记条例》的有关规定设立，在财政部党组和理事会领导下开展行业管理和服务的法定组织。

（二）中国会计学会

中国会计学会创建于 1980 年，是财政部所属由全国会计领域各类专业组织，以及会计理论界、实务界会计工作者自愿结成的学术性、专业性、非营利性社会组织。

【补充】 中国会计学会接受财政部的业务指导、监督和管理，地方会计学会接受同级财政部门的业务指导、监督和管理。

（三）中国总会计师协会

中国总会计师协会是经财政部审核同意、民政部正式批准，依法注册登记成立的跨地区、跨部门、跨行业、跨所有制的非营利性国家一级社团组织，是总会计师行业的全国性自律组织。

【补充】 中国总会计师协会的主管单位是财政部。

【提示】 中国内部审计协会不是会计行业自律管理组织。

经典例题讲解

例题1－19·多选题 我国目前会计工作的行业自律管理组织主要包括（ ）。

A. 中国总会计师协会　　B. 中国注册会计师协会

C. 全国总工会　　D. 中国会计学会

【答案解析】 ABD 我国目前会计工作的行业自律管理组织主要有中国注册会计师协会、中国会计学会和中国总会计师协会。

三、单位内部的会计工作管理

单位内部的会计工作管理主要包括：单位负责人的职责、会计机构的设置、会计人员的选拔任用、会计人员回避制度。

（一）单位负责人的职责

（1）单位负责人对本单位的会计工作和会计资料的真实性、完整性负责。

【点拨】 "谁"对单位的会计工作和会计资料的真实性、完整性负责？不是"会计机构负责人"，而是"单位负责人"。"单位负责人"才是单位的会计责任主体，注意区分。

（2）单位负责人应当保证会计机构、会计人员依法履行职责，不得授意、指使、强令会计机构和会计人员违法办理会计事项。

【解释1】 单位负责人是指单位法定代表人（法人单位）或者法律、行政法规规定代表单位行使职权的主要负责人（非法人单位）。

【解释2】 单位负责人主要有两类：①单位法定代表人（也称法人代表，如国有工业企业的厂长（经理）、公司制企业的董事长、国家机关的最高行政官员等）；②法律、行政法规规定代表单位行使职权的主要负责人（如代表合伙企业执行合伙企业事务的合伙人、个人独资企业的投资人等）。

（二）会计机构的设置

《会计法》规定：各单位应当根据会计业务的需要，设置会计机构，或者在有关机构中设置会计人员并指定会计主管人员；不具备设置条件的，应当委托经批准设立从事会计代理记账业务的中介机构代理记账。

【解释】 这里有三个层次的含义：一是单独设置会计机构的；二是不单独设置会计机构的，而在有关机构中设置会计人员并指定会计主管人员；三是没有设置会计机构且未设置会计人员的单位，应当委托经批准设立从事会计代理记账业务的中介机构代理记账。

一个单位是否设置会计机构，一般取决于以下几方面的因素：

1. 单位规模的大小

【提示】 一般来说，实行企业化管理的事业单位，大、中型企业和业务较多的行政单位、社会团体和其他组织，应设置会计机构；规模较小的企业、业务和人员都不多的行政单位，可以不单独设置会计机构，而将会计业务并入其他职能部门，或委托代理记账。

2. 经济业务和财务收支的繁简

【提示】 有些单位的规模相对较小，但其经济业务复杂多样，财务收支频繁，也要设置相应的会计机构和人员。

3. 经营管理的要求

【提示】 单位设置会计机构和人员的目的就是为了适应单位在经营管理上的需要。

【点拨】 注意单位是否设置会计机构要考虑的三个具体因素。总的来说是根据单位“会计业务的需要”。

（三）会计人员的选拔任用

（1）担任会计职务应当通过相应级别的会计专业技术资格考试或考评。

①担任单位会计机构负责人（会计主管人员）的，应当具备会计师以上专业技术职务资格或者从事会计工作3年以上经历。

【解释】 会计机构负责人（会计主管人员）是指在一个单位内部具体负责会计工作的中层领导人员。设置会计机构的，应当配备会计机构负责人；在有关机构中配备专职会计人员的，应当在专职会计人员中指定会计主管人员。

【提示】会计机构负责人（会计主管人员）不同于人们通常所说的“会计主管”“主管会计”“主办会计”等。

【小结】 区分会计机构负责人和会计主管人员：设置会计机构——配备会计机构负责人；不设置会计机构（而在有关机构中配备专职会计人员）——指定会计主管人员（是负责组织管理会计事务、行使会计机构负责人职权的负责人）。

②担任总会计师应当在取得会计师任职资格后主管一个单位或者单位内一个重要方面的财务会计工作时间不少于3年。

【解释】 对于总会计师岗位，它是主管本单位财务会计工作的行政领导。总会计师不是一种专业技术职务，也不是会计机构负责人（会计主管人员），而是一种行政职务；国有的和国有资产占控股地位或者主导地位的大、中型企业必须设置总会计师，事业单位和业务主管部门根据需要，经批准可以设置总会计师；凡设置总会计师的单位，在单位行政领导中，不得设置与总会计师职权重叠的副职；总会计师组织领导本单位的财务管理、成本管理、预算管理、会计核算和会计监督等方面的工作，参与本单位重要经济问题的分析和决策。其权限主要包括：建立健全单位经济核算的组织指挥权、对违法违纪问题的制止和纠正权、对单位财务收支具有审批签署权、对本单位会计人员的管理权等。企业的总会计师由本单位主要行政领导人提名，政府主管部门任命或者聘任；免职或者解聘程序与任命或者聘任程序相同。总会计师的任职资格、任免程序、职责权限由国务院规定。

（2）取得相关资格或者符合有关条件的会计人员能否具体从事相关工作，由所在单位自行决定。

【思考】 取得相关资格或者符合有关条件的会计人员是否一定能从事会计工作或担任相应的会计职务？为什么？

（四）会计人员回避制度

国家机关、国有企业、事业单位聘任会计人员应当实行回避制度。

【解释】 这是《会计基础工作规范》中的规定，它只规定了三类单位的会计人员回避制度。具体要求如下：

(1) 单位负责人的直系亲属不得担任本单位的会计机构负责人、会计主管人员；

(2) 会计机构负责人、会计主管人员的直系亲属不得在本单位会计机构中担任出纳工作。

【解释】 直系亲属包括夫妻关系、直系血亲关系（父母子女，祖父母、外祖父母和孙子女、外孙子女等）、三代以内旁系血亲（兄弟姐妹、叔侄等）以及近姻亲关系（岳父岳母和女婿，公婆和儿媳等）。其中直系血亲关系还包括本来没有自然的或者直接的血缘关系，但法律上确定其地位与血亲相等的关系（养父母和养子女）。

经典例题讲解

例题1－20·多选题 下列各项中，属于单位内部的会计工作管理的内容有（ ）。

A. 单位负责人的职责　　B. 会计机构设置

C. 会计人员的回避制度　　D. 会计人员的选拔与任用

【答案解析】 ABCD 单位内部的会计工作管理主要包括单位负责人的职责、会计机构设置、会计人员的选拔与任用、会计人员的回避制度。

例题1－21·判断题 《会计法》规定，单位会计机构负责人对本单位的会计工作和会计资料的真实性、完整性负责。（ ）

【答案解析】 × 是“单位负责人”对本单位的会计工作和会计资料的真实性、完整性负责，而不是“单位会计机构负责人”。

例题1－22·多选题 单位负责人是指（ ）。

A. 单位法定代表人

B. 总经理

C. 法律、行政法规规定代表单位行使职权的主要负责人

D. 单位的总会计师

【答案解析】 AC 单位负责人是指单位法定代表人或者法律、行政法规规定代表单位行使职权的主要负责人。

例题1－23·单选题 （ ）应当对本单位的会计工作和会计资料的真实性、完整性负责。

A. 审计人员　　B. 会计机构负责人

C. 总会计师　　D. 单位负责人

【答案解析】 D 单位负责人对本单位的会计工作和会计资料的真实性、完整性负责。

例题1－24·判断题 《中华人民共和国会计法》规定，各单位应当根据会计业务的需要，设置会计机构，或者在有关机构中设置会计人员并指定会计主管人员；不具备设置条件的，应当委托经批准设立从事代理记账业务的中介机构代理记账。（ ）

【答案解析】 √ 表述正确。

例题1－25·多选题 关于会计机构的设置，下列说法正确的有（ ）。

A. 各单位应该根据会计业务的需要设置会计机构

B. 一个单位在经营管理上的要求越高，对会计信息的需求也会相应增加，对会计信息系统的要求也越高，从而决定了该单位设置会计机构的必要性

C. 从有效发挥会计职能作用的角度来看，实行企业化管理的事业单位，大、中型企业和业务较多的行政单位、社会团体和其他组织，应设置会计机构

D. 各单位原则上应当精简，不应设置会计机构

【答案解析】 ABC　一个单位是否单独设置会计机构一般取决于以下几个因素：单位规模的大小；经济业务和财务收支的繁简；经营管理的要求。因此不能为强调机构精简而不设置会计机构。

例题 1－26・多选题　一个单位是否设置会计机构，一般取决于（　　）等因素。

A. 是否有合格的人员担任会计机构负责人　B. 单位规模的大小

C. 经济业务和财务收支的繁简　D. 经营管理的要求

【答案解析】 BCD　一个单位是否需要设置会计机构，主要取决于以下几个因素：单位规模的大小；经济业务和财务收支的繁简；经营管理的要求。

例题 1－27・单选题　《会计法》中所称的会计主管人员是指不单独设置会计机构的单位里，负责组织管理会计事务、行使会计机构负责人职权的（　　）。

A. 会计主管　B. 主管会计

C. 主办会计　D. 负责人

【答案解析】 D　会计主管人员是指不单独设置会计机构的单位里，负责组织管理会计事务、行使会计机构负责人职权的负责人。

例题 1－28・多选题　根据规定，下列单位中必须设置总会计师的有（　　）。

A. 政府机关

B. 国有资产占控股地位或者主导地位的大、中型企业

C. 事业单位

D. 国有大、中型企业

【答案解析】 BD　国有的和国有资产占控股地位或者主导地位的大、中型企业必须设置总会计师。

例题 1－29・判断题　取得相关资格或者符合有关条件的会计人员能否具体从事会计工作，由所在单位自行决定。（　　）

【答案解析】 √　表述正确。

例题 1－30・单选题　根据《会计基础工作规范》的规定，回避制度中所说的直系亲属不包括（　　）。

A. 夫妻关系　B. 子女与父母

C. 配偶的表姐　D. 配偶的父母

【答案解析】 C　根据规定，直系亲属包括夫妻关系、直系血亲关系、三代以内旁系血亲以及近姻亲关系。选项 A 属于夫妻关系；选项 B 属于直系血亲关系；选项 D 属于近姻亲关系。

例题 1－31・单选题　根据《会计基础工作规范》的规定，单位负责人的直系亲属不得在本单位担任的会计工作岗位是（　　）。

A. 会计机构负责人　B. 出纳

C. 稽核　　　　　　　　　　　　　　　D. 会计档案保管

【答案解析】 A　根据规定，单位负责人的直系亲属不得担任本单位的会计机构负责人、会计主管人员；会计机构负责人、会计主管人员的直系亲属不得在本单位会计机构中担任出纳工作。

例题 1-32·多选题　根据《会计基础工作规范》的规定，应实行会计人员回避制度的有（　）。

A. 国有企业　　　　　　　　　　　　　B. 国家机关

C. 有限责任公司　　　　　　　　　　　D. 股份有限公司

【答案解析】 AB　《会计基础工作规范》规定国家机关、国有企业、事业单位聘用会计人员应当实行回避制度。

例题 1-33·单选题　根据《会计基础工作规范》中有关会计人员回避制度的要求，会计主管人员的直系亲属不得担任本单位的（　）。

A. 会计机构负责人　　　　　　　　　　B. 内部审计人员

C. 出纳　　　　　　　　　　　　　　　D. 稽核

【答案解析】 C　根据规定，单位负责人的直系亲属不得担任本单位的会计机构负责人、会计主管人员；会计机构负责人、会计主管人员的直系亲属不得在本单位会计机构中担任出纳工作。

第三节 | 会计核算

会计核算是会计最基本的职能。

【提示】 为规范会计核算，我国会计法律制度对会计核算依据、会计信息质量要求、会计资料的基本要求以及会计年度、记账本位币、填制会计凭证、登记会计账簿、编制财务会计报告、财产清查、会计档案管理等方面做出了统一规定。

【点拨】 本部分内容和《会计基础》课程有交叉，重复较多。建议以《会计基础》为参照学习掌握。

一、总体要求

（一）会计核算的依据

（1）各单位必须根据实际发生的经济业务事项进行会计核算，填制会计凭证，登记会计账簿，编制财务会计报告。

【解释】 “实际发生的经济业务事项”指的是在生产经营或预算执行过程中发生的引起资金增减变化的经济活动。

【补充】 并非所有实际发生的经济业务事项都需要进行会计记录和核算。只有经济业务事项引起资金增减变化时，才需要进行记录和反映。如企业在签订经济合同或协议时，往往不需要进行会计核算，只有当实际履行合同或协议并引起资金运动时，才需要进行会计核算。

【提示】 以实际发生的经济业务事项为依据进行会计核算（客观性），是对会计核算最基本的要求，是保证会计信息真实可靠的重要前提。

(2) 任何单位不得以虚假的经济业务事项或者资料进行会计核算。

【提示】 以虚假的经济业务事项或资料进行会计核算，是一种严重的违法行为，将受到法律的严厉制裁。

(二) 对会计资料的基本要求

1. 会计资料的生成和提供必须符合国家统一的会计准则制度的规定

会计资料主要包括会计凭证、会计账簿、财务会计报告和其他会计资料，它是记录会计核算过程和结果的重要载体，是投资者做出投资决策、经营者进行经营管理、国家进行宏观调控的重要依据。

【解释】 会计资料是指在会计核算过程中形成的，记录和反映实际发生的经济业务事项的会计专业资料。

【补充】 使用电子计算机进行会计核算的，其软件及其生成的会计凭证、会计账簿、财务会计报告及其他会计资料，也应当符合国家统一的会计准则制度的规定。

【点拨】 会计资料包括哪些？

2. 提供虚假的会计资料是违法行为

任何单位和个人不得伪造、变造会计凭证、会计账簿和其他会计资料，不得提供虚假的财务会计报告。

(1) 伪造会计资料：是指以虚假经济业务或资金往来为前提，编造虚假的会计凭证、会计账簿和其他会计资料的行为（即无中生有）。

(2) 变造会计资料：是指用涂改、挖补等手段来改变会计凭证、会计账簿等和其他会计资料的真实内容，歪曲事实真相的行为（即篡改事实）。

(3) 提供虚假财务会计报告：是指通过编造虚假的会计凭证、会计账簿及其他会计资料（依据虚假）或直接篡改财务会计报告上的数据，使财务会计报告不真实、不完整地反映真实财务状况和经营成果，借以误导和欺骗会计资料使用者的行为（即以假乱真）。

【提示】 区分“伪造”和“变造”会计资料要抓住关键点：“伪造”是无中生有，前提是虚假的经济业务或资金往来；而“变造”是采用“涂改、挖补”等手段，篡改事实，注意其区别。

【点拨】 要会判断某项具体的会计行为是否属于“伪造会计资料”“变造会计资料”还是“提供虚假财务会计报告”，注意他们之间有“交集”。

会计资料的真实性和完整性是对会计资料最基本的质量要求，是会计工作的生命线。

【解释1】 会计资料的真实性，主要是指会计资料所反映的内容和结果，应当同本单位实际发生的经济业务的内容及其结果相一致。

【解释2】 会计资料的完整性，主要是指构成会计资料的各项要素都必须齐全。

【思考】 会计资料最基本的质量要求是什么？真实性、完整性各表示什么意思？

经典例题讲解

例题 1 -34 · 多选题 为规范会计核算，我国会计法律制度从（ ）等方面对会计核算进行了统一规定。

A. 会计信息质量要求　　B. 记账本位币

C. 会计档案管理　　D. 编制财务会计报告

【答案解析】 ABCD 为规范会计核算，我国会计法律制度对会计核算依据、会计信息质量要求、会计资料的基本要求以及会计年度、记账本位币、填制会计凭证、登记会计账簿、编制财务会计报告、财产清查、会计档案管理等做出了统一规定。

例题 1 -35 · 判断题 会计核算必须以各单位在生产经营或预算执行过程中实际发生的包括引起或未引起资金增减变化的经济活动为依据。（ ）

【答案解析】 × 各单位必须根据实际发生的经济业务事项进行会计核算。“实际发生的经济业务事项”指的是在生产经营或预算执行过程中发生的引起资金增减变化的经济活动。

例题 1 -36 · 判断题 任何单位不得以虚假的经济业务事项或者资料进行会计核算，一旦违反，即是严重的违法行为，将受到法律的严厉制裁。（ ）

【答案解析】 √ 表述正确。

例题 1 -37 · 多选题 《会计法》第十三条规定：“（ ）和其他会计资料，必须符合国家统一的会计制度的规定。”

A. 会计凭证　　B. 会计账簿

C. 财务会计报告　　D. 会计分析报告

【答案解析】 ABC 会计凭证、会计账簿、财务会计报告和其他会计资料，必须符合国家统一的会计制度的规定。

例题 1 -38 · 单选题 下列不属于会计资料的是（ ）。

A. 经济合同　　B. 会计凭证

C. 会计账簿　　D. 财务会计报告

【答案解析】 A 会计资料是指在会计核算过程中形成的，记录和反映实际发生的经济业务事项的会计专业资料，主要包括会计凭证、会计账簿、财务会计报告和其他会计资料。经济合同不属于会计资料。

例题 1 -39 · 单选题 会计资料最基本的质量要求是（ ）。

A. 真实性和相关性　　B. 明晰性和谨慎性

C. 真实性和完整性　　D. 重要性和及时性

【答案解析】 C 会计资料的真实性和完整性，是对会计资料最基本的质量要求，是会计工作的生命线。

例题 1 -40 · 单选题 会计资料所反映的内容和结果，与本单位实际发生的经济业务内容及其结果相一致，表明会计资料具有（ ）。

A. 真实性　　B. 完整性

C. 可比性　　D. 及时性

【答案解析】 A　会计资料的真实性主要是指会计资料所反映的内容和结果，应当与本单位实际发生的经济业务的内容及其结果相一致。

例题1-41·判断题　伪造会计资料，是指用涂改、挖补等手段来改变会计凭证、会计账簿和其他会计资料的行为。（　）

【答案解析】 ×　伪造会计资料是指以虚假经济业务或资金往来为前提，编造虚假的会计凭证、会计账簿和其他会计资料的行为；变造会计资料是指用涂改、挖补等手段来改变会计凭证、会计账簿和其他会计资料的真实内容，歪曲事实真相的行为。

例题1-42·多选题　下列各项中，属于变造会计凭证行为的有（　）。

A. 某公司为一客户虚开假发票一张，并按票面金额的10%收取好处费

B. 某业务员将购货发票上的金额50万元，用“消字灵”修改为80万元报账

C. 企业某现金出纳将一张报销凭证上的金额7 000元涂改为9 000元

D. 采购部门转来一张购货发票，原发票金额有误，出票单位已做更正并加盖出票单位公章

【答案解析】 BC　变造会计资料是指用涂改、挖补等手段来改变会计凭证、会计账簿和其他会计资料的真实内容，歪曲事实真相的行为。选项A属于伪造会计凭证行为，选项D属于更正方法错误。

例题1-43·单选题　通过编造虚假的会计凭证、会计账簿和其他资料或直接篡改财务会计报告上的数据，使财务会计报告不真实、不完整地反映真实财务状况和经营成果，借以误导和欺骗会计资料使用者的行为，属于（　）。

A. 伪造会计凭证、会计账簿和其他会计资料

B. 变造会计凭证、会计账簿和其他会计资料

C. 提供虚假财务会计报告

D. 会计资料的不真实或不完整

【答案解析】 C　提供虚假财务会计报告是指通过编造虚假的会计凭证、会计账簿及其他会计资料或直接篡改财务会计报告上的数据，使财务会计报告不真实、不完整地反映真实财务状况和经营成果，借以误导和欺骗会计资料使用者的行为。

例题1-44·多选题　某地方财政部门进行执法检查时发现一家单位以虚假的经济事项编造了会计凭证和会计账簿，并据此编制了财务会计报告。对此，财政部门对该单位的违法行为应认定为（　）。

A. 伪造会计凭证行为　　B. 变造会计凭证和会计账簿行为

C. 伪造会计账簿行为　　D. 提供虚假的财务会计报告行为

【答案解析】 ACD　以虚假经济业务或资金往来为前提，编造虚假的会计凭证、会计账簿和其他会计资料的行为属于伪造会计资料行为，选项AC正确；通过编造虚假的会计凭证、会计账簿和其他资料或直接篡改财务会计报告上的数据，使财务会计报告不真实、不完整地反映真实财务状况和经营成果，借以误导和欺骗会计资料使用者的行为，属于提供虚假财务会计报告的行为，选项D正确。

二、会计凭证

每个企业都必须按一定的程序填制和审核会计凭证，根据审核无误的会计凭证进行账簿登

记，如实反映企业的经济业务。

【补充1】 原始凭证不得涂改、挖补。原始凭证金额有误的，应当由出具单位重开，不得在原始凭证上更正；原始凭证有其他错误的，应当由出具单位重开或更正，更正处应当加盖出具单位印章。

【补充2】 一张原始凭证所列支出需要几个单位共同负担的，应当将其他单位负担的部分，开给对方原始凭证分割单，进行结算。

【点拨】 会计凭证相关内容在《会计基础》课程第六章中有详细讲解。

经典例题讲解

例题1-45·判断题 每个企业都必须按一定的程序填制和审核会计凭证，根据审核无误的会计凭证进行账簿登记，如实反映企业的经济业务。 （ ）

【答案解析】 √ 表述正确。

三、会计账簿

各单位发生的各项经济业务事项应当在依法设置的会计账簿上统一登记、核算，不得违反《会计法》和国家统一的会计准则制度的规定私设会计账簿进行登记、核算。

【补充】 私设账簿主要表现为在法定会计账簿之外，另设置一套或多套账簿，用于登记没有纳入法定会计账簿之内统一核算的其他经济业务事项，以达到种种非法目的。账外设账是一种极为严重的违法行为。

【点拨】 会计账簿相关内容在《会计基础》课程第七章中有详细讲解。

经典例题讲解

例题1-46·判断题 依法设置会计账簿，是单位进行会计核算的最基本要求之一。 （ ）

【答案解析】 √ 表述正确。

四、财务会计报告

财务会计报告至少应当包括下列组成部分：资产负债表、利润表、现金流量表、所有者权益（或股东权益）变动表、附注。财务会计报告上述组成部分具有同等的重要程度。

（1）财务会计报告由单位负责人和主管会计工作的负责人、会计机构负责人（会计主管人员）签名并盖章；设置总会计师的单位，还应由总会计师签名并盖章。

【提示】 不是签名“或”盖章，而是签名“并”盖章。务必掌握财务会计报告签章的主体和方式。

【举例1-1】　单位负责人——董事长；主管会计工作的负责人——分管财务的副总；会计机构负责人（会计主管人员）——财务经理。

（2）单位负责人应当保证财务会计报告真实、完整。

【提示】　财务会计报告的责任主体是“单位负责人”，不是“会计机构负责人”。

（3）财务会计报告的编制要求、提供对象、提供期限应当符合法定要求。

（4）向不同的会计资料使用者提供的财务会计报告，其编制依据应当一致。

（5）有关法律、行政法规规定财务会计报告须经注册会计师审计的，注册会计师及其所在的会计师事务所出具的审计报告也应当随同财务会计报告一并提供。

经典例题讲解

例题1-47·单选题　按照规定，财务会计报告上需要单位有关负责人签章，正确的做法是（　）。

A. 签名　　　　B. 盖章

C. 签名或盖章　　　　D. 签名并盖章

【答案解析】　D　不是签名“或”盖章，而是签名“并”盖章。

例题1-48·判断题　会计机构负责人是财务会计报告的责任主体，必须保证财务会计报告的真实、完整。（　）

【答案解析】　×　单位负责人是财务会计报告的责任主体，必须保证财务会计报告的真实、完整。责任主体是“单位负责人”，不是“会计机构负责人”。

例题1-49·多选题　根据《中华人民共和国会计法》和国家统一的会计制度的规定，设置总会计师的单位对外报送的财务会计报告的签章人有（　　）。

A. 单位负责人　　　　B. 注册会计师

C. 会计机构负责人（会计主管人员）　　　　D. 总会计师

【答案解析】　ACD　财务会计报告由单位负责人和主管会计工作的负责人、会计机构负责人（会计主管人员）签名并盖章；设置总会计师的单位，还应由总会计师签名并盖章。

例题1-50·判断题　财务会计报告须经注册会计师审计的，注册会计师及其所在的会计师事务所出具的审计报告应当随同财务会计报告一并提供。（　　）

【答案解析】　√　表述正确。

五、会计档案管理

【提示】本部分讲解会计档案的内容、管理部门、归档、移交、查阅、复制、借出、保管期限及会计档案的销毁等，这也正是《会计档案管理办法》中规定的主要内容。

【链接】　财政部和国家档案局于2015年12月11日公布了修订后的《会计档案管理办法》，自2016年1月1日起施行。国家机关、社会团体、企业、事业单位和其他组织管理会计档案适用该办法。

（一）会计档案的内容

会计档案是指单位在进行会计核算等过程中接收或形成的，记录和反映单位经济业务事项的，具有保存价值的文字、图表等各种形式的会计资料，包括通过计算机等电子设备形成、传输和存储的电子会计档案。具体包括：

（1）会计凭证：包括原始凭证、记账凭证。

（2）会计账簿：包括总账、明细账、日记账、固定资产卡片及其他辅助性账簿。

（3）财务会计报告：包括月度、季度、半年度、年度财务会计报告。

（4）其他会计资料：银行存款余额调节表、银行对账单、纳税申报表、会计档案移交清册、会计档案保管清册、会计档案销毁清册、会计档案鉴定意见书及其他具有保存价值的会计资料。

【提示1】 单位可以利用计算机、网络通信等信息技术手段管理会计档案。

【提示2】 同时满足下列条件的，单位内部形成的属于归档范围的电子会计资料可仅以电子形式保存，形成电子会计档案：①形成的电子会计资料来源真实有效，由计算机等电子设备形成和传输；②使用的会计核算系统能够准确、完整、有效接收和读取电子会计资料，能够输出符合国家标准归档格式的会计凭证、会计账簿、财务会计报告等会计资料，设定了经办、审核、审批等必要的审签程序；③使用的电子档案管理系统能够有效接收、管理、利用电子会计档案，符合电子档案的长期保管要求，并建立了电子会计档案与相关联的其他纸质会计档案的检索关系；④采取有效措施，防止电子会计档案被篡改；⑤建立电子会计档案备份制度，能够有效防范自然灾害、意外事故和人为破坏的影响；⑥形成的电子会计资料不属于具有永久保存价值或者其他重要保存价值的会计档案。此外，满足上述规定条件，单位从外部接收的电子会计资料附有符合《中华人民共和国电子签名法》规定的电子签名的，可仅以电子形式归档保存，形成电子会计档案。

【点拨】 注意会计档案的概念（特别小心包括电子会计档案）、四种主要构成。另外还要注意具体“细节”属于哪一类，比如“会计档案鉴定意见书”属于哪一类会计档案（其他类）。

【补充】 注意预算、计划、制度等文件材料不属于会计档案，属于文书档案。

（二）会计档案的管理部门

（1）财政部和国家档案局主管全国会计档案工作，共同制定全国统一的会计档案工作制度，对全国会计档案工作实行监督和指导。

（2）县级以上地方人民政府财政部门和档案行政管理部门管理本行政区域内的会计档案工作，并对本行政区域内会计档案工作实行监督和指导。

【思考】 哪两个主管部门共同负责会计档案工作的监督和指导？

（三）会计档案的归档

单位的会计机构或会计人员所属机构（统称单位会计管理机构）按照归档范围和归档要求，负责定期将应当归档的会计资料整理立卷，编制会计档案保管清册。

（四）会计档案的移交

（1）单位内部会计档案移交。当年形成的会计档案，在会计年度终了后，可由单位会计管理机构临时保管一年，再移交单位档案管理机构保管。因工作需要确需推迟移交的，应当经单位档案管理机构同意。

单位会计管理机构临时保管会计档案最长不超过三年。临时保管期间，会计档案的保管应当符合国家档案管理的有关规定，且出纳人员不得兼管会计档案。

单位会计管理机构在办理会计档案移交时，应当编制会计档案移交清册，并按照国家档案管理的有关规定办理移交手续。

【提示】 纸质会计档案移交时应当保持原卷的封装。电子会计档案移交时应当将电子会计档案及其元数据一并移交，且文件格式应当符合国家档案管理的有关规定。特殊格式的电子会计档案应当与其读取平台一并移交。单位档案管理机构接收电子会计档案时，应当对电子会计档案的准确性、完整性、可用性、安全性进行检测，符合要求的才能接收。

（2）单位之间会计档案移交。单位之间交接会计档案时，交接双方应当办理会计档案交接手续。移交会计档案的单位，应当编制会计档案移交清册，列明应当移交的会计档案名称、卷号、册数、起止年度、档案编号、应保管期限和已保管期限等内容。交接会计档案时，交接双方应当按照会计档案移交清册所列内容逐项交接，并由交接双方的单位有关负责人负责监督。交接完毕后，交接双方经办人和监督人应当在会计档案移交清册上签名或盖章。

（五）会计档案的查阅、复制和借出

（1）单位应当严格按照相关制度利用会计档案，在进行会计档案查阅、复制、借出时履行登记手续，严禁篡改和损坏。

（2）单位保存的会计档案一般不得对外借出。确因工作需要且根据国家有关规定必须借出的，应当严格按照规定办理相关手续。会计档案借用单位应当妥善保管和利用借入的会计档案，确保借入会计档案的安全完整，并在规定时间内归还。

（3）单位的会计档案及其复制件需要携带、寄运或者传输至境外的，应当按照国家有关规定执行。

（六）会计档案的保管期限

（1）会计档案的保管期限分为永久和定期两类。

（2）定期保管期限一般分为10年和30年。会计档案的保管期限，从会计年度终了后的第一天算起。

【小结】 表1－2（企业和其他组织）、表1－3（财政总预算、行政单位、事业单位和税收会计）是几种典型会计档案的保管期限（最低保管期限）小结，要求熟悉。

表1－2　企业和其他组织档案保管期限小结

期限	档案
永久保存	年度财务会计报告；会计档案保管清册；会计档案销毁清册；会计档案鉴定意见书
10年	月度、季度、半年度财务会计报告；银行存款余额调节表；银行对账单；纳税申报表
30年	会计凭证；会计账簿（固定资产卡片待固定资产报废清理后保管5年）、会计档案移交清册

表 1－3　　财政总预算、行政单位、事业单位和税收会计档案保管期限小结

永久保存	政府综合财务报告；部门财务报告；财政总决算；部门决算；税收年报（决算）；会计档案保管清册；会计档案销毁清册；会计档案鉴定意见书
10 年	国家金库编送的各种报表及缴库退库凭证；各收入机关编送的报表；国家金库年报（决算）；基本建设拨、贷款年报（决算）；行政单位和事业单位会计月、季度报表；税收会计报表；银行存款余额调节表；银行对账单
30 年	行政单位和事业单位的各种会计凭证；财政总预算拨款凭证和其他会计凭证；会计账簿（固定资产卡片待固定资产报废清理后保管 5 年）、会计档案移交清册

（七）会计档案的销毁

1. 会计档案的鉴定

单位应当定期对已到保管期限的会计档案进行鉴定，并形成会计档案鉴定意见书。经鉴定，仍需继续保存的会计档案，应当重新划定保管期限；对保管期满，确无保存价值的会计档案，可以销毁。

【提示】 会计档案鉴定工作应当由单位档案管理机构牵头，组织单位会计、审计、纪检监察等机构或人员共同进行。

2. 会计档案的销毁程序

经鉴定可以销毁的会计档案，应当按照以下程序销毁：

（1）单位档案管理机构编制会计档案销毁清册，列明拟销毁会计档案的名称、卷号、册数、起止年度、档案编号、应保管期限、已保管期限和销毁时间等内容。

【思考】 单位内部的哪个部门负责编制会计档案销毁清册？

（2）单位负责人、档案管理机构负责人、会计管理机构负责人、档案管理机构经办人、会计管理机构经办人在会计档案销毁清册上签署意见。

（3）单位档案管理机构负责组织会计档案销毁工作，并与会计管理机构共同派员监销。监销人在会计档案销毁前，应当按照会计档案销毁清册所列内容进行清点核对；在会计档案销毁后，应当在会计档案销毁清册上签名或盖章。电子会计档案的销毁还应当符合国家有关电子档案的规定，并由单位档案管理机构、会计管理机构和信息系统管理机构共同派员监销。

【提示】 纸质会计档案和电子会计档案销毁时，监销人员的派出部门不完全一样，注意区别。

3. 不得销毁的会计档案

（1）保管期满但未结清的债权债务会计凭证和涉及其他未了事项（如超过保管期限但尚未报废的固定资产购买凭证）的会计凭证不得销毁，纸质会计档案应当单独抽出立卷，电子会计档案单独转存，保管到未了事项完结时为止。单独抽出立卷或转存的会计档案，应当在会计档案鉴定意见书、会计档案销毁清册和会计档案保管清册中列明。

（2）正处于项目建设期间的建设单位，其保管期满的会计档案不得销毁。建设单位在项目建设期间形成的会计档案，需要移交给建设项目接受单位的，应当在办理竣工财务决算后及时移交，并按照规定办理交接手续。

【点拨】 哪些会计档案保管期满但不得销毁？

经典例题讲解

例题1-51·判断题　会计档案是指单位在进行会计核算等过程中接收或形成的，记录和反映单位经济业务事项的，具有保存价值的文字、图表等各种形式的会计资料，包括通过计算机等电子设备形成、传输和存储的电子会计档案。（　）

【答案解析】　√　表述正确。

例题1-52·多选题　《会计档案管理办法》中所规范的会计档案内容有很多，比如其他会计资料就包括（　　）等。

A. 银行存款余额调节表　　B. 银行对账单
C. 纳税申报表　　D. 会计档案移交清册

【答案解析】　ABCD　其他会计资料包括银行存款余额调节表、银行对账单、纳税申报表、会计档案移交清册、会计档案保管清册、会计档案销毁清册、会计档案鉴定意见书及其他具有保存价值的会计资料。

例题1-53·单选题　按照规定，主管全国会计档案工作，并共同制定全国统一的会计档案工作制度，对全国会计档案工作实行监督和指导的部门，是指（　　）。

A. 财政部　　B. 国家档案局
C. 财政部和国家档案局　　D. 人大财经委员会和档案部门

【答案解析】　C　财政部和国家档案局主管全国会计档案工作，共同制定全国统一的会计档案工作制度，对全国会计档案工作实行监督和指导。

例题1-54·单选题　根据《会计档案管理办法》的规定，负责定期将应归档的会计资料整理立卷，编制会计档案保管清册的部门应是（　　）。

A. 单位的会计机构或会计人员所属机构　　B. 单位的档案机构或档案人员所属机构
C. 单位的人力资源机构　　D. 单位的有关业务部门

【答案解析】　A　单位的会计机构或会计人员所属机构（统称单位会计管理机构）按照归档范围和归档要求，负责定期将应当归档的会计资料整理立卷，编制会计档案保管清册。

例题1-55·判断题　根据《会计档案管理办法》的规定，单位可以利用计算机、网络通信等信息技术手段管理会计档案。（　）

【答案解析】　√　表述正确。

例题1-56·多选题　根据《会计档案管理办法》的规定，单位内部形成的属于归档范围的电子会计资料可仅以电子形式保存并形成电子会计档案，必须同时满足多个条件，包括（　　）。

A. 形成的电子会计资料来源真实有效，由计算机等电子设备形成和传输
B. 能够采取有效措施，防止电子会计档案被篡改
C. 形成的电子会计资料不属于具有永久保存价值或者其他重要保存价值的会计档案
D. 能够建立电子会计档案备份制度，能够有效防范自然灾害、意外事故和人为破坏的影响

【答案解析】　ABCD　同时满足下列条件的，单位内部形成的属于归档范围的电子会计资

料可仅以电子形式保存，形成电子会计档案：①形成的电子会计资料来源真实有效，由计算机等电子设备形成和传输；②使用的会计核算系统能够准确、完整、有效地接收和读取电子会计资料，能够输出符合国家标准归档格式的会计凭证、会计账簿、财务会计报表等会计资料，设定了经办、审核、审批等必要的审签程序；③使用的电子档案管理系统能够有效接收、管理、利用电子会计档案，符合电子档案的长期保管要求，并建立了电子会计档案与相关联的其他纸质会计档案的检索关系；④采取有效措施，防止电子会计档案被篡改；⑤建立电子会计档案备份制度，能够有效防范自然灾害、意外事故和人为破坏的影响；⑥形成的电子会计资料不属于具有永久保存价值或者其他重要保存价值的会计档案。

例题 1－57・单选题 根据《会计档案管理办法》的规定，当年形成的会计档案，在会计年度终了后，可由单位会计管理机构临时保管，再移交单位档案管理机构保管。这里所说的单位会计管理机构临时保管会计档案的时间应为（　　）。

A. 1.5 年　　B. 半年

C. 2 年　　D. 1 年

【答案解析】 D 当年形成的会计档案，在会计年度终了后，可由单位会计管理机构临时保管 1 年，再移交单位档案管理机构保管。

例题 1－58・判断题 根据《会计档案管理办法》的规定，单位会计管理机构因工作需要确需推迟移交会计档案的，应当经单位档案管理机构同意。但是单位会计管理机构临时保管会计档案最长不超过两年。（　　）

【答案解析】 × 单位会计管理机构临时保管会计档案最长不超过 3 年。

例题 1－59・判断题 单位应当严格按照相关制度利用会计档案，在进行会计档案查阅、复制、借出时履行登记手续，严禁篡改和损坏。为了保证会计档案的安全，单位保存的会计档案一律不得对外借出。（　　）

【答案解析】 × 单位保存的会计档案一般不得对外借出。确因工作需要且根据国家有关规定必须借出的，应当严格按照规定办理相关手续。

例题 1－60・单选题 下列不属于永久保管的会计档案是（　　）。

A. 总账　　B. 会计档案保管清册

C. 年度财务会计报告　　D. 会计档案销毁清册

【答案解析】 A 总账的保管期限是 30 年。选项 BCD 都属于永久保管的会计档案。

例题 1－61・多选题 会计档案的保管期限分为永久、定期两类。定期保管期限一般分为（　　）。

A. 10 年　　B. 30 年

C. 20 年　　D. 15 年

【答案解析】 AB 会计档案的保管期限分为永久和定期两类。定期保管期限一般分为 10 年和 30 年。

例题 1－62・单选题 关于会计档案保管，以下说法错误的是（　　）。

A. 会计档案的保管期限分为永久、定期两类。定期保管期限一般分为 10 年和 30 年

B. 会计档案的保管期限，从会计年度终了后的第一天算起

C. 单位的原始凭证和年度财务报告均属于永久保存的会计档案

D. 会计档案的保管办法所规定的会计档案保管期限为最低保管期限

【答案解析】 C　单位原始凭证的保管期限是30年。

例题1－63·多选题　单位应当定期对已到保管期限的会计档案进行鉴定，并形成会计档案鉴定意见书。会计档案鉴定工作应当由单位档案管理机构牵头，并组织单位有关部门共同进行，这些部门应当包括（　　）。

A. 会计　　B. 审计

C. 纪检监察　　D. 有关业务部门

【答案解析】 ABC　会计档案鉴定工作应当由单位档案管理机构牵头，组织单位会计、审计、纪检监察等机构或人员共同进行。

例题1－64·多选题　会计档案销毁清册，包括拟销毁会计档案的名称、卷号、册数、起止年度、档案编号、应保管期限、已保管期限和销毁时间等内容。为了明确经济责任，会计档案销毁清册还需要有关机构的有关人员签署相关意见。这些机构的有关人员包括（　　）等。

A. 单位负责人　　B. 档案管理机构负责人

C. 会计管理机构负责人　　D. 档案管理机构经办人

【答案解析】 ABCD　单位负责人、档案管理机构负责人、会计管理机构负责人、档案管理机构经办人、会计管理机构经办人在会计档案销毁清册上签署意见。

例题1－65·多选题　根据规定，单位电子会计档案的销毁应当符合国家有关电子档案的规定，并由以下部门共同派员监销完成（　　）。

A. 单位档案管理机构　　B. 单位会计管理机构

C. 单位信息系统管理机构　　D. 单位人力资源部门

【答案解析】 ABC　电子会计档案的销毁还应当符合国家有关电子档案的规定，并由单位档案管理机构、会计管理机构和信息系统管理机构共同派员监销。

例题1－66·单选题　关于会计档案的销毁，以下说法错误的是（　　）。

A. 保管期满未结清的债权债务原始凭证不得销毁

B. 正在建设期间的建设单位会计档案不得销毁

C. 会计档案销毁需要单位会计机构编制会计档案销毁清册

D. 会计档案销毁需要单位档案管理机构与会计管理机构共同派员监销

【答案解析】 C　单位档案管理机构编制会计档案销毁清册，选项C表述错误。

例题1－67·单选题　关于电子会计档案，以下说法错误的是（　　）。

A. 电子会计档案移交时应当将电子会计档案及其元数据一并移交

B. 属于归档范围的电子会计资料，必须属于具有永久保存价值或者其他重要保存价值的会计档案

C. 电子会计档案的销毁应当由单位档案管理机构、会计管理机构和信息系统管理机构共同派员监销

D. 档案接受单位应当对保存电子会计档案的载体及其技术环境进行检验，确保所接收电子会计档案的准确、完整、可用和安全

【答案解析】 B　会计档案是指单位在进行会计核算等过程中接收或形成的，记录和反映单位经济业务事项的，具有保存价值的文字、图表等各种形式的会计资料，包括通过计算机等电子设备形成、传输和存储的电子会计档案。选项B的表述不正确。

第四节 会计监督

会计监督是会计的基本职能之一，我国的会计监督可分为单位内部会计监督、政府监督、社会监督（称为“三位一体”的会计监督体系）。

经典例题讲解

例题 1－68·多选题 会计监督是我国经济监督体系的重要组成部分，主要包括（　　）。

A. 单位内部会计监督　　B. 社会监督

C. 政府监督　　D. 上级主管部门监督

【答案解析】 ABC　会计监督是会计的基本职能之一，会计监督可以分为单位内部监督、政府监督、社会监督。

一、单位内部会计监督

（一）单位内部会计监督的概念

单位内部会计监督是指会计机构、会计人员依照法律的规定，通过会计手段对经济活动的合法性、合理性和有效性进行的一种监督。

1. 单位内部会计监督的主体和对象

（1）单位内部会计监督的主体是各单位的会计机构、会计人员。

（2）单位内部会计监督的对象是单位的经济活动。

【点拨】 注意单位内部会计监督的概念、监督主体和监督对象，与其他监督类型不要混淆。

2. 会计机构、会计人员在单位内部会计监督中的职责

（1）会计机构、会计人员依法开展会计核算和监督，对违反《会计法》和国家统一的会计准则制度规定的会计事项，有权拒绝办理或者按照职权予以纠正。

（2）会计机构、会计人员发现会计账簿记录与实物、款项及有关资料不相符的，按照国家统一的会计准则制度的规定有权自行处理的，应当及时处理；无权处理的，应当立即向单位负责人报告，请求查明原因，做出处理。

【点拨】 注意会计机构、会计人员在单位内部会计监督中的职责。特别是发现“账实不符”时应如何处理？

（二）建立单位内部会计监督制度的要求

（1）记账人员与经济业务事项和会计事项的审批人员、经办人员、财务保管人员的职责权限应当明确，并相互分离、相互制约；

【提示】记账人员不得兼任审批人员、经办人员、财物保管人员。

(2) 重大对外投资、资产处置、资金调度和其他重要经济业务事项的决策和执行的相互监督、相互制约程序应当明确；

【提示】"决策"和"执行"的相互监督、相互制约程序应当明确。还要注意是哪些事项的"决策"和"执行"?

(3) 财产清查的范围、期限和组织程序应当明确；

(4) 对会计资料定期进行内部审计的办法和程序应当明确。

(三) 内部控制

1. 内部控制的概念与目标（见表1-4）

表1-4

单位类型	内部控制的概念	内部控制的目标
企业	是指由企业董事会、监事会、经理层和全体员工实施的，旨在实现控制目标的过程	合理保证企业经营管理合法合规、资产安全、财务报告及相关信息真实完整，提高经营效率和效果，促进企业实现发展战略
行政事业单位	是指单位为实现控制目标，通过制定制度、实施措施和执行程序，对经济活动的风险进行防范和管控	合理保证单位经济活动合法合规、资产安全和使用有效、财务信息真实完整，有效防范舞弊和预防腐败，提高公共服务的效率和效果

【提示1】　在内部控制中，"全体员工"都要参与。

【提示2】　内部控制的目标只能是"合理保证"，不能是"完全保证"。

2. 内部控制的原则

企业、行政事业单位建立与实施内部控制，均应遵循全面性原则、重要性原则、制衡性原则和适应性原则。此外，企业还应遵循成本效益原则。

(1) 全面性原则——实现对经济活动的全面控制。

(2) 重要性原则——在全面控制的基础上，关注重要经济活动和经济活动的重大风险。

(3) 制衡性原则（见表1-5）。

表1-5

单位类型	制衡性原则
企业	在企业治理结构、机构设置及权责分配、业务流程等方面形成相互制约、相互监督，同时兼顾运营效率
行政事业单位	在单位内部的部门管理、职责分工、业务流程等方面形成相互制约和相互监督

(4) 适应性原则（见表1-6）。

表1-6

单位类型	适应性原则
企业	内部控制与企业经营规模、业务范围、竞争状况和风险水平相适应
行政事业单位	内部控制应符合国家有关规定和单位的实际情况

(5) 成本效益原则——企业应当权衡实施成本与预期效益，以适当的成本实现有效控制。

3. 内部控制的责任人（见表1-7）

表1-7

单位类型	内部控制责任人
企业	董事会负责内部控制的建立健全和有效实施。监事会对董事会建立与实施内部控制进行监督。经理层负责组织领导企业内部控制的日常运行。企业应当成立专门机构或者指定适当的机构具体负责组织协调内部控制的建立实施及日常工作
行政事业单位	单位负责人对本单位内部控制的建立健全和有效实施负责。单位应当建立适合本单位实际情况的内部控制体系，并组织实施

4. 内部控制的内容（又称为内部控制要素）（见表1-8）

表1-8

单位类型	内部控制的内容（内部控制要素）
企业	(1) 内部环境。是企业实施内部控制的基础，一般包括治理结构、机构设置及权责分配、内部审计、人力资源政策、企业文化等 (2) 风险评估。企业及时识别、系统分析经营活动中与实现内部控制目标相关的风险，合理确定风险应对策略 (3) 控制活动。企业根据风险评估结果，采用相应的控制措施，将风险控制在可承受度之内 (4) 信息与沟通。企业及时、准确地收集、传递与内部控制相关的信息，确保信息在企业内部、企业与外部之间进行有效沟通 (5) 内部监督。企业对内部控制建立与实施情况进行检查，评价内部控制的有效性，发现内部控制缺陷，及时加以改进
行政事业单位	梳理单位各类经济活动的业务流程，明确业务环节，系统分析经济活动风险，确定风险点，选择风险应对策略，在此基础上根据国家有关规定建立健全单位各项内部管理制度并督促相关工作人员认真执行

【解释】 企业内控要素中的“内部监督”，分为“日常监督”和“专项监督”。“日常监督”是常规、持续的监督；“专项监督”是对内部控制的某一或者某些方面进行有针对性的监督。“专项监督”的范围和频率应当根据风险评估结果以及“日常监督”的有效性等予以确定。

【补充1】 行政事业单位的风险评估包括单位层面的风险评估和经济活动业务层面的风险评估。

【补充2】 行政事业单位进行单位层面的风险评估时，应当重点关注以下方面：①内部控制工作的组织情况；②内部控制机制的建设情况；③内部管理制度的完善情况；④内部控制关键岗位工作人员的管理情况；⑤财务信息的编报情况；⑥其他情况。

【补充3】 行政事业单位进行经济活动业务层面的风险评估时，应当重点关注以下方面：①预算管理情况；②收支管理情况；③政府采购管理情况；④资产管理情况；⑤建设项目管理情况；⑥合同管理情况；⑦其他情况。务必对“单位层面的风险评估”和“经济活动业务层面的风险评估”应重点关注的内容进行区分，不要混淆。

5. 内部控制的控制方法或措施（见表1-9）

表1-9

单位类型	内部控制的控制方法（或措施）
企业	不相容职务分离控制、授权审批控制、会计系统控制、财产保护控制、预算控制、运营分析控制和绩效考评控制等
行政事业单位	不相容岗位相互分离、内部授权审批控制、归口管理、预算控制、财产保护控制、会计控制、单据控制、信息内部公开等

【解释】“授权审批控制”要求根据“常规授权”和“特别授权”的规定，明确各岗位办理业务和事项的权限范围、审批程序和相应责任。

其中，“常规授权”是日常经营管理活动中按照既定的职责和程序进行的授权；“特别授权”是指企业在特殊情况、特定条件下进行的授权。企业应当编制常规授权的权限指引，规范特别授权的范围、权限、程序和责任。

【提示】对于重大的业务和事项，应当建立实行集体决策审批或者连签（会签）制度。

【思考】“不相容岗位相互分离”是什么意思？

（四）内部审计

1. 内部审计的概念与内容

（1）内部审计是指单位内部的一种独立客观的监督和评价活动，它通过单位内部独立的审计机构和审计人员审查和评价本部门、本单位财务收支和其他经营活动以及内部控制的适当性、合法性和有效性来促进单位目标的实现。

（2）内部审计的内容是一个不断发展变化的范畴，主要包括：财务审计、经营审计、经济责任审计、管理审计和风险管理等。

2. 内部审计的特点与作用

（1）内部审计的审计机构和审计人员都设在本单位内部，审计的内容更侧重于经营过程是否有效、各项制度是否得到遵守与执行。审计结果的客观性和公正性较低，并且以建议性意见为主。

（2）内部审计在单位内部会计监督制度中的重要作用有：预防保护作用、服务促进作用、评价鉴证作用。

经典例题讲解

例题1-69·单选题　单位内部会计监督的主体是（　　）。

A. 政府审计部门　　B. 单位负责人

C. 单位的会计机构、会计人员　　D. 社会会计中介机构

【答案解析】C　内部会计监督的主体是各单位的会计机构、会计人员。

例题 1-70·单选题 内部会计监督的对象是单位的（　　）。

A. 会计机构、会计人员　　B. 经济活动

C. 单位法人　　D. 所有与会计有关的人员

【答案解析】 B 内部会计监督的对象是单位的经济活动。

例题 1-71·判断题 会计机构、会计人员发现会计账簿记录与实物、款项及有关资料不相符的，按照国家统一的会计准则制度的规定有权自行处理的，应当及时处理；无权处理的，应当立即向单位负责人报告，请求查明原因，做出处理。（　　）

【答案解析】 √ 表述正确。

例题 1-72·单选题 下列不属于单位内部会计监督制度基本要求的是（　　）。

A. 重大经济事项的决策和执行的相互监督、相互制约程序应当明确

B. 对会计资料定期进行内部审计的方法和程序应当明确

C. 会计事项相关人员的职责权限应当明确

D. 会计档案管理制度应当明确

【答案解析】 D 各单位应当建立健全本单位内部会计监督制度。单位内部会计监督制度应当符合下列要求：①记账人员与经济业务事项和会计事项的审批人员、经办人员、财务保管人员的职责权限应当明确，并相互分离、相互制约；②重大对外投资、资产处置、资金调度和其他重要经济业务事项的决策和执行的相互监督、相互制约程序应当明确；③财产清查的范围、期限和组织程序应当明确；④对会计资料定期进行内部审计的办法和程序应当明确。

例题 1-73·多选题 单位内部会计监督制度的基本要求包括：记账人员与经济业务事项和会计事项的其他相关人员的职责权限应当明确，相互制约。前述的“相关人员”包括（　　）。

A. 会计人员　　B. 审批人员

C. 经办人员　　D. 财物保管人员

【答案解析】 BCD “记账人员”与经济业务事项和会计事项的“审批人员”“经办人员”“财物保管人员”的职责权限应当明确，并相互分离、相互制约。

例题 1-74·多选题 下列各项中，属于行政事业单位内部控制目标的有（　　）。

A. 合理保证单位经济活动合法合规　　B. 合理保证单位的资产安全和使用有效

C. 有效防范舞弊和预防腐败　　D. 提高公共服务的效率和效果

【答案解析】 ABCD 行政事业单位内部控制的目标主要包括：合理保证单位经济活动合法合规、资产安全和使用有效、财务信息真实完整，有效防范舞弊和预防腐败，提高公共服务的效率和效果。

例题 1-75·多选题 企业建立与实施内部控制的原则包括（　　）。

A. 全面性原则　　B. 重要性原则

C. 成本效益原则　　D. 及时性原则

【答案解析】 ABC 企业、行政事业单位建立与实施内部控制，均应遵循全面性原则、重要性原则、制衡性原则和适应性原则。此外，企业还应遵循成本效益原则。

例题 1-76·判断题 对行政事业单位而言，单位财务部门负责人对本单位内部控制的建立健全和有效实施负责。（　　）

【答案解析】 × 对行政事业单位而言，单位负责人对本单位内部控制的建立健全和有

效实施负责。

例题 1－77 · 多选题　下列各项中，属于企业内部控制要素的有（　　）。

A. 风险评估　　B. 内部环境

C. 控制活动　　D. 信息与沟通

【答案解析】 ABCD　企业内部控制要素包括五个方面，除了上述四个选项外，还包括内部监督。

例题 1－78 · 判断题　企业对重大的业务和事项，应当履行集体决策审批或联签制度，任何个人不得单独进行决策或擅自改变集体决策。（　　）

【答案解析】 √　表述正确。

例题 1－79 · 多选题　下列对于不相容职务的说法中，正确的有（　　）。

A. 授权进行某项经济业务和执行该项业务的职务要分离

B. 保存某些财产物资和对其进行记载的职务要分离

C. 保管某些财产物资和使用这些财产物资的职务要分离

D. 履行某些经济业务和审核这些经济业务的职务要分离

【答案解析】 ABCD　四个选项表述的都属于不相容职务。对不相容职务要实施相应的分离措施，形成各司其职、各负其责、相互制约的工作机制。

例题 1－80 · 单选题　下列各项中，不属于行政事业单位单位层面风险评估的是（　　）。

A. 内部控制机制的建设情况

B. 内部控制关键岗位工作人员的管理情况

C. 预算管理情况

D. 财务信息的编报情况

【答案解析】 C　单位进行单位层面的风险评估时，应当重点关注以下方面：①内部控制工作的组织情况；②内部控制机制的建设情况；③内部管理制度的完善情况；④内部控制关键岗位工作人员的管理情况；⑤财务信息的编报情况；⑥其他情况。预算管理情况属于单位进行经济活动业务层面的风险评估时应当重点关注的内容。

例题 1－81 · 多选题　行政事业单位内部控制的常用控制方法有（　　）。

A. 不相容岗位相互分离、单据控制　　B. 内部授权审批控制、会计控制

C. 归口管理、信息内部公开　　D. 运营分析控制、绩效考评控制

【答案解析】 ABC　运营分析控制、绩效考评控制属于企业内部控制的控制措施。

例题 1－82 · 单选题　（　　）不符合内部审计的特点。

A. 审计目标是报表的合法性和公允性

B. 审计机构和审计人员都设在本单位内部

C. 审计的内容更侧重于经营过程是否有效、各项制度是否得到遵守与执行

D. 审计结果的客观性和公正性较低，并且以建议性意见为主

【答案解析】 A　注册会计师审计的目标是报表的合法性和公允性。

二、会计工作的政府监督

（一）会计工作政府监督的概念

会计工作的政府监督主要是指财政部门代表国家对单位和单位中相关人员的会计行为实施

的监督检查，以及对发现的违法会计行为实施的行政处罚。会计工作的政府监督是一种外部监督。

1. 会计工作政府监督的主体

（1）县级以上人民政府财政部门为各单位会计工作的监督检查部门，对各单位会计工作行使监督权，对违法会计行为实施行政处罚。

（2）审计、税务、人民银行、银行监管、证券监管、保险监管等部门依照有关法律、行政法规规定的职责和权限，可以对有关单位的会计资料实施监督检查。

【提示】 财政部门是会计工作政府监督的实施主体。

【技巧】 财政部门与审计、税务、人民银行、银行监管、证券监管、保险监管等部门实施会计监督是不同的。财政部门有权进行普遍监督，其他有关部门则依照有关法律、行政法规规定的职责和权限，分别对有关单位的会计资料实施监督检查。注意区别。

【思考】 哪些部门是会计工作政府监督部门？哪个部门是会计工作政府监督的实施主体？

2. 会计工作政府监督的对象

（1）财政部门实施会计监督检查的对象是单位和单位中相关人员的会计行为，以及对发现的违法会计行为实施的行政处罚。

（2）其他有关部门实施会计监督检查的对象是会计资料。

（二）财政部门会计监督的主要内容

1. 对单位依法设置会计账簿的检查

（1）应当设置会计账簿的单位是否设置账簿；

（2）设置的会计账簿是否符合法律、行政法规和国家统一的会计准则制度的要求；

（3）是否存在账外设账的违法行为。

2. 对单位会计资料真实性、完整性的检查

3. 对单位会计核算情况的检查

4. 对单位会计人员任职资格的检查

5. 对会计师事务所出具的审计报告的程序和内容的检查

《注册会计师法》规定："国务院财政部门和省、自治区、直辖市人民政府财政部门，依法对注册会计师、会计师事务所和注册会计师协会进行监督、指导。"《会计法》规定："财政部门有权对会计师事务所出具审计报告的程序和内容进行监督。"（注意是"省级以上财政部门"。）

【提示】 注意没有对"税"的监督；没有对单位"是否设置会计机构"的监督。

经典例题讲解

例题 1－83・单选题 财政部门代表国家对单位和单位中的相关人员的会计行为实施监督检查，以及对发现的违法会计行为实施行政处罚，属于会计工作的（　　）。

A. 群众监督　　B. 社会监督

C. 单位内部监督　　D. 政府监督

【答案解析】 D　会计工作的政府监督主要是指财政部门代表国家对单位和单位中相关人

员的会计行为实施的监督检查，以及对发现的违法会计行为实施的行政处罚。会计工作的政府监督是一种外部监督。

例题1-84·多选题 财政部门对各单位下列事项实施监督检查（ ）。

A. 是否依法设置会计账簿

B. 会计资料是否真实、完整

C. 会计核算是否符合《会计法》和国家统一的会计准则制度的规定

D. 从事会计工作的人员是否具备任职资格

【答案解析】 ABCD 财政部门可以对各单位的下列事项实施监督：①对单位依法设置会计账簿的检查；②对单位会计资料真实性、完整性的检查；③对单位会计核算情况的检查；④对单位会计人员任职资格的检查；⑤对会计师事务所出具的审计报告的程序和内容进行的检查。

例题1-85·单选题 审计、税务、人民银行、银行监管、证券监管、保险监管等部门，依照规定的职责和权限，可以对有关单位的（ ）实施监督检查。

A. 会计资料　　B. 会计行为

C. 经济活动　　D. 会计人员

【答案解析】 A 审计、税务、人民银行、银行监管、证券监管、保险监管等部门依照有关法律、行政法规规定的职责和权限，可以对有关单位的会计资料实施监督检查。

例题1-86·单选题 财政部门实施会计监督检查的对象是（ ）。

A. 会计资料　　B. 会计报表

C. 经济活动　　D. 会计行为

【答案解析】 D 财政部门实施会计监督检查的对象是会计行为，并对发现的违法行为实施行政处罚。

例题1-87·单选题 有权对发现有违法会计行为的单位和个人实施行政处罚的部门是（ ）。

A. 中国注册会计师协会　　B. 财政部门

C. 税务部门　　D. 工商行政管理部门

【答案解析】 B 财政部门对发现的有违法会计行为的单位和个人实施行政处罚。

三、会计工作的社会监督

（一）会计工作社会监督的概念

会计工作的社会监督主要是指由注册会计师及其所在的会计师事务所依法对委托单位的经济活动进行审计、鉴证的一种外部监督，是对单位内部监督的再监督。此外，单位和个人检举违反《会计法》和国家统一的会计准则制度规定的行为，也属于会计工作社会监督的范畴。

【解释】 社会监督的特征：独立性、有偿性、中介性、公正性、权威性。

（二）注册会计师审计与内部审计的关系

1. 二者的联系

（1）都是现代审计体系的重要组成部分；

（2）都关注内部控制的健全性和有效性；

（3）注册会计师审计可能涉及对内部审计成果的利用等。

2. 二者的区别（见表1－10）

表1－10

区　别	注册会计师审计	内部审计
审计独立性不同	完全独立于被审计单位，独立性较强	内部审计是本单位的职能部门，独立性较弱
审计方式不同	受托审计，必须依照《注册会计师法》，执业准则、规则实施审计	依照单位经营管理的需要自行组织实施，具有较大灵活性
审计的职责和作用不同	对投资者、债权人及其他利益相关者负责，对外出具的审计报告具有鉴证作用	只对本部门、本单位负责，只作为本部门、本单位改进经营管理的参考，不对外公开
接受审计的自愿程度不同	委托人可自由选择会计师事务所	单位内部的组织必须接受内部审计人员的监督

（三）注册会计师的业务范围

1. 注册会计师、会计师事务所可以承办审计业务和会计咨询、会计服务业务

（1）审计业务：

①审查企业财务会计报告，出具审计报告；

②验证企业资本，出具验资报告；

③办理企业合并、分立、清算事宜中的审计业务，出具有关报告；

④法律、行政法规规定的其他审计业务。

（2）会计咨询、会计服务业务：如设计财务会计制度；担任会计顾问，提供会计、财务、税务和其他经济管理咨询；代理记账；代理纳税申报；资产评估；培训会计人员；审核企业前景财务资料；代办申请注册登记，协助拟定合同、协议、章程及其他经济文件等。

【小结】 注册会计师、会计师事务所的业务范围包括两大类：审计业务和会计咨询、会计服务业务，其中审计业务又主要包括四种。注意区分审计业务和非审计业务。

2. 注册会计师、会计师事务所的业务规范及审计责任

（1）注册会计师执行业务，应当加入会计师事务所；

（2）注册会计师承办业务，由其所在的会计师事务所统一受理并与委托人签订委托合同；

（3）会计师事务所对本所注册会计师承办的业务，承担民事责任；

（4）为保证注册会计师依法独立执行审计业务，被审计单位应如实提供各类会计资料以及有关情况（即会计责任）；

（5）任何单位或者个人不得以任何方式要求或者示意注册会计师及其所在的会计师事务所出具不实或者不当的审计报告；

（6）注册会计师进行审计，仅对其出具的审计报告负责（即审计责任）。注册会计师审计不能替代或减轻单位负责人对会计资料真实性、完整性承担的责任（即会计责任）。

【小结】 重点掌握三类会计监督的主体和对象（见表1－11）。

表 1-11

监督类型	监督主体	监督对象
单位内部会计监督	单位的会计机构、会计人员	单位的经济活动
政府监督	财政部门	单位的会计行为（包括会计资料）
	审计、税务、人民银行、银行监管、证券监管、保险监管等部门	单位的会计资料
社会监督	注册会计师及其所在的会计师事务所	委托单位的经济活动
	单位和个人（检举）	违法行为

经典例题讲解

例题 1-88·单选题　由注册会计师及其所在的会计师事务所依法对委托单位的经济活动进行审计、鉴证的一种外部监督，称为会计工作的（　　）。

A. 群众监督　　B. 社会监督

C. 单位内部监督　　D. 政府监督

【答案解析】　B　会计工作的社会监督主要是指由注册会计师及其所在的会计师事务所依法对委托单位的经济活动进行审计、鉴证的一种外部监督，是对单位内部监督的再监督。

例题 1-89·判断题　单位和个人检举违反《会计法》和国家统一的会计准则制度的行为，也属于会计工作社会监督的范畴。（　　）

【答案解析】　√　表述正确。

例题 1-90·多选题　对会计工作的社会监督包括（　　）。

A. 注册会计师及其所在的会计师事务所依法对委托单位的经济活动进行审计、鉴证

B. 证券监管、保险监管等部门依照有关法律、行政法规规定的职责和权限，对有关单位的会计资料实施监督检查

C. 单位和个人检举违反《会计法》和国家统一会计准则制度规定的行为

D. 财政部门对单位会计人员和会计机构会计行为的监督

【答案解析】　AC　会计工作的社会监督主要是指由注册会计师及其所在的会计师事务所依法对委托单位的经济活动进行的审计、鉴证的一种外部监督。此外，单位和个人检举违反《会计法》和国家统一的会计准则制度规定的行为，也属于会计工作社会监督的范畴，所以选项 AC 正确。选项 BD 项都属于政府监督。

例题 1-91·多选题　下列各项属于注册会计师审计与内部审计不同之处的有（　　）。

A. 审计独立性　　B. 审计的职责和作用

C. 接受审计的自愿程度　　D. 审计方式

【答案解析】　ABCD　四个选项都属于注册会计师审计与内部审计的区别。

例题 1-92·多选题　在下列各项中，属于注册会计师及其所在的会计师事务所可依法承办的审计业务有（　　）。

A. 审查企业财务会计报告，出具审计报告

B. 验证企业资本，出具验资报告

C. 办理企业合并、分立、清算事宜中的审计业务，出具有关报告

D. 法律、行政法规规定的其他审计业务

【答案解析】 ABCD 注册会计师及其所在的会计师事务所的审计业务范围包括：①审查企业财务会计报告，出具审计报告；②验证企业资本，出具验资报告；③办理企业合并、分立、清算事宜中的审计业务，出具有关报告；④法律、行政法规规定的其他审计业务。

例题 1－93 · 多选题 下列各项中，属于注册会计师及其所在的会计师事务所法定业务范围的有（ ）。

A. 检查企业执行会计法规情况

B. 承办会计咨询、会计服务业务

C. 检查企业会计工作情况

D. 依法承办审计业务

【答案解析】 BD 注册会计师、会计师事务所可以承办审计业务和会计咨询、会计服务业务。

第五节 | 会计机构与会计人员

一、会计机构的设置

（一）办理会计事务的组织方式

各单位办理会计事务的组织方式有三种：单独设置会计机构、有关机构中配置专职会计人员、实行代理记账。

【补充】 会计机构内应当建立稽核制度。

【链接 1】 《会计法》规定：各单位应当根据会计业务的需要，设置会计机构，或者在有关机构中设置会计人员并指定会计主管人员；没有设置会计机构且未配置会计人员的单位，应当根据《代理记账管理暂行办法》委托会计师事务所或者持有代理记账许可证书的其他代理记账机构进行代理记账。

【链接 2】 一个单位是否设置会计机构，一般取决于以下几方面的因素：①单位规模的大小；②经济业务和财务收支的繁简；③经营管理的要求。总的来说是“各单位根据会计业务的需要设置会计机构。”

（二）代理记账

1. 代理记账机构的设立条件

（1）为依法设立的企业；

（2）持有会计从业资格证书的专职从业人员不少于 3 名；

（3）主管代理记账业务的负责人具有会计师以上专业技术职务资格且为专职从业人员；

（4）有健全的代理记账业务内部规范。

【解释】 代理记账是指从事代理记账业务的社会中介机构接受委托人的委托办理会计业务。目前代理记账机构主要包括代理记账公司、会计师事务所、具有代理记账资格的其他社会咨询服务机构等三类。我国对代理记账资格实行审批制，除会计师事务所以外的机构从事代理记账业务应当经县级以上人民政府财政部门批准，领取由财政部统一规定样式的代理记账许可证书。会计师事务所及其分所可以依法从事代理记账业务（不需要经过批准）。

【补充】 申请人应当自取得代理记账许可证书之日起20日内通过企业信用信息公示系统向社会公示。

2. 代理记账机构的业务范围

（1）根据委托人提供的原始凭证和其他相关资料，按照国家统一的会计制度的规定进行会计核算，包括审计原始凭证、填制记账凭证、登记会计账簿、编制财务会计报告等；

（2）对外提供财务会计报告；

（3）向税务机关提供税务资料；

（4）委托人委托的其他会计业务。

3. 委托人的义务

（1）对本单位发生的经济业务事项，应当填制或者取得符合国家统一的会计制度规定的原始凭证；

【提示】 这里不包括记账凭证，记账凭证由代理记账机构填制。

（2）应当配备专人负责日常货币收支和保管；

（3）及时向代理记账机构提供真实、完整的原始凭证和其他相关资料；

（4）对于代理记账机构退回的，要求按照国家统一的会计制度的规定进行更正、补充的原始凭证，应当及时予以更正、补充。

4. 代理记账机构及其从业人员的义务

（1）遵守有关法律、法规和国家统一的会计制度的规定，按照委托合同办理代理记账业务；

（2）对在执行业务中知悉的商业秘密予以保密；

（3）对委托人要求其做出不当的会计处理，提供不实的会计资料，以及其他不符合法律、法规和国家统一的会计制度行为的，予以拒绝。

（4）对委托人提出的有关会计处理相关问题予以解释。

【技巧】 抓住关键词：遵守有关规定、保守商业秘密、拒绝不当要求、解释有关问题。

【补充】 委托代理记账机构办理会计业务并不改变单位负责人对会计资料真实性和完整性承担的责任。

经典例题讲解

例题1－94·判断题 没有设置会计机构且未配置会计人员的单位，应当委托会计师事务所或者持有代理记账许可证书的其他代理记账机构进行代理记账。（　　）

【答案解析】 √　表述正确。

例题1－95·判断题 代理记账是指代理记账机构接受委托办理经济业务。（　　）

【答案解析】 × 代理记账是指从事代理记账业务的社会中介机构接受委托人的委托办理会计业务。

例题 1－96·单选题 在下列各项中，不属于代理记账业务范围的是（ ）。

A. 代理申请工商登记

B. 根据委托人提供的原始凭证和其他资料进行会计核算

C. 向税务机关提供税务资料

D. 对外提供财务会计报告

【答案解析】 A 代理记账的业务范围有：①根据委托人提供的原始凭证和其他资料，按照国家统一会计制度的规定，进行会计核算，包括审核原始凭证、填制记账凭证、登记会计账簿、编制财务会计报告等。②对外提供财务会计报告。代理记账机构为委托人编制的财务会计报告，经代理记账机构负责人和委托人签名并盖章后，按照有关规定对外提供。③向税务机构提供税务资料。④委托人委托的其他会计业务。选项 A 不属于代理记账机构业务范围。

例题 1－97·单选题 以下有关代理记账机构及其从业人员的义务表述不正确的是（ ）。

A. 按照委托合同办理代理记账业务，遵守有关法律、行政法规和国家统一的会计制度的规定

B. 对在执行业务中知悉的商业秘密应当保密

C. 对委托人示意其做出的会计处理，应无条件地接受办理

D. 对委托人提出的有关会计处理原则问题应当予以解释

【答案解析】 C 代理记账机构及其从业人员的义务有：①遵守有关法律、行政法规和国家统一的会计制度的规定。②对在执行业务中知悉的商业秘密应当保密。③对委托人示意要求做出的会计处理，提供不实会计资料，以及其他不符合法律、行政法规和国家统一的会计制度规定的要求的，应当拒绝。④对委托人提出的有关会计处理原则问题应当予以解释。因此选项 C 不正确。

二、会计工作岗位设置

（一）会计工作岗位的概念

会计工作岗位是指单位会计机构内部根据业务分工而设置的从事会计工作、办理会计事项的具体职位。

【点拨】 会计工作岗位是从事什么工作的职位？

（二）会计工作岗位设置的要求

会计工作岗位设置的要求主要包括按需设岗、符合内部牵制的要求、建立岗位责任制和轮岗制度。

1. 按需设岗

各单位会计工作岗位的设置应与本单位业务活动的规模、特点和管理要求相适应。

2. 符合内部牵制的要求

（1）根据规定，会计工作岗位可以一人一岗、一人多岗或者一岗多人（没有“多岗多人”的说法），凡是涉及款项和财务收付、结算及登记的任何一项工作，必须由两人或两人以上分

工办理。

（2）出纳人员不得兼管稽核、会计档案保管和收入、费用、债权债务账目的登记工作（这些是不相容职务），但可以兼记固定资产明细账、低值易耗品明细账等。出纳以外的人员不得经管库存现金、有价证券、票据。

【解释】 内部牵制是通过实施岗位分离自动实现账目间的相互核对来保证相关账目正确无误的一种控制机制。内部牵制制度的内容主要包括：①内部牵制制度的原则，即机构分离、职务分离、钱账分离、物账分离等；②对出纳等岗位的职责和限制性规定；③有关部门或领导对限制性岗位的定期检查办法。注意内部牵制制度的主要内容和内部牵制的原则。

3. 建立岗位责任制

4. 建立轮岗制度

（三）主要会计工作岗位

会计工作岗位一般分为：总会计师（或行使总会计师职权）岗位；会计机构负责人（会计主管人员）岗位；出纳岗位；稽核岗位；资本、基金核算岗位；收入、支出、债权债务核算岗位；职工薪酬核算、成本费用核算、财务成果核算岗位；财产物资的收发、增减核算岗位；总账岗位；财务会计报告编制岗位；会计机构内会计档案管理岗位、其他会计工作岗位等。

经典例题讲解

例题1－98·多选题 下列各项中，属于会计工作岗位设置要求的有（　　）。

A. 按需设岗　　B. 建立轮岗制度

C. 建立岗位责任制　　D. 符合内部牵制的要求

【答案解析】 ABCD　四个选项均属于会计工作岗位设置的要求。

例题1－99·单选题 出纳人员可以兼管的工作是（　　）。

A. 稽查　　B. 收入、费用、债权债务账目的登记

C. 会计档案保管　　D. 固定资产明细账的登记

【答案解析】 D　出纳人员不得兼管稽核、会计档案保管和收入、费用、债权债务账目的登记工作，但可以兼记固定资产明细账、低值易耗品明细账等。出纳以外的人员不得经管库存现金、有价证券、票据。

例题1－100·多选题 会计工作岗位可以（　　）。

A. 一人多岗　　B. 一岗多人

C. 一人一岗　　D. 多岗多人

【答案解析】 ABC　根据规定，会计工作岗位可以一人一岗、一人多岗或者一岗多人（没有“多岗多人”的说法）。

例题1－101·判断题 出纳人员不得兼管稽核、会计档案保管和收入、费用、债权债务账目的登记工作。（　　）

【答案解析】 √　表述正确。

例题1－102·单选题 下列各项中，不属于内部牵制制度内容的是（　　）。

A. 对限制性岗位的定期检查办法

B. 对出纳岗位的职责和限制条件

C. 内部牵制制度的原则

D. 稽核工作的职责

【答案解析】 D 内部牵制制度的内容主要包括：①内部牵制制度的原则，即机构分离、职务分离、钱账分离、物账分离等；②对出纳等岗位的职责和限制性规定；③有关部门或领导对限制性岗位的定期检查办法。

三、会计工作交接

会计工作交接（会计人员工作交接），是指会计人员工作调动、离职或因病暂时不能工作时，与接管人员办理交接手续的一种工作程序。

（一）交接的范围

（1）会计人员工作调动或者因故离职，应与接管人员办理会计工作交接手续；

（2）会计人员临时离职或因病暂时不能工作且需要接替或者代理的，会计机构负责人（会计主管人员）或者单位负责人必须指定专人接替或者代理，并办理交接手续；

（3）临时离职或者因病不能工作的会计人员恢复工作时，应当与接替或者代理人员办理交接手续；

（4）移交人员因病或其他特殊原因不能亲自办理移交手续的，经单位负责人批准，可由移交人委托他人代办交接手续，但委托人应当对所移交的会计凭证、会计账簿、财务会计报告和其他会计资料的真实性和完整性承担法律责任。

【思考】 会计人员应办理交接的情况（原因）有哪些？

（二）交接程序

会计人员未与接管人员办清工作交接手续的，不得调动或者离职。办理会计工作交接，应按以下程序进行：

1. 提出交接申请

会计人员在向单位或者有关机关提出调动工作或者离职的申请时，应当同时向会计机构提出会计交接申请。

2. 办理移交手续前的准备工作

（1）已经受理的经济业务尚未填制会计凭证的，应当填制完毕。

（2）尚未登记的账目，应当登记完毕，结出余额，并在最后一笔余额后加盖经办人印章。

（3）整理好应该移交的各项资料，对未了事项和遗留问题要写出书面说明材料。

（4）编制移交清册，列明应该移交的会计凭证、会计账簿、财务会计报告、公章、库存现金、有价证券、支票簿、发票、文件、其他会计资料和物品等内容；实行会计电算化的单位，从事该项工作的移交人员应在移交清册上列明会计软件及密码、数据盘、磁带等内容。

（5）会计机构负责人（会计主管人员）移交时，应将财务会计工作、重大财务收支问题和会计人员等情况，向接替人员介绍清楚。

3. 移交点收

接管人员应认真按照移交清册列明的内容，逐项点收。具体要求包括：

（1）库存现金要根据会计账簿记录余额进行当面点交，不得短缺。接替人员发现不一致或“白条顶库”现象时，“移交人员”在规定期限内负责查清处理。

（2）有价证券的数量要与会计账簿记录一致，有价证券面额与发行价不一致时，按照会计账簿“余额”交接。

（3）会计凭证、会计账簿、财务会计报告和其他会计资料必须完整无缺，不得遗漏。如有短缺，必须查清原因，并在移交清册中加以说明，由移交人员负责。

（4）银行存款账户余额要与银行对账单核对相符，如有未达账项，应编制银行存款余额调节表调节相符；各种财产物资和债权债务的明细账户余额，要与总账有关账户的余额核对相符；对重要实物要实地盘点，对余额较大的往来账户要与往来单位、个人核对。

（5）公章、收据、空白支票、发票、科目印章以及其他物品等必须交接清楚。

（6）实行会计电算化的单位，交接双方应在电子计算机上对有关数据进行实际操作，确认有关数字正确无误后，方可交接。

4. 专人负责监交

对监交的具体要求是：

（1）一般会计人员办理交接手续，由单位的会计机构负责人（会计主管人员）监交。

（2）会计机构负责人（会计主管人员）办理交接手续时，由单位负责人监交，必要时主管单位可以派人会同监交。

【解释】 主管单位派人会同监交的情况有四种：①所属单位领导人不能监交；②所属单位领导人不能尽快监交；③不宜由单位领导人单独监交；④主管单位认为存在某些问题需要派人会同监交的。

【点拨】 交接的人员不同，负责监交的人员也不同，注意层次。

5. 交接后的有关事宜

（1）会计工作交接完毕后，交接双方和监交人在移交清册上签名或盖章，并应在移交清册上注明：单位名称，交接日期，交接双方和监交人的职务、姓名，移交清册页数以及需要说明的问题和意见等。

【提示】 是“交接双方和监交人”在移交清册上签名或盖章。

（2）接管人员应继续使用移交前的账簿，不得擅自另立账簿，以保证会计记录前后衔接，内容完整。

（3）移交清册一般应填制一式三份，交接双方各执一份，存档一份。

（三）交接人员的责任

（1）交接工作完成后，移交人员所移交的会计凭证、会计账簿、财务会计报告和其他会计资料是在其经办会计工作期间内发生的，应当对这些会计资料的真实性、完整性负责。

（2）即便接替人员在交接时因疏忽没有发现所接会计资料在真实性、完整性方面的问题，如事后发现仍应由原移交人员负责，原移交人员不应以会计资料已移交而推脱责任。

【提示】 移交人员对其所移交的会计资料的真实性、完整性承担法律责任。

经典例题讲解

例题 1－103・多选题 下列情形中，会计人员应办理工作交接的有（ ）。

A. 工作调动 B. 离职

C. 因病暂时不能工作需要接替或者代理 D. 临时离职后恢复工作

【答案解析】 ABCD 会计人员调动工作或离职，必须与接管人员办清交接手续。会计人员临时离职或因病不能工作需要接替或代理的，以及临时离职或因病不能工作的会计人员恢复工作的，也应办理交接手续。

例题 1－104・判断题 移交人员因病不能亲自办理移交手续的，经单位负责人批准，可由移交人委托他人代办交接。（ ）

【答案解析】 √ 表述正确。移交人员因病或其他特殊原因不能亲自办理移交手续的，经单位负责人批准，可由移交人委托他人代办交接，但委托人应当对所移交的会计凭证、会计账簿、财务会计报告和其他有关资料的真实性、完整性承担法律责任。

例题 1－105・单选题 根据有关规定，在办理会计工作交接手续中，如发现“白条顶库”现象，所采取的正确做法是（ ）。

A. 由监交人员负责查清处理 B. 由接管人员在移交后负责查清处理

C. 由内部审计人员负责查清处理 D. 由移交人员在规定期限内负责查清处理

【答案解析】 D 在会计人员交接时，库存现金要根据会计账簿记录余额进行当面点交，不得短缺。接替人员发现不一致或“白条顶库”现象时，“移交人员”在规定期限内负责查清处理。

例题 1－106・多选题 下列有关会计工作交接的说法正确的有（ ）。

A. 对于已经受理的经济业务尚未填制会计凭证的，应当填制完毕

B. 库存现金要根据会计账簿记录余额进行当面点交，不得白条顶库

C. 公章、收据、空白支票、发票、科目印章以及其他物品等必须交接清楚

D. 应编制移交清册，交接完毕后，交接双方和监交人要在移交清册上签名或盖章

【答案解析】 ABCD 四个选项均符合会计工作交接的程序。

例题 1－107・判断题 实行会计电算化的单位，交接双方应在电子计算机上对有关数据进行实际操作，确认有关数据正确无误后，方可交接。（ ）

【答案解析】 √ 表述正确。

例题 1－108・单选题 会计机构负责人因工作调动或离职办理交接手续的，负责监交的人员是（ ）。

A. 单位负责人 B. 主管单位派出的人员

C. 人事部门负责人 D. 内部审计机构负责人

【答案解析】 A 会计机构负责人（会计主管人员）办理交接手续时，由单位负责人监交，必要时，主管单位可以派人会同监交。

例题 1－109・单选题 一般会计人员办理会计工作交接手续，由（ ）监交。

A. 一般会计人员 B. 会计机构负责人（会计主管人员）

C. 注册会计师　　　　　　　　　　　　D. 单位内部审计人员

【答案解析】　B　一般会计人员办理交接手续，由单位的会计机构负责人（会计主管人员）监交。

例题 1－110 · 判断题　会计人员工作交接完成后，为了分清责任，接管人员应另立账簿。（　）

【答案解析】　×　接管人员应继续使用移交前的账簿，不得擅自另立账簿，以保证会计记录前后衔接，内容完整。

例题 1－111 · 判断题　会计人员工作交接时，因接替人员疏忽而没有发现所交接会计资料存在真实性、完整性方面的问题，如事后发现，应由接替人员对会计资料的真实性、完整性负法律责任。（　）

【答案解析】　×　即便接替人员在交接时因疏忽没有发现所交接会计资料在真实性、完整性方面的问题，如事后发现，仍应由原移交人员负责，原移交人员不应以会计资料已移交而推脱责任。

四、会计专业技术资格与职务

（一）会计专业技术资格

会计专业技术资格分为初级资格、中级资格和高级资格三个级别。初级、中级资格的取得实行全国统一考试制度。高级会计师资格的取得实行考试与评审相结合制度。

【解释】　会计专业技术资格是指担任会计专业职务的任职资格。

【提示】　初级和中级资格实行考试制度（即“以考代评）、高级资格实行“考评结合”制度。

1. 专业技术资格考试级别及科目

（1）初级会计资格考试科目包括：初级会计实务和经济法基础（必须在一个考试年度内通过全部科目的考试）。

（2）中级资格考试科目包括：中级会计实务、财务管理和经济法（必须在连续两个考试年度内通过全部科目的考试）。

（3）高级资格考试科目为：高级会计实务（参加考试并达到国家合格标准的人员，由全国会计专业技术资格考试办公室核发高级会计师资格考试成绩合格证，该证在全国范围内 3 年有效）。

【点拨】　高级资格考试科目（高级会计实务）、高级会计师资格考试成绩合格证的有效范围（全国范围）、有效期（3 年）。

2. 专业技术资格考试报名条件

（1）基本条件：坚持原则、具备良好的职业道德品质；认真执行《会计法》和国家统一的会计准则制度，以及有关财经法律、法规、规章制度，无严重违反财经纪律的行为；履行岗位职责、热爱本职工作。

（2）报考参加会计专业技术初级资格考试的人员：除具备基本条件外，还要具备教育部门认可的高中毕业以上学历。

（3）报考参加会计专业技术中级资格考试的人员：除具备基本条件外，还要具备下列条件之一：①取得大学专科学历，从事会计工作满 5 年；②取得大学本科学历，从事会计工作满 4 年；③取得双学士学位或研究生班毕业，从事会计工作满 2 年；④取得硕士学位，从事会计工作满1年；⑤取得博士学位。

（4）报考参加会计专业技术高级资格考试的人员：必须具备会计师、审计师、财税经济师等中级专业技术资格或税务师、资产评估师资格之一，并从事会计、财税或相应管理工作的在职专业人员。

（二）会计专业职务

1. 会计专业职务的分类（见表1－12）

表1－12

会计专业职务类别	具体职务名称
高级职务	高级会计师
中级职务	会计师
初级职务	助理会计师和会计员

【解释】 会计专业职务是区分会计人员从事业务工作的技术等级；会计专业技术资格是担任会计专业职务的任职资格。

【提示】 会计专业职务不包括总会计师、注册会计师、资产评估师等。

2. 各类会计专业职务的工作职责和任职条件（见表1－13）

表1－13

会计专业职务	工作职责	任职条件
会计员 （初级职务）	负责具体审核和办理财务收支，编制记账凭证，登记会计账簿，编制会计报表和办理其他会计事务	（1）初步掌握财务会计知识和技能 （2）熟悉并能按照执行有关会计法规和财务会计制度 （3）能担负一个岗位的财务会计工作 （4）大学专科或中等专业学校毕业，在财务会计工作岗位上见习1年期满
助理会计师 （初级职务）	负责草拟一般的财务会计制度、规定、办法，解释、解答财务会计法规、制度中的一般规定；分析检查某一方面或某些项目的财务收支和预算的执行情况	（1）掌握一般的财务会计基础理论和专业知识 （2）熟悉并能正确执行有关的财经方针、政策和财务会计法规、制度 （3）能担负一个方面或某个重要岗位的财务会计工作 （4）取得硕士学位，或取得第二学士学位或研究生班结业证书，具备履行助理会计师职责的能力；大学本科毕业，在财务会计工作岗位上见习1年期满；大学专科毕业并担任会计员职务2年以上；或者中等专业学校毕业并担任会计员职务4年以上
会计师 （中级职务）	负责草拟比较重要的财务会计制度、规定、办法；解释、解答财务会计法规、制度中的重要问题；分析检查财务收支和预算的执行情况；培养初级会计人才	（1）较系统地掌握财务会计基础理论和专业知识 （2）掌握并能正确贯彻执行有关的财经方针、政策和财务会计法规、制度 （3）具有一定的财务会计工作经验，能担负一个单位或管理一个地区、一个部门、一个系统某个方面的财务会计工作 （4）取得博士学位，并具有履行会计师职责的能力；或者取得硕士学位并担任助理会计师职务2年左右；或者取得第二学士学位或研究生班结业证书，并担任助理会计师职务2～3年；或者大学本科或专科毕业并担任助理会计师职务4年以上 （5）掌握一门外语

续表

会计专业职务	工作职责	任职条件
高级会计师（高级职务）	负责草拟和解释、解答在一个地区、一个部门、一个系统或在全国施行的财务会计法规、制度、办法；组织和指导一个地区或一个部门、一个系统的经济核算和财务会计工作；培养中级以上会计人才	（1）较系统地掌握经济、财务会计理论和专业知识 （2）具有较高的政策水平和丰富的财务会计工作经验，能担负一个地区、一个部门或一个系统的财务会计管理工作 （3）取得博士学位，并担任会计师职务 2～3 年；取得硕士学位、第二学士学位或研究生班结业证书，或大学本科毕业并担任会计师职务 5 年以上 （4）较熟练地掌握一门外语

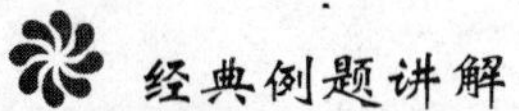

经典例题讲解

例题 1－112·单选题　下列各项中，属于中级会计专业职务的是（　　）。

A. 助理会计师　　B. 会计师

C. 注册会计师　　D. 资产评估师

【答案解析】　B　会计专业职务分为高级会计师、会计师、助理会计师和会计员。高级会计师为高级职务，会计师为中级职务，助理会计师和会计员为初级职务。

例题 1－113·多选题　会计专业技术资格分为（　　）。

A. 初级资格　　B. 中级资格

C. 高级资格　　D. 中高级资格

【答案解析】　ABC　会计专业技术资格分为初级资格、中级资格和高级资格三个级别。

例题 1－114·单选题　高级会计师资格的取得实行（　　）。

A. 全国统一考试制度　　B. 考试和评审相结合的制度

C. 地方统一考试制度　　D. 评审制度

【答案解析】　B　高级会计师资格的取得实行考试与评审相结合制度。

例题 1－115·单选题　报名参加会计专业技术资格初级考试的人员，除了应具备规定的基本条件外，还必须具备教育部门认可的（　　）学历。

A. 高中以上　　B. 中专以上

C. 大专　　D. 本科

【答案解析】　A　报考参加会计专业技术初级资格考试的人员，除了应具备规定的基本条件外，还必须具备教育部认可的高中以上学历。

例题 1－116·单选题　参加高级会计师考试并达到国家合格标准的人员，由全国会计专业技术资格考试办公室核发高级会计师资格考试成绩合格证，该证在全国范围内的有效期为（　　）。

A. 1 年　　B. 2 年

C. 3 年　　D. 5 年

【答案解析】　C　参加考试并达到国家合格标准的人员，由全国会计专业技术资格考试办公室核发高级会计师资格考试成绩合格证，该证在全国范围内 3 年有效。

例题 1－117·单选题 负责草拟比较重要的财务会计制度、规定、办法和解释、解答财务会计法规、制度中的重要问题是（　　）的基本职责。

A. 高级会计师　　　　B. 会计员

C. 助理会计师　　　　D. 会计师

【答案解析】 D　会计师的基本职责是：负责草拟比较重要的财务会计制度、规定、办法；解释、解答财务会计法规、制度中的重要问题；分析检查财务收支和预算的执行情况；培养初级会计人才。

第六节｜法律责任

一、法律责任概述

法律责任是指违反法律规定的行为应当承担的法律后果，通常可分为行政责任、刑事责任和民事责任。《会计法》规定的法律责任主要有行政责任和刑事责任两种责任形式。

【提示】 违反《会计法》的法律责任一般只涉及行政责任和刑事责任，而不涉及民事责任。

（一）行政责任

行政责任是指犯有一般违法行为的单位或个人，依照法律、法规的规定应承担的法律责任。行政责任主要有行政处罚和行政处分两种方式。

1. 行政处罚

行政处罚是指行政机关或其他行政主体依法定职权和程序对违反行政法规尚未构成犯罪的行政管理相对人给予行政制裁的具体行政行为（见表 1－14）。

表 1－14

类别	罚款；责令限期改正
实施机关	县级以上人民政府财政部门
实施对象	违反《会计法》行为的单位和个人

【提示】 上述行政处罚类型特指违反《会计法》而给予的行政处罚。一般意义上的行政处罚包括：警告，罚款，没收违法所得，没收非法财物，责令停产停业，暂扣或者吊销许可证、暂扣或者吊销执照，行政拘留等。

2. 行政处分

行政处分是指对国家工作人员故意或者过失侵犯行政相对人的合法权益所实施的法律制裁（见表 1－15）。

表 1－15

类别	警告；记过；记大过；降级；撤职；开除等
实施机关	行政机关
实施对象	直接负责的国家工作人员

【思考】 行政责任分为哪两种？行政处罚的类别主要有哪些？行政处分的类别主要有哪些？

（二）刑事责任

刑事责任是指犯罪行为应当承担的法律责任，包括主刑和附加刑两种（见表 1－16）。

表 1－16

主刑	管制；拘役；有期徒刑；无期徒刑和死刑
附加刑	罚金；剥夺政治权利；没收财产。对犯罪的外国人，也可以独立或附加适用驱除出境

【思考】 刑事责任分为哪两种？主刑的类别主要有哪些？附加刑的类别主要有哪些？还要与行政责任相区分。

【提示】 主刑只能独立适用，不能附加适用；附加刑既能独立适用，也能附加适用。

【小结 1】 罚金是刑事责任，罚款是行政责任，注意区分。

【小结 2】 行政责任与刑事责任的主要区别（见表 1－17）。

表 1－17

区　别	刑事责任	行政责任
追究的违法行为不同	犯罪行为	一般违法行为
追究责任的机关不同	由司法机关依照《刑法》的规定追究	由国家特定的行政机关依照有关法律的规定决定
承担法律责任的后果不同	最严厉的制裁，可以判处死刑	相对刑事责任要轻一些

经典例题讲解

例题 1－118·多选题 《会计法》中规定的法律责任形式主要有（　　）。

A. 赔偿责任　　B. 连带责任

C. 行政责任　　D. 刑事责任

【答案解析】 CD 《会计法》规定的法律责任主要有行政责任和刑事责任两种责任形式。

例题 1－119·多选题 下列各项中，属于《会计法》中规定的行政处罚形式有（　　）。

A. 警告　　B. 罚款

C. 责令限期改正　　D. 行政拘留

【答案解析】 BC 《会计法》中规定的行政处罚类型主要有：罚款、责令限期改正等。

而一般意义上的行政处罚包括：警告，罚款，没收违法所得，没收非法财物，责令停产停业，暂扣或者吊销许可证、暂扣或者吊销执照，行政拘留等。

例题1－120·单选题 行政处分的对象是（ ）。

A. 法人 B. 公民

C. 国家工作人员 D. 其他组织

【答案解析】 C 行政处分的对象仅限于直接负责的国家工作人员。

例题1－121·多选题 下列各项中，属于附加刑的有（ ）。

A. 罚金 B. 剥夺政治权利

C. 拘役 D. 没收财产

【答案解析】 ABD 附加刑有罚金、剥夺政治权利、没收财产。拘役属于主刑。

二、不依法设置会计账簿等会计违法行为的法律责任（见表1－18）

表1－18

会计违法行为（及正确做法）	应承担的法律责任
（1）不依法设置会计账簿的行为（应设置而未设置或未按规定设置） （2）私设会计账簿的行为（如“两本账”“账外账”“小金库”等行为） （3）未按照规定填制、取得原始凭证或者填制、取得的原始凭证不符合规定的行为（对不符合规定的原始凭证，会计机构、会计人员有权不予接受或退回） （4）以未经审核的会计凭证为依据登记会计账簿或者登记会计账簿不符合规定的行为（会计人员应当根据审核无误的会计凭证登记会计账簿） （5）随意变更会计处理方法的行为（不得随意变更） （6）向不同的会计资料使用者提供的财务会计报告编制依据不一致的行为（向不同的会计资料使用者提供的财务会计报告的编制依据应当一致） （7）未按照规定使用会计记录文字或者记账本位币的行为 【补充】会计记录的文字应当使用中文。在民族自治地区，会计记录可以同时使用当地通用的一种民族文字。在中华人民共和国境内的外商投资企业、外国企业和其他外国组织的会计记录可以同时使用一种外国文字 （8）未按照规定保管会计资料，致使会计资料毁损、灭失的行为 （9）未按照规定建立并实施单位内部会计监督制度，或者拒绝依法实施的监督，或者不如实提供有关会计资料及有关情况的行为 （10）任用会计人员不符合《会计法》规定的行为 【解释】包括一般会计人员、会计机构负责人（会计主管人员）、总会计师等的任用	由县级以上人民政府财政部门： （1）责令限期改正 （2）罚款（可以对单位并处3 000元以上50 000元以下的罚款，对其直接负责的主管人员和其他直接责任人员，处2 000元以上20 000元以下的罚款） （3）给予行政处分（属于国家工作人员的） （4）依法追究刑事责任（构成犯罪的）

【技巧】 在上述会计违法行为中，第（1）~第（8）项和会计核算相关，第（9）、第（10）项和会计监督相关。在第（1）~第（8）中，第（1）、第（2）项涉及会计账簿，第（3）、第（4）项涉及会计凭证，第（5）项涉及会计处理方法，第（6）项涉及会计报表，第（7）项涉及记账文字和货币，第（8）项涉及会计档案，应分类理解和适当记忆哪些属于违法会计行为。

【点拨1】 对于会计违法行为的具体“例子”和“正确做法”都应熟悉。

【点拨2】 罚款的数额必须掌握。

经典例题讲解

例题1－122·多选题 根据《会计法》的规定，下列各项中，属于会计违法行为的有（　　）。

A. 未按规定填制、取得原始凭证

B. 填制、取得的原始凭证不符合规定

C. 以未经审核的会计凭证为依据登记会计账簿

D. 会计资料保管不当致使会计资料损毁、灭失

【答案解析】 ABCD　四个选项都属于会计违法行为。

例题1－123·单选题 对于向不同的会计资料使用者提供的财务会计报告编制依据不一致的行为，由县级以上人民政府财政部门根据违法行为的性质、情节及危害程度，在责令限期改正的同时，可以对单位并处（　　）的罚款。

A. 2 000元以上10 000元以下　　B. 3 000元以上50 000元以下

C. 10 000元以上50 000元以下　　D. 2 000元以下

【答案解析】 B　对于向不同的会计资料使用者提供的财务会计报告编制依据不一致的行为，由县级以上人民政府财政部门责令限期改正，可以对单位并处3 000元以上50 000元以下的罚款，对直接负责的主管人员和其他直接责任人员，可以处2 000元以上20 000元以下的罚款。

例题1－124·单选题 根据《会计法》规定，对不依法设置会计账簿的行为，县级以上人民政府财政部门在责令其限期改正的同时，可以对其直接负责的主管人员和其他直接责任人员，处以（　　）元的罚款。

A. 1 000～10 000　　B. 2 000～20 000

C. 3 000～30 000　　D. 5 000～50 000

【答案解析】 B　对于不依法设置会计账簿的行为，县级以上人民政府财政部门在责令限期改正的同时，可以对单位并处3 000元以上50 000元以下的罚款；对直接负责的主管人员和其他直接责任人员，可以处2 000元以上20 000元以下的罚款。

三、其他会计违法行为的法律责任

（一）伪造、变造会计凭证、会计账簿，编制虚假财务会计报告的法律责任

1. 刑事责任

构成犯罪的，依法追究刑事责任。

2. 行政责任

尚不构成犯罪的，由县级以上人民政府财政部门按照《会计法》的规定处理。

（1）予以通报。

（2）罚款（可以对单位并处5 000元以上100 000元以下的罚款；对其直接负责的主管人员和其他直接责任人员，可以处3 000元以上50 000元以下的罚款）。

（3）行政处分（属于国家工作人员，由其所在单位或者有关单位依法给予撤职直至开除的行政处分）。

【点拨】 对罚款数额必须掌握。

（二）隐匿或者故意销毁依法应当保存的会计凭证、会计账簿、财务会计报告的法律责任

1. 刑事责任

构成犯罪的，依法追究刑事责任。

2. 行政责任

尚不构成犯罪的，由县级以上人民政府财政部门按照《会计法》的规定处理。

（1）予以通报。

（2）罚款（可以对单位并处5 000元以上100 000元以下的罚款；对其直接负责的主管人员和其他直接责任人员，可以处3 000元以上50 000元以下的罚款）。

（3）行政处分（属于国家工作人员，由其所在单位或者有关单位依法给予撤职直至开除的行政处分）。

【解释】 “伪造、变造会计凭证、会计账簿，编制虚假财务会计报告”和“隐匿或者故意销毁依法应当保存的会计凭证、会计账簿、财务会计报告”所承担的行政责任完全一致，可以一并掌握。

【点拨】 对罚款数额必须掌握。

（三）授意、指使、强令会计机构、会计人员及其他人员伪造、变造会计凭证、会计账簿，编制虚假财务会计报告或者隐匿、故意销毁依法应当保存的会计凭证、会计账簿、财务会计报告的法律责任

【解释】 授意是“暗示”他人按其意思行事；指使是“明示”他人按其意思行事；强令是“强迫”他人执行其命令。

1. 刑事责任

构成犯罪的，依法追究刑事责任。

2. 行政责任

尚不构成犯罪的，由县级以上人民政府财政部门按照《会计法》的规定处理。

（1）罚款（对违法行为人处以5 000元以上50 000元以下的罚款）。

（2）行政处分（属于国家工作人员的，由其所在单位或者有关单位依法给予降级、撤职、开除的行政处分）。

【点拨】 对罚款数额必须掌握。特别注意与前两种违法行为罚款数额的区别。

【提醒】 对行政处分的具体类型注意区分，此处是“降级、撤职或者开除的行政处分”，而前两种违法行为是“撤职直至开除的行政处分”。

（四）单位负责人对会计人员实施打击报复的法律责任

“打击报复”是指单位负责人对依法履行职责、抵制违反《会计法》规定行为的会计人员，通过降级、撤职、调动工作岗位、解聘或者开除等方式进行打击报复。

【点拨】 注意单位负责人打击报复会计人员的方式（降级、撤职、调动工作岗位、解聘

或者开除等）。

1. 刑事责任

情节恶劣的，构成“打击报复会计人员罪”。根据《刑法》规定，对犯有打击报复会计人员罪的单位负责人，处3年以下有期徒刑或者拘役。

2. 行政责任

尚不构成犯罪的，由其所在单位或者有关单位依法给予相应的行政处分。

3. 对受打击报复的会计人员的补救措施

（1）恢复其名誉。

（2）恢复原有职务、级别（不包括恢复“职称”等内容）。

【提示】 单位负责人对会计人员实施打击报复的法律责任不包括行政处罚，只有行政处分。

【点拨】 单位负责人对会计人员实施打击报复的法律责任的刑事责任（“3年”以下“有期徒刑”或者“拘役”）、行政责任（只有“行政处分”）及对受打击报复的会计人员的补救措施（“恢复其名誉和原有职务、级别”）。

【小结】 对各类会计违法行为行政处罚中罚款的小结（见表1－19）。

表1－19

会计违法行为	不依法设置会计账簿等会计违法行为	伪造、变造会计凭证、会计账簿、编制虚假财务会计报告的行为	隐匿或者故意销毁依法应当保存的会计资料的行为	授意、指使、强令会计机构、会计人员及其他人员伪造、变造、编制、隐匿、故意销毁会计资料的行为
单　位	3 000～50 000元	5 000～100 000元	5 000～100 000元	—
直接责任人	2 000～20 000元	3 000～50 000元	3 000～50 000元	5 000～50 000元

经典例题讲解

例题1－125·单选题 根据《会计法》的规定，对于伪造、变造会计凭证、会计账簿，编制虚假财务会计报告的，县级以上人民政府财政部门视其情节轻重，在予以通报的同时，可以对其直接负责的主管人员和其他直接责任人员处（　　）罚款。

A. 1 000元以上20 000元以下　　B. 2 000元以上50 000元以下

C. 3 000元以上50 000元以下　　D. 5 000元以上50 000元以下

【答案解析】 C　对伪造、变造会计凭证、会计账簿、编制虚假财务会计报告行为的罚款处罚：单位5 000～100 000元、直接责任人3 000～50 000元。

例题1－126·单选题 隐匿或故意销毁依法应当保存的会计凭证、会计账簿、财务会计报告，尚未构成犯罪的，应当根据《会计法》的有关规定，县级以上人民政府财政部门在予以通报的同时，可以对单位并处（　　）元的罚款。

A. 3 000～50 000　　B. 3 000～100 000

C. 5 000～50 000　　D. 5 000～100 000

【答案解析】 D 隐匿或故意销毁依法应当保存的会计凭证、会计账簿、财务会计报告，尚未构成犯罪的，由县级以上人民政府财政部门在予以通报的同时，可以对单位并处5 000元以上100 000元以下的罚款；对其直接负责的主管人员和其他直接责任人员，可以处以3 000元以上50 000元以下的罚款。

例题1－127·单选题 授意、指使、强令会计机构、会计人员及其他人员伪造、变造会计凭证、会计账簿，编造虚假财务会计报告，尚未构成犯罪的，由县级以上人民政府财政部门对违法行为人处以（　　）元的罚款。

A. 3 000～50 000　　B. 3 000～100 000

C. 5 000～50 000　　D. 5 000～100 000

【答案解析】 C 授意、指使、强令会计机构、会计人员及其他人员的伪造、变造会计凭证、会计账簿，编造虚假财务会计报告，尚未构成犯罪的，由县级以上人民政府财政部门对违法行为人处以5 000元以上50 000元以下的罚款。

例题1－128·单选题 根据规定，对犯有打击报复会计人员罪的单位负责人，可处（　　）年以下有期徒刑或拘役。

A. 3　　B. 5

C. 8　　D. 10

【答案解析】 A 对犯有打击报复会计人员罪的单位负责人，处3年以下有期徒刑或者拘役。

例题1－129·单选题 对会计人员进行打击报复的，除对单位负责人依法进行处罚外，还应当采取必要的补救措施，如恢复会计人员名誉、原有职务、级别。

【答案解析】 √ 表述正确。

例题1－130·单选题 单位负责人对依法履行职责、抵制违反《会计法》规定行为的会计人员进行打击报复的行为包括（　　）。

A. 降级　　B. 撤职

C. 调离工作岗位　　D. 解聘或者开除

【答案解析】 ABCD “打击报复”是指单位负责人对依法履行职责、抵制违反《会计法》的会计人员，通过降级、撤职、调动工作岗位、解聘或者开除等方式进行打击报复。

例题1－131·多选题 授意、指使、强令会计机构、会计人员及其他人员伪造、变造会计凭证、会计账簿，编制虚假财务会计报告或者隐匿、故意销毁依法应当保存的会计凭证、会计账簿、财务会计报告，尚不构成犯罪的，除依法可处以规定数额的罚款外，对于国家工作人员的，还应当由其所在单位或者有关单位依法给予的行政处分有（　　）。

A. 警告　　B. 开除

C. 降级　　D. 撤职

【答案解析】 BCD 授意、指使、强令会计机构、会计人员及其他人员伪造、变造会计凭证、会计账簿，编制虚假财务会计报告或者隐匿、故意销毁依法应当保存的会计凭证、会计账簿、财务会计报告，尚不构成犯罪的，除依法可处以规定数额的罚款外，对于国家工作人员的，还应当由其所在单位或者有关单位依法给予降级、撤职、开除的行政处分。

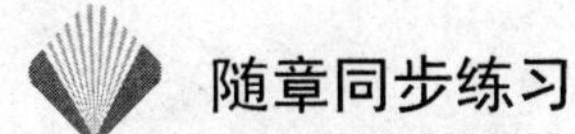

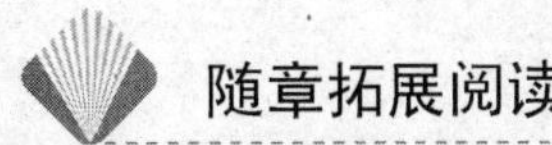

说明：手机扫描上方二维码，根据提示下载安装客户端，安装后使用客户端中的扫码功能直接访问，亦可通过浏览器登录 pass. cfeph. cn 访问。

第二章 chapter 2 结算法律制度

课前导语

本章主要包括支付结算法律制度和《票据法》的相关内容，具体有现金结算、支付结算概述、银行结算账户、票据结算方式、银行卡及其他结算方式等。本章考点较多，许多是会计初级考试内容的基础，需适当记忆并辅以一定练习以加深理解。尤其是票据结算方式的相关内容，难度较大，容易混淆。准备初级考试的读者，还需掌握预付卡等内容及对票据结算方式的更深入理解。

基本要求

了解：支付结算的相关概念及其法律构成；银行结算账户的开立、变更和撤销；网上支付的相关概念、分类、功能、交易流程及管理规定

熟悉：票据的相关概念；各银行结算账户的概念、使用范围和开户要求

掌握：现金管理的基本要求和现金的内部控制；票据和结算凭证填写的基本要求；支票、商业汇票、银行卡、汇兑结算方式的规定，并能综合分析

本章框架结构

结算法律制度
1. 现金结算（概念与特点、渠道、范围、限额、管理的基本要求和内部控制）
2. 支付结算概述（概念与特征、主要法律依据、基本原则、办理支付结算的要求）
3. 银行结算账户（概念与分类、管理的基本原则、开立变更与撤销、违反银行结算账户管理法律制度的法律责任）
4. 票据结算方式（概述、支票、商业汇票、银行汇票、银行本票）
5. 银行卡（概念与分类、账户与交易）
6. 其他结算方式（汇兑、委托收款、托收承付、国内信用证）
7. 网上支付（网上银行、第三方支付）

第一节 现金结算

一、现金结算的概念与特点

（一）现金结算的概念

1. 概念

现金结算是指在商品交易、劳务供应等经济往来中，直接使用现金进行应收应付款结算的一种行为。

2. 适用范围

在我国主要适用于单位与个人之间的款项收付，以及单位之间的转账结算起点金额以下的零星小额收付。但机关、团体、部队、全民所有制和集体所有制企业事业单位购置国家规定的专项控制商品，必须采取转账结算方式，不得使用现金。

【提示】 单位与单位之间的结算不都能使用现金结算，必须是转账结算起点金额（1 000元）以下的零星小额收付。

（二）现金结算的特点

（1）直接便利；

（2）不安全性；

（3）不易宏观控制和管理（不通过银行结算，很难控制；现钞过多容易造成通货膨胀）；

（4）管理费用较高（现金印制、清点、运送、保管、回收等工作成本较高）。

经典例题讲解

例题2－1·多选题 下列对现金结算描述正确的是（　　）。

A. 现金结算主要适用于单位和个人之间的款项收付

B. 现金主要适用于单位与单位之间的转账结算起点金额以下的结算

C. 现金主要适用于银行之间的结算

D. 现金主要适用于单位与银行之间的结算

【答案解析】 AB 现金结算在我国主要适用于单位与个人之间的款项收付，以及单位之间的转账结算起点金额以下的零星小额收付。

例题2－2·单选题 现金结算的特点是（　　）。

A. 费用较低　　B. 安全性高

C. 直接便利　　D. 易于宏观控制和管理

【答案解析】 C 现金结算具有直接便利、不安全性、不易宏观控制和管理费用较高四个特点。

二、现金结算的渠道

（1）付款人直接将现金支付给收款人；

（2）付款人委托银行、非银行金融机构或者非金融机构将现金支付给收款人。

【解释】 渠道包括直接支付和委托支付两种。可以委托银行、非银行金融机构或者非金融机构（如邮局）将现金支付（注意不是“转账”）给收款人。

经典例题讲解

例题2－3·多选题 下列各项中，属于现金结算渠道的有（　　）。

A. 付款人直接将现金支付给收款人

B. 付款人委托银行将现金支付给收款人

C. 付款人委托非金融机构将现金支付给收款人

D. 付款人委托非银行金融机构将现金支付给收款人

【答案解析】 ABCD 现金结算的渠道有付款人直接将现金支付给收款人以及付款人委托银行、非银行金融机构或者非金融机构将现金支付给收款人两种方式。

三、现金结算的范围

根据《现金管理暂行条例》的规定，开户单位可以在下列范围内使用现金（见表2－1）。

表 2－1

开户单位使用现金的范围	相关说明
1. 职工工资、津贴	（1）结算起点：1 000 元 （2）结算起点的调整：由中国人民银行确定，报国务院备案 （3）超现金限额部分的支付方式：除第 5、第 6 项外，开户单位支付给个人的款项，超过使用现金限额的部分，应当以支票或者银行本票支付；确需全额支付现金的，经开户银行审核后，予以支付现金 【技巧 1】 第 1～6 项共同的特点是：支付给"个人" 【技巧 2】 其中第 5、第 6 项超过使用现金限额又需全额支付现金的，不必经开户银行审核。这可以结合生活的实际来理解：出差人员一般不会用支票或银行本票支付差旅费，而直接全额用现金，金额也会超过 1 000 元；另外对于向个人收购农副产品，虽然可能已经超过了结算起点，但为了方便对方，一般也不会给对方支票或银行本票，会直接全额用现金
2. 个人劳务报酬	
3. 根据国家规定颁发给个人的科学技术、文化艺术、体育等方面的各种奖金	
4. 各种劳保，福利费用以及国家规定的对个人的其他支出	
5. 向个人收购农副产品和其他物资的价款	
6. 出差人员必须随身携带的差旅费	
7. 结算起点以下的零星支出	
8. 中国人民银行确定需要现金支付的其他支出	

【小结】 表 2－1 中的 8 项内容都可以使用现金支付，但第 1～第 4 项、第 7 和第 8 项支付时超过使用现金限额（1 000 元）的部分，应当以支票或者银行本票支付；确需全额支付现金的，经开户银行审核后，予以支付现金；而第 5、第 6 项则可以全额支付现金。

【补充】 各级人民银行和各开户银行对现金管理职责的区别：各级人民银行负责履行金融主管机关的职责，对开户银行的现金管理进行监督和稽核；开户银行负责现金管理的具体实施，对开户单位收支、使用现金进行监督管理。注意辨析。

经典例题讲解

例题 2－4 · 单选题 根据规定，下列项目中不可以使用现金支付的是（ ）。

A. 职工工资、津贴　　B. 个人劳务报酬

C. 出差人员必须携带的差旅费　　D. 2 000 元以下的零星支出

【答案解析】 D 现金结算的范围包括：①职工工资、津贴；②个人劳务报酬；③根据国家规定颁发给个人的科学技术、文化艺术、体育等各种奖金；④各种劳保、福利费用以及国家规定的对个人的其他支出；⑤向个人收购农副产品和其他物资的价款；⑥出差人员必须随身携带的差旅费；⑦结算起点（1 000 元）以下的零星支出；⑧中国人民银行确定需要支付现金的其他支出。

例题 2－5 · 多选题 在我国，不能直接对银行开户单位现金管理进行监督的机构有（ ）。

A. 中国人民银行各级机构　　B. 单位开户银行

C. 银监会　　D. 证监会

【答案解析】 ACD 各级人民银行负责履行金融主管机关的职责，对开户银行的现金管理进行监督和稽核。开户银行负责现金管理的具体实施，对开户单位收支、使用现金进行监督管理。

四、现金使用的限额

（一）一般规定

现金使用限额是为了保证开户单位日常零星开支的需要，允许单位留存现金的最高数额。

现金使用的限额，由开户行根据单位的实际需要核定，一般按照单位 3 ~5 天日常零星开支所需确定。

【提示】 开户单位必须严格遵守开户银行核定的库存现金限额。需要增加或减少单位现金使用限额的，应当向开户银行申请，由开户银行核定。注意现金使用限额的核定权在“开户行”，并不在单位自身。

（二）特殊规定

（1）边远地区和交通不便地区的开户单位的库存现金限额，可按多于 5 天、但不得超过 15 天的日常零星开支的需要确定。

（2）对没有在银行单独开立账户的附属单位也要实行现金管理，必须保留的现金，也要核定限额，其限额包括在开户单位的库存限额之内。

（3）商业和服务行业的找零备用现金，也要根据营业额核定定额，但不包括在开户单位的库存现金限额之内。

【补充 1】 开户单位现金收入应当于当日送存开户银行。当日送存确有困难的，由开户银行确定送存时间。

【补充 2】 开户单位支付现金，可以从本单位库存现金限额中支付或者从开户银行提取，不得从本单位的现金收入中直接支付（即不得坐支）。

经典例题讲解

例题 2 –6 · 单选题 各开户单位的库存现金限额，由开户行根据单位需要核定，一般按照单位（ ）天日常零星开支所需确定（ ）。

A. 1 ~2　　B. 3 ~5

C. 3 ~7　　D. 10 ~30

【答案解析】 B 现金使用的限额，由开户行根据单位的实际需要核定，一般按照单位 3 至 5 天日常零星开支所需确定。

例题 2 –7 · 多选题 下列情况中，不属于开户单位的库存现金限额之内的有（ ）。

A. 没有在银行单独开立账户的附属单位保留的现金

B. 商业找零备用现金

C. 服务行业找零备用现金

D. 在银行单独开立账户单位的现金

【答案解析】 BC 在银行单独开立账户单位的现金显然属于开户单位的库存现金限额之内，选项 D 不合题意；对没有在银行单独开立账户的附属单位也要实行现金管理，必须保留的现金，也要核定限额，其限额包括在开户单位的库存限额之内，选项 A 不合题意。商业和服务行业的找零备用现金也要根据营业额核定定额，但不包括在开户单位的库存现金限额之内，故选项 BC 符合题意。

例题 2－8・单选题　下列有关现金使用限额说法中，正确的是（　　）。

A. 现金使用限额由中国人民银行核定

B. 现金使用限额一般按照开户单位 3～5 天日常零星开支所需确定

C. 边远地区和交通不便地区的库存现金限额可按超过 5 天但不得超过 30 天的零星开支的需要确定

D. 需要增加或者减少库存现金限额的，由中国人民银行核定

【答案解析】　B　现金使用的限额，由开户行根据单位的实际需要核定，一般按照单位 3～5 天日常零星开支所需确定。边远地区和交通不便地区的开户单位的库存现金限额，可按多于 5 天、但不得超过 15 天的日常零星开支需要确定。经核定的库存现金限额，开户单位必须严格遵守。需要增加或者减少库存现金限额的，应当向开户银行提出申请，由开户银行核定。只有选项 B 的说法是正确的。

第二节｜支付结算概述

一、支付结算的概念与特征

（一）支付结算的概念

1. 概念

支付结算是指单位、个人在社会经济活动中使用票据、信用卡和汇兑、托收承付、委托收款等结算方式进行货币给付及其资金清算的行为。

【解释】　支付结算的概念理解注意三个问题。第一，单位、个人都参与支付结算；第二，支付结算的方式有票据、信用卡和汇兑、托收承付、委托收款等（可以分为票据结算方式、非票据结算方式）；第三，支付结算包括货币给付与资金清算两种行为。

【提示】现金结算不属于支付结算的范畴。

2. 支付结算的主体

银行、城市信用合作社、农村信用合作社（简称银行）以及单位（含个体工商户）和个人是办理支付结算的主体。其中，银行是支付结算和资金清算的中介机构。

【提示】　银行是办理支付结算和资金清算的中介机构。注意这里的“中介机构”不包括保险公司。

（二）支付结算的特征

1. 支付结算必须通过中国人民银行批准的金融机构进行

未经中国人民银行批准的非银行金融机构和其他单位不得作为中介机构经营支付结算业务，但法律、行政法规另有规定的除外。

2. 支付结算的发生取决于委托人的意志（注意不是“受托人”）

当事人对在银行的存款有自己的支配权。银行对单位、个人在银行开立存款账户的存款，除国家法律、行政法规另有规定外，不得为任何单位或者个人查询账户情况；除国家法律另有规定外，银行不得为任何单位或个人冻结、扣款，不得停止单位、个人存款的正常支付。

【解释】 银行在支付结算中充当中介机构的角色，因此，银行只要以善意且符合规定的正常操作程序进行审查，对伪造、变造的票据和结算凭证上的签章以及需要交验的个人有效身份证件未发现异常而支付金额的，对出票人或付款人不再承担委托付款的责任，对持票人或收款人不再承担付款的责任。

3. 实行统一领导，分级管理

（1）统一领导——中国人民银行总行（注意不是“中国银行”）

（2）分级管理——中国人民银行各分行、支行

4. 支付结算是一种要式行为

【解释】 所谓要式行为是指法律规定必须依照一定形式进行的行为。如果该行为不符合法定的形式要件，即为无效。

5. 支付结算必须依法进行

经典例题讲解

例题 2－9 · 单选题 根据《支付结算办法》的规定，下列各项中，属于支付结算行为的是（ ）。

A. 用现金结算银行贷款利息　　B. 用现金结算贷款

C. 用信用卡结算贷款　　D. 用现金结算银行存款利息

【答案解析】 C 支付结算使用票据、信用卡和汇兑、托收承付、委托收款等结算方式，不包括使用现金结算方式，选项 C 正确。

例题 2－10 · 多选题 下列各项中，可以作为办理支付结算和资金清算业务的中介机构有（ ）。

A. 银行　　B. 农村信用合作社

C. 保险公司　　D. 城市信用合作社

【答案解析】 ABD 银行是支付结算和资金清算的中介机构，包括银行、城市信用合作社、农村信用合作社。

例题 2－11 · 多选题 下列属于支付结算行为的是（ ）。

A. 货币给付　　B. 资金清算

C. 商品销售　　D. 商品采购

【答案解析】 AB 支付结算是指单位、个人在社会经济活动中使用票据、信用卡和汇兑、托收承付、委托收款等结算方式进行货币给付及其资金清算的行为。

例题 2－12 · 多选题 下列说法中，属于支付结算特征的有（ ）。

A. 支付结算是一种要式行为

B. 支付结算的发生取决于受托人的意志

C. 支付结算实行统一领导和分级管理相结合的管理体制

D. 支付结算必须通过经中国人民银行批准的金融机构进行

【答案解析】 ACD 支付结算的发生取决于委托人的意志，而不是受托人的意志。所以选项 B 错误。

二、支付结算的主要法律依据

支付结算方面的法律、法规和制度主要包括：《票据法》《票据管理实施办法》《支付结算办法》《现金管理暂行条例》《中国人民银行银行卡业务管理办法》《人民币银行结算账户管理办法》《异地托收承付结算办法》《电子支付指引（第一号）》等。

【解释】 凡是与支付结算的“各种结算方式”有关的法律、行政法规以及部门规章和地方性规定等一般都是支付结算的法律依据。

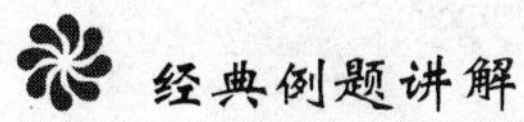

例题 2－13 · 判断题 《票据法》和《票据管理实施办法》属于支付结算的法律依据。（ ）

【答案解析】 √ 表述正确。

例题 2－14 · 多选题 下列各项中，属于单位、个人和银行在办理支付结算过程中应遵循的法律依据有（ ）。

A. 《票据管理实施办法》 B. 《异地托收承付结算办法》

C. 《支付结算办法》 D. 《票据法》

【答案解析】 ABCD 以上都属于支付结算方面的法律、法规和制度，在办理支付结算过程中应遵循。

三、支付结算的基本原则

1. “恪守信用，履约付款”原则

2. “谁的钱进谁的账，由谁支配”原则

【提示】 银行作为资金结算的中介机构，在办理结算时必须遵循“存款人”的委托，将款项支付给其指定的收款人。“谁的钱进谁的账，由谁支配”主要在于维护“存款人”对存款资金的所有权或控制权，保证其对资金的自主支配。

3. “银行不垫款”原则

【解释】 银行只是作为办理支付结算的中介机构，不承担垫付任何款项的责任。

【提示】 “银行不垫款”原则有利于划清银行资金与存款人资金的界限，保证了银行资金的所有权和安全。

经典例题讲解

例题 2－15·单选题 根据《支付结算办法》的规定，下列关于支付结算的表述中，正确的是（ ）。

A. 支付结算可以通过任何金融机构进行

B. 银行可以在适当范围内为存款人垫付资金

C. 银行在办理支付结算时必须遵循存款人的意志

D. 银行有权支配存款人的银行账户里的资金

【答案解析】 C 支付结算必须通过中国人民银行批准的金融机构进行，选项 A 错误；银行不垫款，选项 B 错误；谁的钱进谁的账，由谁支配，选项 D 错误。

例题 2－16·多选题 单位、个人和银行办理支付结算必须遵守的原则有（ ）。

A. 恪守信用，履约付款

B. 谁的钱进谁的账，由谁支配

C. 银行不垫款

D. 不得出租或出借银行账户

【答案解析】 ABC 支付结算有三个原则：恪守信用，履约付款；谁的钱进谁的账，由谁支配；银行不垫款。

四、办理支付结算的要求

（一）办理支付结算的基本要求

（1）办理支付结算必须使用中国人民银行（注意不是“中国银行”）统一规定的票据和结算凭证，未使用中国人民银行统一规定的票据，票据无效；未使用中国人民银行统一规定的结算凭证，银行不予受理。

【解释】 “票据和结算凭证”是银行、单位和个人据以记账的会计凭证，是记载经济业务和明确经济责任的一种书面证明，是办理支付结算和现金收付的重要依据（即办理支付结算的工具）。

【思考】 未使用中国人民银行统一规定的票据，有什么后果？未使用中国人民银行统一规定的结算凭证，有什么后果？

（2）办理支付结算必须按统一的规定开立和使用账户。

（3）填写票据和结算凭证应当全面规范，做到数字正确，要素齐全，不错不漏，字迹清楚，防止涂改。票据和结算凭证金额以中文大写和阿拉伯数码同时记载，二者必须一致，二者不一致的票据无效，二者不一致的结算凭证，银行不予受理。

【思考】 中文大写金额和阿拉伯数码金额二者不一致的票据，有什么后果？二者不一致的结算凭证，有什么后果？

（4）票据和结算凭证上的签章和记载事项必须真实，不得变造、伪造。

票据和结算凭证上的签章，为签名、盖章或者签名加盖章。单位、银行在票据上的签章和单位在结算凭证上的签章，为该单位、银行的盖章加其法定代表人或其授权的代理人的签名或盖章（即“两部分”构成）。个人在票据和结算凭证上的签章，为个人本名的签名或盖章（注意：在财务会计报告里是签名“并”盖章）。

【提示】 单位、银行的签章是代表单位的签章＋代表个人的签名或盖章；个人的签章就是本人的签名或盖章。

①票据的“伪造”，是指无权限人假冒他人或虚构他人名义签章的行为。

②票据的“变造”，是指无权更改票据内容的人对票据上签章以外的记载事项加以改变的行为。

③票据上有伪造、变造签章的，不影响票据上其他当事人真实签章的效力。

【提示】 票据“伪造”指的是伪造签章，票据“变造”是指更改签章以外的事项，注意其区别。

（5）票据和结算凭证的金额、出票或签发日期、收款人名称不得更改，更改的票据无效；更改的结算凭证，银行不予受理。对票据和结算凭证上的其他记载事项，原记载人可以更改，更改时应当由原记载人在更正处签章证明。

【思考】 票据和结算凭证的哪些项目不得更改（三项）？

【小结】 注意总结什么情况会导致票据无效或结算凭证银行不予受理的情形：（1）未使用中国人民银行统一规定的票据，票据无效；未使用中国人民银行统一规定的结算凭证，银行不予受理；（2）票据和结算凭证金额以中文大写和阿拉伯数码同时记载，二者必须一致，二者不一致的票据无效；二者不一致的结算凭证银行不予受理；（3）票据和结算凭证的金额、出票或签发日期、收款人名称不得更改，更改的票据无效；更改的结算凭证，银行不予受理。

（二）支付结算凭证填写的要求

（1）票据的出票日期必须使用中文大写，基本规则见表2－2。

表2－2

日　期	中文大写方式
月为壹、贰和壹拾	在日或月前加“零”
日为壹至玖和壹拾、贰拾和叁拾	
日为拾壹至拾玖	在日前加“壹”

【举例2－1】 如10月12日，月为壹拾，前面加“零”；日为拾贰，前面加“壹”，则大写为“零壹拾月壹拾贰日”。又如1月30日，月为壹，日为叁拾，前面加“零”，则大写为“零壹月零叁拾日”。

【思考】 2月12日、10月20日，中文大写如何写？

【提示】 票据出票日期使用小写填写的，银行不予受理。大写日期未按要求规范填写的，银行可予受理；但由此造成损失的，由出票人自行承担。

（2）中文大写金额数字应用正楷或行书填写，不得自造简化字。

【解释】 中文大写金额数字正确书写方法：壹、贰、叁、肆、伍、陆、柒、捌、玖、拾、佰、仟、万、亿、元、角、分、零、整（正）等。

【提示】 如果金额数字书写中使用繁体字，也应受理。

（3）中文大写金额数字前应标明“人民币”字样，大写金额数字应紧接“人民币”字样填写，不得留有空白。大写金额数字前未印“人民币”字样的，应加填“人民币”三字。

（4）中文大写金额数字到“元”为止的，在“元”之后应写“整”（或“正”）字，到“角”为止的，在“角”之后可以不写“整”（或“正”）字。大写金额数字有“分”的，“分”后面不写“整”（或“正”）字。

【小结】 ①中文大写金额数字到“元”为止的，在“元”之后的“整”（或“正”）字必须要写；②到“角”为止的，“整”（或“正”）字可写可不写；③大写金额数字有“分”的，“整”（或“正”）字一定不能写。

【举例2-2】 如人民币30.00元，中文大写应为“人民币叁拾元整（或正）”；人民币30.10元，中文大写应为“人民币叁拾元壹角整（或正）”，也可写成“人民币叁拾元壹角”；人民币30.11元，只能写成“人民币叁拾元壹角壹分”，不能写成“人民币叁拾元壹角壹分整（或正）”。

（5）阿拉伯小写金额数字前面，均应填写人民币符号“¥”。阿拉伯小写金额数字要认真填写，不得连写分辨不清。

（6）阿拉伯小写金额数字中有“0”的，中文大写应按照汉语语言规律、金额数字构成和防止涂改的要求进行书写。具体要求如下：

①阿拉伯数字中间有“0”时，中文大写金额要写“零”字。

【举例2-3】 如¥3 704.85，应写成“人民币叁仟柒佰零肆元捌角伍分”。

【思考】 ¥1 409.60中文大写金额如何写？

②阿拉伯数字中间连续有几个“0”时，中文大写金额中间可以只写一个“零”字。

【举例2-4】 如¥1 006.16，应写成“人民币壹仟零陆元壹角陆分”。

【思考】 ¥6 007.18中文大写金额如何写？

③阿拉伯数字万位或元位是“0”，或者数字中间连续有几个“0”，万位、元位也是“0”，但千位、角位不是“0”时，中文大写金额中可以只写一个“零”字，也可以不写“零”字。

【举例2-5】 如¥205 000.48，应写成“人民币贰拾万伍仟元零肆角捌分”，或者为“人民币贰拾万零伍仟元肆角捌分”。

【思考】 ¥1 680.32、¥107 000.53中文大写金额如何写？

④阿拉伯金额数字角位是“0”，而分位不是“0”时，中文大写金额“元”后面应写“零”字。

【举例2-6】 如¥4 917.06元，应写成“人民币肆仟玖佰壹拾柒元零陆分”。

【思考】 ¥16 409.02、¥325.04中文大写金额如何写？

【小结】 阿拉伯数字中有“0”时，中文大写的书写规则（见表2-3）。

表2-3

小写金额	中文大写金额
阿拉伯数字中间有“0”时	要写“零”字
阿拉伯金额数字角位是“0”，而分位不是“0”时	
阿拉伯数字中间连续有几个“0”时	可以只写一个“零”字
阿拉伯数字万位或元位是“0”，但千位、角位不是“0”时	可以只写一个“零”字，也可以不写“零”字
数字中间连续有几个“0”，万位、元位也是“0”，但千位、角位不是“0”时	

经典例题讲解

例题 2-17·多选题 办理支付结算时，必须符合的基本要求有（ ）。

A. 单位、个人和银行应当按照《人民币银行结算账户管理办法》的规定开立、使用账户

B. 办理支付结算必须使用中国人民银行统一规定的票据和结算凭证

C. 票据和结算凭证的填写应当全面、规范

D. 票据和结算凭证上的签章和其他记载事项应当真实

【答案解析】 ABCD 以上都属于办理支付结算的基本要求，表述均正确。

例题 2-18·单选题 某公司签发一张商业汇票，根据支付结算法律制度的规定，该公司的下列签章行为中，正确的是（ ）。

A. 公司盖章　　B. 公司法定代表人李某盖章

C. 公司法定代表人李某签名加盖章　　D. 公司盖章加公司法定代表人李某盖章

【答案解析】 D 单位、银行在票据和结算凭证上的签章，为该单位、银行的盖章，加其法定代表人或其授权的代理人的签名或者盖章。

例题 2-19·单选题 根据支付结算法律制度的规定，下列行为中，属于伪造票据的是（ ）。

A. 挖补票据金额　　B. 覆盖票据到期日

C. 涂改票据收款人名称　　D. 假冒票据签章

【答案解析】 D "伪造"票据，是指无权限人假冒他人名义签章的行为，例如伪造出票签章、背书签章、承兑签章和保证签章等；选项 ABC 都属于票据的变造行为。

例题 2-20·多选题 根据支付结算法律制度的规定，下列各项中，属于无效票据的有（ ）。

A. 更改出票金额的票据　　B. 更改出票日期的票据

C. 更改收款人名称的票据　　D. 金额中文大写与数码记载不一致的票据

【答案解析】 ABCD 票据的出票金额、出票或签发日期、收款人名称不得更改，更改的票据无效，选项 ABC 正确；票据金额以中文大写和阿拉伯数码同时记载，二者必须一致，不一致的票据无效，选项 D 正确。

例题 2-21·多选题 下列各项中，符合《支付结算办法》规定的有（ ）。

A. 用繁体字书写中文大写金额

B. 中文大写金额数字的"角"之后不写"整"字（或"正"字）

C. 阿拉伯小写金额前面应当填写人民币符号

D. 用阿拉伯数字填写票据出票日期

【答案解析】 ABC 金额数字书写中使用繁体字，也应受理，选项 A 正确；选项 BC 两项表述正确；票据的出票日期必须使用中文大写，所以选项 D 错误。

例题 2-22·判断题 中文大写金额数字前可标明"人民币"字样。例如，大写金额数字前未印"人民币"字样的，直接填写大写数字即可。（ ）

【答案解析】 × 中文大写金额数字前应标明"人民币"字样，大写金额数字应紧接

“人民币”字样填写，不得留有空白。

例题 2－23·单选题 票据的出票日期如果是 2 月 20 日，按规范填写要求，其中大写应为（ ）。

A. 二月二十日　　B. 贰月贰拾日

C. 零贰月贰拾日　　D. 零贰月零贰拾日

【答案解析】 D 在填写月、日时，月为壹、贰和壹拾的，日为壹至玖和壹拾、贰拾和叁拾的，应在其前加“零”。出票日期 2 月 20 日，中文大写在月、日之前均要加零，答案选择 D 项。

例题 2－24·单选题 对于票据出票日期使用小写填写的，下列表述中，正确的是（ ）。

A. 银行受理，但由此造成损失的，由银行自行承担

B. 银行受理，但由此造成损失的，由出票人和银行共同承担

C. 银行不予受理

D. 银行受理，但由此造成损失的，由出票人自行承担

【答案解析】 C 票据出票日期使用小写填写的，银行不予受理。大写日期未按要求规范填写的，银行可予受理；但由此造成损失的，由出票人自行承担。

例题 2－25·单选题 填写票据金额时，如￥20 050. 37，其中文大写应写成（ ）。

A. 贰万零伍拾元叁角柒分整

B. 人民币贰万零零伍拾元零叁角柒分

C. 人民币贰万零伍拾元叁角柒分整

D. 人民币贰万零伍拾元零叁角柒分

【答案解析】 D 中文大写金额数字前应标明“人民币”字样，大写金额数字应紧接“人民币”字样填写，不得留有空白。选项 A 排除。阿拉伯数字中间连续有几个“0”时，中文大写金额中间可以只写一个“零”字；阿拉伯数字万位或元位是“0”，或者数字中间连续有几个“0”，万位、元位也是“0”，但千位、角位不是“0”时，中文大写金额中可以只写一个“零”字，也可以不写“零”字。选项 B 排除。大写金额数字有“分”的，“分”后面不写“整”（或“正”）字。选项 C 排除，因此选择 D 项。

第三节 银行结算账户

一、银行结算账户的概念与分类

（一）银行结算账户的概念

银行结算账户是指存款人在经办银行开立的办理资金收付结算的人民币活期存款账户。

此处的“银行”是指在中国境内经中国人民银行批准经营支付结算业务的政策性银行、商业银行（含外资独资银行、中外合资银行、外国银行分行）、城市信用合作社、农村信用合

作社（不包括“中国人民银行”）。

此处的“存款人”是指在中国境内开立银行结算账户的机关、团体、部队、企业、事业单位、其他组织（以下统称单位）、个体工商户和自然人。

【点拨】理解时把握以下几个要点：第一，设立主体是存款人；第二，设立地点是经办银行；第三，用途是办理资金收付结算，将资金从一方当事人向另一方当事人转移；第四，银行结算账户是人民币活期存款账户（单位定期存款账户不具有结算功能）。

（二）银行结算账户的分类

1. 基本存款账户

（1）概念。基本存款账户是存款人因办理日常转账结算和现金收付需要开立的银行结算账户。

（2）使用范围。

①基本存款账户是存款人的主办账户，开立基本存款账户是开立其他银行结算账户的前提；

②一个单位只能选择一家银行的一个营业机构开立一个基本存款账户；

③存款人日常经营活动的资金收付及其工资、奖金和现金的支取，应通过基本存款账户办理。

（3）开户要求。

①开立基本存款账户的存款人资格。下列存款人可以申请开立基本存款账户：企业法人；非法人企业（如分公司、个人独资企业和合伙企业）；机关、事业单位；团级（含）以上军队、武警部队及分散执勤的支（分）队；社会团体；民办非企业组织；异地常设机构；外国驻华机构；个体工商户；居民委员会、村民委员会、社区委员会；单位设立的独立核算的附属机构（如单位附属独立核算的食堂、招待所、幼儿园）；其他组织（如业主委员会、村民小组等组织）。

【提示1】分公司（属于非法人企业），单位设立的独立核算的食堂、招待所、幼儿园均可以开立基本存款账户。

【提示2】个体工商户可以开立基本存款账户，自然人不能开立基本存款账户。

【提示3】异地常设机构可以开立基本存款账户，异地临时机构不能开立基本存款账户。

②开立基本存款账户应出具的证明文件：

企业法人，应出具企业法人营业执照正本；

非法人企业，应出具企业营业执照正本；

机关和实行预算管理的事业单位，应出具政府人事部门或编制委员会的批文或登记证书和财政部门同意其开户的证明；非预算管理的事业单位，应出具政府人事部门或编制委员会的批文或登记证书；

军队、武警团级（含）以上单位以及分散执勤的支（分）队，应出具军队军级以上单位财务部门、武警总队财务部门的开户证明；

社会团体，应出具社会团体登记证书，宗教组织还应出具宗教事务管理部门的批文或证明；

民办非企业组织，应出具民办非企业登记证书；

外地常设机构，应出具其驻在地政府主管部门的批文；

外国驻华机构，应出具国家有关主管部门的批文或证明；外资企业驻华代表处、办事处应出具国家登记机关颁发的登记证；

个体工商户，应出具个体工商户营业执照正本；

居民委员会、村民委员会、社区委员会，应出具其主管部门的批文或证明；

独立核算的附属机构，应出具其主管部门的基本存款账户开户登记证和批文；

其他组织，应出具政府主管部门的批文或证明。

【补充】 存款人如果为从事生产、经营活动"纳税人"的，还应出具税务部门颁发的税务登记证（或加载统一社会信用代码营业执照）及质监部门颁发的组织代码证（如果有）。（注：2016年6月30日，国务院办公厅发布了《关于加快推进"五证合一、一照一码"登记制度改革的通知》（国办发〔2016〕53号），从2016年10月1日起正式实施"五证合一、一照一码"，将原先的工商营业执照、组织机构代码证、税务登记证、社会保险登记证和统计登记证"五证合一"。）

③开立基本存款账户的程序。由存款人填制开户申请书，并提供规定的证明文件；送交盖有存款人印章的印签卡片，经银行审核同意并凭中国人民银行当地分支行机构核发的开户许可证，即可开立账户。

【解释】 印签卡片上预留的印签是银行审核支付凭证真伪的依据。

经典例题讲解

例题2－26·单选题 以下不属于"银行结算账户"中所指银行的是（ ）。

A. 中国工商银行　　B. 中国人民银行

C. 国家开发银行　　D. 农村信用合作社

【答案解析】 B 银行结算账户是指存款人在经办银行开立的办理资金收付结算的人民币活期存款账户。"银行"是指在中国境内经中国人民银行批准经营支付结算业务的政策性银行、商业银行（含外资独资银行、中外合资银行、外国银行分行）、城市信用合作社、农村信用合作社。

例题2－27·多选题 根据存款人的不同，银行结算账户分为（ ）。

A. 单位银行结算账户　　B. 本地银行结算账户

C. 基本存款账户　　D. 个人银行结算账户

【答案解析】 AD 按存款人的不同，银行结算账户分为单位银行结算账户和个人银行结算账户。

例题2－28·单选题 存款人日常经营活动发生的资金收付以及工资、资金的支付，都应该通过（ ）办理。

A. 银行结算账户　　B. 基本存款账户

C. 一般存款账户　　D. 专用存款账户

【答案解析】 B 存款人日常经营活动的资金收付及其工资、奖金和现金的支取，应通过基本存款账户办理。

例题 2－29·单选题　根据《人民币银行结算账户管理办法》的规定，下列关于基本存款账户的表述中，正确的是（　　）。

A. 基本存款账户是存款人的主办账户

B. 存款人可以没有基本存款账户，但一定要有一般存款账户

C. 存款人可以没有基本存款账户，但一定要有临时存款账户

D. 基本存款账户是存款人的非主办账户

【答案解析】　A　基本存款账户是存款人的主办账户，开立基本存款账户是开立其他银行结算账户的前提。

例题 2－30·判断题　根据《人民币银行结算账户管理办法》的规定，公司由于分公司较多、经济业务发生频繁、日常转账结算和现金收付业务量大，可以多开立基本存款账户。（　　）

【答案解析】　×　一个单位只能选择一家银行的一个营业机构开立一个基本存款账户。

例题 2－31·多选题　下列存款人中，可以申请开立基本存款账户的有（　　）。

A. 非法人企业　　B. 单位设立的独立核算的附属机构

C. 异地常设机构　　D. 民办非企业组织

【答案解析】　ABCD　下列存款人可以申请开立基本存款账户：企业法人；非法人企业；机关、事业单位；团级（含）以上军队、武警部队及分散执勤的支（分）队；社会团体；民办非企业组织；异地常设机构；外国驻华机构；个体工商户；居民委员会、村民委员会、社区委员会；单位设立的独立核算的附属机构（如食堂、招待所、幼儿园）；其他组织。

例题 2－32·判断题　非预算管理的事业单位开立基本存款账户，应出具政府人事部门或编制委员会的批文或登记证书和财政部门同意其开户的证明。（　　）

【答案解析】　×　机关和实行预算管理的事业单位，应出具政府人事部门或编制委员会的批文或登记证书和财政部门同意其开户的证明；非预算管理的事业单位，应出具政府人事部门或编制委员会的批文或登记证书。

2. 一般存款账户

（1）概念。一般存款账户是存款人因借款或其他结算需要，在基本存款账户开户银行以外的银行营业机构开立的银行结算账户。

（2）使用范围。一般存款账户主要用于办理存款人借款转存、借款归还和其他结算的资金收付。该账户可以办理现金缴存，但不得办理现金支取。

【提示】　一般存款账户和借款业务有关。一般存款账户只能办理现金缴存，不能办理现金支取。存款人开立一般存款账户无数量限制。

（3）开户要求。

①开立一般存款账户的存款人资格。开立基本存款账户的存款人都可以开立一般存款账户。

【提示】　一般存款账户不能在其基本存款账户的开户银行开立。

②开立一般存款账户应出具的证明文件。存款人申请开立一般存款账户，应向银行出具其开立基本存款账户规定的证明文件、基本存款账户开户登记证和下列证明文件：

存款人因向银行借款需要，应出具借款合同；

存款人因其他结算需要，应出具有关证明。

经典例题讲解

例题 2－33·多选题 一般存款账户的使用范围包括办理存款人的（ ）。

A. 借款归还　　B. 党、团、工会经费等的现金支取

C. 借款转存　　D. 现金支取

【答案解析】 AC 一般存款账户主要用于办理存款人借款转存、借款归还和其他结算的资金收付。该账户可以办理现金缴存，但不得办理现金支取。

例题 2－34·单选题 根据《人民币银行结算账户管理办法》的规定，只要存款人具有借款或其他结算需求，就可以申请开立一般存款账户，开立一般存款账户的个数为（ ）。

A. 没有数量限制　　B. 1 个

C. 5 个　　D. 3 个

【答案解析】 A 存款人开立一般存款账户无数量限制。

例题 2－35·判断题 一般存款账户既可办理现金缴存，也可办理现金支取。（ ）

【答案解析】 × 一般存款账户只能办理现金缴存，不得办理现金支取。

3. 专用存款账户

（1）概念。专用存款账户是存款人按照法律、行政法规和规章，对其特定用途资金进行专项管理和使用而开立的银行结算账户。

（2）使用范围。专用存款账户用于办理各项“专用资金”的收付。

①单位银行卡账户的资金必须由其基本存款账户转账存入。该账户不得办理现金收付业务。

②财政预算外资金、证券交易结算资金、期货交易保证金和信托基金专用存款账户不得支取现金。

③基本建设资金、更新改造资金、政策性房地产开发资金、金融机构存放同业资金账户需要支取现金的，应在“开户时”报中国人民银行当地分支行批准。中国人民银行当地分支行应根据国家现金管理的规定审查批准。

④粮、棉、油收购资金，社会保障基金，住房基金和党、团、工会经费等专用存款账户支取现金应按照国家现金管理的规定办理。

⑤收入汇缴账户除向其基本存款账户或预算外资金财政专用存款户划缴款项外，只收不付，不得支取现金。业务支出账户除从其基本存款账户拨入款项外，只付不收，其现金支取必须按照国家现金管理的规定办理。

【点拨】 注意各类专用存款账户是否能够支取现金，适当记忆。有些是“不得支出”，有些是“可以支出”但得办理相关手续，注意区分。

（3）开户要求。

①开立专用存款账户的存款人资格。对下列资金的管理与使用，存款人可以申请开立专用存款账户：基本建设资金；更新改造资金；财政预算外资金；粮、棉、油收购资金；证券交易结算资金；期货交易保证金；信托基金；金融机构存放同业资金；政策性房地产开发资金；单位银行卡备用金；住房基金；社会保障基金；收入汇缴资金和业务支出资金；党、团、工会设

在单位的组织机构经费；其他需要专项管理和使用的资金。

【点拨】 由于专用存款账户的种类很多，也比较“绕口”，建议多看几遍，要了解哪些资金的管理与使用适合开设专用存款账户。

②开立专用存款账户应出具的证明文件。存款人申请开立专用存款账户，应向银行出具其开立基本存款账户规定的证明文件、基本存款账户开户登记证和下列证明文件：

基本建设资金、更新改造资金、政策性房地产开发资金、住房基金、社会保障基金，应出具主管部门批文；

财政预算外资金，应出具财政部门的证明；

粮、棉、油收购资金，应出具主管部门批文；

单位银行卡备用金，应按照中国人民银行批准的银行卡章程的规定出具有关证明和资料；

证券交易结算资金，应出具证券公司或证券管理部门的证明；

期货交易保证金，应出具期货公司或期货管理部门的证明；

金融机构存放同业资金，应出具其证明；

收入汇缴资金和业务支出资金，应出具基本存款账户存款人有关的证明；

党、团、工会设在单位的组织机构经费，应出具该单位或有关部门的批文或证明；

其他按规定需要专项管理和使用的资金，应出具有关法规、规章或政府部门的有关文件。

【解释】 同一个证明文件，只能开立一个专用存款账户。

经典例题讲解

例题 2－36·单选题 根据《人民币银行结算账户管理办法》的规定，下列各项中，存款人因对特定用途资金进行专项管理和使用而开立的账户是（ ）。

A. 基本存款账户　　B. 一般存款账户

C. 专用存款账户　　D. 临时存款账户

【答案解析】 C 专用存款账户是存款人按照法律、行政法规和规章，对其特定用途资金进行专项管理和使用而开立的银行结算账户。

例题 2－37·多选题 对下列资金的管理与使用，存款人可以申请开立专用存款账户的有（ ）。

A. 金融机构存放同业资金　　B. 流动资金借款

C. 社会保障基金　　D. 单位银行卡备用金

【答案解析】 ACD 专用存款账户的使用范围包括了金融机构存放同业资金、单位银行卡备用金、社会保障基金。

例题 2－38·多选题 下列专用存款账户中不得支取现金的有（ ）。

A. 证券交易结算资金　　B. 社会保障基金

C. 更新改造资金　　D. 期货交易保证金

【答案解析】 AD 财政预算外资金、证券交易结算资金、期货交易保证金和信托基金专用存款账户不得支取现金。

4. 临时存款账户

（1）概念。临时存款账户是存款人因临时需要并在规定期限内使用而开立的银行结算账户。

（2）使用范围。临时存款账户用于办理临时机构以及存款人临时经营活动发生的资金收付。

临时存款账户应根据有关开户证明文件确定的期限或存款人的需要确定其有效期限。临时存款账户的有效期最长不得超过2年。

临时存款账户支取现金，应按照国家现金管理的规定办理。

注册验资的临时存款账户在验资期间“只收不付”。增资验资的临时存款账户的使用和撤销比照注册验资的处理。

【提示】 基本存款账户、临时存款账户可以支取现金，一般存款账户不得办理现金支取。注意辨析。

【思考】 临时存款账户与基本存款账户有什么区别？

（3）开户要求。

①开立临时存款账户的存款人资格。

有下列情况的，存款人可以申请开立临时存款账户：

设立临时机构（工程指挥部、筹备领导小组、摄制组等）；

异地临时经营活动（建筑施工以及安装单位等在异地的临时经营活动）；

注册验资；

军队、武警单位承担基本建设或者异地执行作战、演习、抢险救灾，应对突发事件等临时任务。

【解释】 存款人为临时机构的，只能在其驻地开立一个临时存款账户，不得开立其他银行结算账户；存款人在异地从事临时活动的，只能在其临时活动地开立一个临时存款账户；建筑施工及安装单位在异地同时承建多个项目的，可以根据建筑施工及安装合同开立不超过项目合同个数的临时存款账户。

【思考】 哪些情况可以开立临时存款账户？

②开立临时存款账户应出具的证明文件。存款人申请开立临时存款账户，应向银行出具下列证明文件：

临时机构，应出具其驻在地主管部门同意设立临时机构的批文；

异地建筑施工及安装单位，应出具其营业执照正本或其隶属单位的营业执照正本、施工及安装地建设主管部门核发的许可证或建筑施工及安装合同，以及基本存款户开户登记证；

异地从事临时经营活动的单位，应出具其营业执照正本、临时经营地工商行政管理部门的批文，以及基本存款户开户登记证；

注册验资资金，应出具工商行政管理部门核发的企业名称预先核准通知书或有关部门的批文。

经典例题讲解

例题2-39·单选题 甲市某电台为在乙市从事拍摄工作而设立了临时机构，并在乙市某银行开立了银行账户，则该银行账户属于（　　）。

A. 基本存款账户　　　　B. 临时存款账户

C. 专用存款账户　　　　D. 一般存款账户

【答案解析】 B　临时存款账户是指存款人因临时需要并在规定期限内使用而开立的银行结算账户。

例题 2－40·多选题　（　　）情况下，存款人可以申请开立临时存款账户。

A. 注册验资　　　　B. 缴纳住房基金

C. 异地临时经营活动　　　　D. 清算证券交易结算资金

【答案解析】 AC　临时存款账户用于办理临时机构以及存款人临时经营活动发生的资金收付。

例题 2－41·单选题　注册验资的临时存款账户在验资期间（　　）。

A. 只付不收　　　　B. 只收不付

C. 可以收付　　　　D. 不收不付

【答案解析】 B　注册验资的临时存款账户在验资期间只收不付。

例题 2－42·单选题　下列对基本存款账户与临时存款账户在管理上区别的表述，正确的是（　　）。

A. 基本存款账户能支取现金而临时存款账户不能支取现金

B. 基本存款账户不能向银行借款而临时存款账户可以向银行借款

C. 基本存款账户没有数量限制而临时存款账户有数量限制

D. 基本存款账户没有时间限制而临时存款账户实行有效期管理

【答案解析】 D　基本存款账户没有时间限制而临时存款账户实行有效期管理；基本存款账户与临时存款账户均可以办理现金缴存和现金支取；临时存款账户不可以向银行借款；基本存款账户只能开设一个，而临时存款账户没有开设数量的限制。只有选项 D 的表述是正确的。

5. 个人银行结算账户

（1）概念。个人银行结算账户是自然人因投资、消费、结算等而开立的可办理支付结算业务的存款账户。

【补充 1】　个人银行结算账户是指存款人凭个人身份证件以自然人名称开立的银行结算账户。个人因投资、消费使用各种支付工具，包括借记卡、信用卡在银行开立的银行结算账户，纳入个人银行结算账户管理。邮政储蓄机构办理银行卡业务开立的账户也纳入个人银行结算账户管理。

【补充 2】　个体工商户凭营业执照以字号或经营者姓名开立的银行结算账户纳入单位银行结算账户管理。

（2）使用范围。个人银行结算账户用于办理个人转账收付和现金存取。

【提示】　储蓄账户仅限于办理现金存取业务，不得办理转账结算。注意和个人结算账户的区别。

下列款项可以转入个人银行结算账户：工资、奖金收入；稿费、演出费等劳务收入；债券、期货、信托等投资的本金和收益；个人债权或产权转让收益；个人贷款转存；证券交易结算资金和期货交易保证金；继承、赠与款项；保险理赔、保费退还等款项；纳税退还；农、副、矿产品销售收入；其他合法款项。

【补充】 单位从其银行结算账户支付给个人银行结算账户的款项，每笔超过5万元的，应向其开户银行提供有关付款依据。

(3) 开户要求。

①开立个人银行结算账户的存款人资格。

有下列情况的，可以申请开立个人银行结算账户：

使用支票、信用卡等"信用支付"工具的；

办理汇兑、定期借记（如银行受委托每月从存款人账户中扣划水、电、话费）、定期贷记（如银行受委托每月向职工个人银行结算账户中发放工资）、借记卡等"结算业务"的。

【解释】 自然人可根据需要申请开立个人银行结算账户，也可以在已开立的储蓄账户中选择并向开户银行申请确认为个人银行结算账户。

②开立个人银行结算账户应出具的证明文件。

存款人申请开立个人银行结算账户，应向银行出具下列证明文件：

中国居民，应出具居民身份证或临时身份证；

中国人民解放军军人，应出具军人身份证件；

中国人民武装警察，应出具武警身份证件；

香港、澳门居民，应出具港澳居民往来内地通行证；台湾居民，应出具台湾居民来往大陆通行证或者其他有效旅行证件；

外国公民，应出具护照；

法律、法规和国家有关文件规定的其他有效证件。

【补充】 银行为个人开立银行结算账户时，根据需要还可要求申请人出具户口簿、驾驶执照、护照等有效证件。

经典例题讲解

例题2-43·判断题 所有以自然人姓名开立的银行结算账户都应纳入个人银行结算账户管理。（ ）

【答案解析】 × 并不是所有以自然人姓名开立的银行结算账户都纳入个人银行结算账户管理，如个体工商户凭身份证以经营者姓名开立的银行结算账户应纳入单位银行结算账户管理。

例题2-44·单选题 下列关于个人银行结算账户的说法中，不正确的是（ ）。

A. 自然人可根据需要申请开立个人银行结算账户，也可以在已开立的储蓄账户中选择并向开户银行申请确认为个人银行结算账户

B. 邮政储蓄机构将办理银行卡业务开立的账户纳入个人银行结算账户管理

C. 储蓄账户可以办理现金存取业务，也可以办理转账结算

D. 个人银行结算账户用于办理个人转账收付和现金支取

【答案解析】 C 储蓄账户仅限于办理现金存取业务，不得办理转账结算。其余三项表述正确。

例题2-45·判断题 根据《人民币银行结算账户管理办法》的规定，银行为个人开立银行结算账户时，根据需要还可要求申请人出具户口簿、驾驶执照、护照等有效证件。（ ）

【答案解析】 √　表述正确。

6. 异地银行结算账户

（1）概念。异地银行结算账户是指存款人符合法定条件，根据需要在异地开立相应的银行结算账户。

（2）使用范围。单位或个人只要符合相关条件，均可根据需要在异地开立相应的银行结算账户。异地银行结算账户的使用应按照开设的不同账户的使用规定进行使用。

（3）开户要求。

①开立异地银行结算账户的存款人资格。

存款人有下列情形之一的，可以在异地开立有关银行结算账户：

营业执照注册地与经营地不在同一行政区域（跨省、市、县），需要开立基本存款账户的；

办理异地借款和其他结算需要开立一般存款账户的；

存款人因附属的非独立核算单位或派出机构发生的收入汇缴或业务支出需要开立专用存款账户的；

异地临时经营活动需要开立临时存款账户的；

自然人根据需要在异地开立个人银行结算账户的。

②开立异地银行结算账户应出具的证明文件。

存款人需要在异地开立单位银行结算账户，除出具属地账户管理规定的有关证明文件外，还应出具下列相应的证明文件：

经营地与注册地不在同一行政区域的存款人，在异地开立基本存款账户的，应出具注册地中国人民银行分支行的未开立基本存款账户的证明；

异地借款的存款人，在异地开立一般存款账户的，应出具在异地取得贷款的借款合同及基本存款开户许可证。

因经营需要在异地办理收入汇缴和业务支出的存款人，在异地开立专用存款账户的，应出具隶属单位的证明及基本存款开户许可证。

存款人需要在异地开立个人银行结算账户，应出具开立个人银行结算账户规定的证明文件。

【小结】 各类银行结算账户的相关内容对比（见表2-4）。

表2-4

名称	概念	使用范围	核准/备案	数量	有效期
基本存款账户	是存款人因办理日常转账结算和现金收付需要开立的银行结算账户，是存款人的主办账户	基本存款账户办理存款人日常经营活动的资金收付及其工资、奖金和现金的支取	核准	只能开立一个	无期限限制
一般存款账户	是存款人因借款或其他结算需要，在基本存款账户开户银行以外的银行营业机构开立的银行结算账户	一般存款账户主要用于办理存款人借款转存、借款归还和其他结算的资金收付。可以办理现金缴存，但不得办理现金支取	备案	无数量限制	无期限限制

续表

名称	概念	使用范围	核准/备案	数量	有效期
专用存款账户	是存款人按照法律、行政法规和规章，对其特定用途资金进行专项管理和使用而开立的银行结算账户	单位银行卡账户不得办理现金收付业务 财政预算外资金、证券交易结算资金、期货交易保证金和信托基金专用存款账户不得支取现金 基本建设资金、更新改造资金、政策性房地产开发资金、金融机构存放同业资金账户需要支取现金的，应在开户时报中国人民银行当地分支行批准 粮、棉、油收购资金，社会保障基金，住房基金和党、团、工会经费等专用存款账户支取现金，应按照国家现金管理的规定办理 收入汇缴账户只收不付，不得支取现金。业务支出账户只付不收，其现金支取必须按照国家现金管理的规定办理	预算单位专用存款账户应核准，其他专用账户应备案	同一个证明文件，只能开立一个专用存款账户	无期限限制
临时存款账户	是存款人因临时需要并在规定期限内使用而开立的银行结算账户	临时存款账户用于办理临时机构以及存款人临时经营活动发生的资金收付	核准	依账户性质有限制	最长不超过两年
个人银行结算账户	是自然人因投资、消费、结算等而开立的可办理支付结算业务的存款账户	个人银行结算账户用于办理个人转账收付和现金支取	备案	无数量限制	无期限限制
异地银行结算账户	是指存款人符合法定条件，根据需要在异地开立的账户	异地银行结算账户的使用应按照开设的不同账户的使用进行使用	依账户性质而定	与开设的不同账户的规定一致	与开设的不同账户的规定一致

经典例题讲解

例题 2－46 · 多选题 根据《人民币银行结算账户管理办法》的规定，存款人有（　　）情形之一的，可以在异地开立有关银行结算账户。

A. 营业执照注册地与经营地不在同一行政区域（跨省、市、县）需要开立基本存款账户的

B. 办理异地借款和其他结算需要开立一般存款账户的

C. 存款人因附属的非独立核算单位或派出机构发生的收入汇缴或业务支出需要开立专用存款账户的

D. 异地临时经营活动需要开立临时存款账户的

【答案解析】 ABCD 存款人有下列情形之一的，可以在异地开立有关银行结算账户：①营业执照注册地与经营地不在同一行政区域（跨省、市、县）需要开立基本存款账户的。②办理异地借款和其他结算需要开立一般存款账户的。③存款人因附属的非独立核算单位或派出机构发生的收入汇缴或业务支出需要开立专用存款账户的。④异地临时经营活动需要开立临时存款账户的。⑤自然人根据需要在异地开立个人银行结算账户的。

例题 2－47·判断题 根据《人民币银行结算账户管理办法》的规定，单位或个人只能在属地开立银行结算账户。（ ）

【答案解析】 × 单位或个人只要符合相关条件，均可根据需要在异地开立相应的银行结算账户。

二、银行结算账户管理的基本原则

1. “一个基本账户”原则

【解释】 单位银行结算账户的存款人只能在银行开立一个基本存款账户，不能多头开立基本银行账户。

2. “自主选择”原则

【解释】 存款人可以自主选择银行开立账户，除国家法律、行政法规和国务院有规定外，任何单位和个人不得强令存款人到指定银行开立银行结算账户。

3. “守法合规”原则

【解释】 不得利用银行结算账户进行偷逃税款、逃避债务、套取现金及其他违法犯罪活动。

4. “存款信息保密”原则

【解释】 除国家法律、行政法规另有规定外，银行有权拒绝任何单位或个人查询。

经典例题讲解

例题 2－48·多选题 下列选项中，属于银行结算账户管理应当遵守的基本原则的是（ ）。

A. 一个基本账户原则
B. 自主选择银行开立银行结算账户原则
C. 守法合规原则
D. 存款信息保密原则

【答案解析】 ABCD 银行结算账户管理应当遵守的基本原则：①一个基本账户原则；②自主选择银行开立银行结算账户原则；③守法合规原则；④存款信息保密原则。

例题 2－49·判断题 根据《人民币银行结算账户管理办法》的规定，除国家法律、行政法规和国务院另有规定外，任何单位和个人不得强令存款人到指定银行开立银行结算账户。（ ）

【答案解析】 √ 表述正确。

例题 2－50·判断题 根据规定，银行可以为任何单位或者个人查询账户情况，但不得为任何单位或者个人冻结、扣划款项，不得停止单位、个人存款的正常支付。（ ）

【答案解析】 × 银行对单位、个人在银行开立存款账户的存款，除国家法律、行政法规另有规定外，不得为任何单位或者个人查询；除国家法律另有规定外，银行不代任何单位或个人冻结、扣款，不得停止单位、个人存款的正常支付。

三、银行结算账户的开立、变更与撤销

（一）银行结算账户的开立

1. 银行结算账户的开立程序

（1）由存款人填写开户申请书，将证明材料和印鉴卡片送交开户银行；

（2）开户银行对申请人进行认真审查；

（3）银行与存款人签订银行结算账户管理协议；

（4）审查符合条件的申请人即可办理开户手续，并向中国人民银行当地分支行备案；需要核准的，及时报送中国人民银行当地分支行核准。

2. 开户地点

存款人应在注册地、住所地开立银行结算账户，但符合规定可在异地（跨省、市、县）开立银行结算账户。

3. 相关规定

（1）存款人开立的银行结算账户，需要核准的，应及时报送中国人民银行当地分支行核准；不需要核准的，应在开户之后的法定期限内向中国人民银行当地分支行备案。

【解释】 开户申请书填写的事项齐全，符合开立基本存款账户、临时存款账户和预算单位专用存款账户条件的，银行应将存款人的开户申请书、相关的证明文件和银行审核意见等开户资料报送中国人民银行当地分支行，经其核准后办理开户手续；符合开立一般存款账户、其他专用存款账户和个人银行结算账户条件的，银行应办理开户手续，并于开户之日起5个工作日内向中国人民银行当地分支行备案。

（2）银行为存款人办理基本存款账户开户手续后，应给存款人出具开户登记证。

（3）银行应建立存款人预留签章卡片，并将签章式样和有关证明文件的原件或复印件留存归档。

【小结】 基本存款账户、临时存款账户（因注册验资需要开立的临时存款账户除外）、预算单位专用存款账户开立前需经中国人民银行核准；一般存款账户、个人银行结算账户和其他专用存款账户只需要开立后备案即可。

【补充】 存款人开立单位结算账户，自正式开立之日起3个工作日后方可使用该账户办理付款业务，但注册验资的临时存款账户转为基本存款账户和因借款转存开立的一般存款账户除外。对于核准类银行结算账户，正式开立之日是指中国人民银行当地分支行的“核准日期”；对于备案类的银行结算账户，则是指银行为存款人办理开户手续的日期。

（二）银行结算账户的变更

（1）银行结算账户的变更，是指存款人的账户信息资料发生的变化或改变，主要为存款人更改名称，单位的法定代表人或主要负责人、住址以及其他开户资料的变更。

（2）存款人更改名称，但不改变开户银行及账号的，应于5个工作日内向开户银行提出银行结算账户的变更申请，并出具有关部门的证明文件。

(3) 单位的法定代表人或主要负责人、住址以及其他开户资料发生变更时，应于5个工作日内书面通知开户银行并提供有关证明。

(4) 银行接到存款人的变更通知后，应及时办理变更手续，并于2个工作日内向中国人民银行报告。

【小结】 一般来说，存款人银行结算账户有法定变更事项的，应于5个工作日内书面通知开户银行并提供有关证明；开户银行办理变更手续并于2个工作日内向中国人民银行当地分支行报告。但具体的要求还是有所区别，注意上述第（2）、(3）条中“提出变更申请并出具有关部门的证明文件”“书面通知开户银行并提供有关证明”的细微差别。

(三) 银行结算账户的撤销

存款人有以下情形之一的，应向开户银行提出撤销银行结算账户的申请：

(1) 被撤并、解散、宣告破产或关闭的；

(2) 注销、被吊销营业执照的；

(3) 因迁址，需要变更开户银行的；

(4) 其他原因需要撤销银行结算账户的。

【解释】 账户撤销时，先撤销一般存款账户、专用存款账户、临时存款账户，将账户资金转入基本存款账户后，方可办理基本存款账户的撤销。

存款人有上述第（1）、(2）项情形的，应于5个工作日内向开户银行提出撤销银行结算账户的申请。存款人因第（1）、(2）项情形撤销基本存款账户的，存款人基本存款账户的开户银行应自撤销银行结算账户之日起2个工作日内将撤销该基本存款账户的情况说明书面通知该存款人其他银行结算账户的开户银行。

因上述第（3）、(4）项需要变更开户银行的，银行在收到存款人撤销银行结算账户的申请后，对于符合销户条件的，应当在2个工作日内办理撤销手续。

【提示1】 银行得知存款人主体资格终止（即第（1）、(2）项）情况的，存款人超过规定期限未主动办理撤销银行账户手续的，银行有权停止其银行结算账户的对外支付。

【提示2】 未获得工商行政管理核准登记的单位，在验资期满后，应向银行申请撤销注册验资临时存款账户，其账户资金应退还给原汇款人账户。

(四) 办理银行结算账户撤销手续应当注意的事项

(1) 存款人尚未清偿其开户银行债务的，不得申请撤销该账户。

(2) 银行对一年未发生收付活动且未欠开户银行债务的单位银行结算账户，应通知单位自发出通知之日起30日内办理销户手续，逾期视同自愿销户，未划转款项列入久悬未取专户管理。

【点拨】 在银行结算账户的开立、变更与撤销中，很容易考核“日期”。例如：“于开户之日起5个工作日内向中国人民银行当地分支行备案”；“自正式开立之日起3个工作日后方可使用该账户办理付款业务”；“账户有法定变更事项的，应于5个工作日内书面通知开户银行并提供有关证明；开户银行办理变更手续并于2个工作日内向中国人民银行当地分支行报告”；“应自撤销银行结算账户之日起2个工作日内将撤销该基本存款账户的情况说明书面通知该存款人其他银行结算账户的开户银行”；“30日内办理销户手续，逾期视同自愿销户，未划转款项列入久悬未取专户管理”等等。注意辨析。

经典例题讲解

例题2－51·多选题 根据《人民币银行结算账户管理办法》的规定，开立银行结算账户的基本程序为（ ）。

A. 由存款人填写开户申请书，并将开立账户所需要的证明材料和盖有存款人印章的印鉴卡片送交开户银行

B. 银行与存款人须签订银行结算账户管理协议，明确双方的权利和义务

C. 由开户银行对申请人的资格条件、所提供的证明材料进行审查

D. 银行审查后符合开立账户条件的，应办理开户手续，并履行向人民银行当地支行备案的义务；需要核准的，应及时报送人民银行核准

【答案解析】 ABCD 以上程序均正确。

例题2－52·单选题 存款人开立存款账户，不需要实行核准制的是（ ）。

A. 基本存款账户　　B. 临时存款账户

C. 预算单位开立专用存款账户　　D. 因注册验资需要开立临时存款账户

【答案解析】 D 开立基本存款账户、临时存款账户（因注册验资需要开立的临时存款账户除外）、预算单位开立专用存款账户需经中国人民银行核准。

例题2－53·单选题 存款人更改名称，但不改变开户银行及账号的，应于（ ）个工作日内向开户银行提出银行结算的变更申请，并出具有关部门的证明。

A. 7　　B. 5

C. 10　　D. 30

【答案解析】 B 存款人更改名称，但不改变开户银行及账号的，应于5个工作日内向开户银行提出银行结算账户的变更申请，并出具有关部门的证明文件。

例题2－54·多选题 存款人应向开户银行提出撤销银行结算账户申请的情形有（ ）。

A. 被撤并、解散、宣告破产或关闭的　　B. 注销、被吊销营业执照的

C. 因迁址需要变更开户银行的　　D. 单位法人变更

【答案解析】 ABC 存款人有以下情形之一的，应向开户银行提出撤销银行结算账户的申请：（1）被撤并、解散、宣告破产或关闭的；（2）注销、被吊销营业执照的；（3）因迁址，需要变更开户银行的；（4）其他原因需要撤销银行结算账户的。

例题2－55·判断题 单位银行结算账户中单位的法定代表人发生变更时，应当于5个工作日内书面通知开户银行并提供有关证明，银行接到存款人的变更通知后，应及时变更手续，并于3个工作日内向中国人民银行报告。（ ）

【答案解析】 × 存款人更改名称，但不改变开户银行及账号的，应于5个工作日内向开户银行提出银行结算账户的变更申请，并出具有关部门的证明文件；银行接到存款人的变更通知后，应及时办理变更手续，并于2个工作日内向中国人民银行报告。

例题2－56·判断题 存款人申请撤销基本存款账户的，其开户银行应自撤销银行结算账户之日起3个工作日内将撤销该基本存款账户的情况说明书面通知该存款人其他银行结算账户

的开户银行。 （ ）

【答案解析】 × 存款人申请撤销基本存款账户的，存款人基本存款账户的开户银行应自撤销银行结算账户之日起2个工作日内将撤销该基本存款账户的情况说明书面通知该存款人其他银行结算账户的开户银行。

例题2－57·判断题 存款人尚未清偿开户银行债务的，不得申请撤销银行账户。（ ）

【答案解析】 √ 表述正确。

四、违反银行账户管理法律制度的法律责任

【解释】 中国人民银行是银行结算账户的监督管理部门。无论是存款人违反银行结算账户管理规定，还是银行违反结算账户管理规定，都由中国人民银行予以相应处罚，开户银行并不拥有处罚权。

【补充】 中国人民银行负责基本存款账户、临时存款账户和预算单位专用存款账户开户许可证的管理。是不是就是“核准类”账户？

（一）存款人违反账户管理制度的处罚（见表2－5）

表2－5

序号	适用情形	处　罚
1	（1）违反规定开立银行结算账户 （2）伪造、变造证明文件欺骗银行开立银行结算账户 （3）违反规定不及时撤销银行结算账户 【提示】 上述行为是存款人在开立、撤销银行结算账户中的违法行为	（1）对非经营性的存款人，给予警告并处以1 000元的罚款 （2）对经营性的存款人，给予警告并处以1万元以上3万元以下的罚款 （3）构成犯罪的，移交司法机关依法追究刑事责任
2	（1）违反规定将单位款项转入个人银行结算账户 （2）违反规定支取现金 （3）利用开立银行结算账户逃避银行债务 （4）出租、出借银行结算账户 （5）从基本存款账户之外的银行结算账户转账存入，将销货收入存入或现金存入单位信用卡账户 （6）存款人的法定代表人或主要负责人、存款人地址以及其他开户资料的变更事项，未在规定期限内通知银行 【提示】 上述行为是存款人使用银行结算账户中的违法行为	（1）对前述（1）～（5）项的非经营性的存款人，给予警告并处以1 000元罚款 （2）对前述（1）～（5）项的经营性的存款人，给予警告并处以5 000元以上3万元以下的罚款 （3）对前述第（6）项，给予警告并处以1 000元的罚款
3	伪造、变造、私自印制开户登记证	（1）对非经营性存款人，处以1 000元罚款 （2）对经营性存款人，处以1万元以上3万元以下的罚款 （3）构成犯罪的，移交司法机关依法追究刑事责任

【技巧1】 三种不同类型的违法行为中，对非经营性存款人的罚款数额都相同（1 000元）。

【技巧2】 对于经营性存款人的罚款数额可以这样简单归类：与开立、撤销银行账户及开户登记证有关的违法行为（表格中序号（1）、（3）），处以1万元以上3万元以下的罚款；与

使用银行账户有关的违法行为（表格中序号2第（1）～（5）项），处以5 000元以上3万元以下的罚款。

【技巧3】 和变更银行账户有关的违法行为（表格中序号2中第（6）项），不区分经营性和非经营性存款人，都给予警告并处以1 000元的罚款。

【点拨】 注意存款人违反账户管理制度的处罚。要会区分经营性存款人和非经营性存款人，特别是罚款的数额，适当总结记忆。

（二）银行及其有关人员违反账户管理制度的处罚（见表2-6）

表2-6

序号	适用情形	处　罚
1	（1）违反规定为存款人多头开立银行结算账户 （2）明知或应知是单位资金，而允许以自然人名称开立账户存储 【提示】 上述行为是银行在银行结算账户开立中的违法行为	（1）给予警告，并处以5万元以上30万元以下的罚款 （2）对该银行直接负责的高级管理人员、其他直接负责的主管人员、直接责任人员按规定给予纪律处分 （3）情节严重的，中国人民银行有权停止对其开立基本存款账户的核准，责令该银行停业整顿或者吊销经营金融业务许可证 （4）构成犯罪的，移交司法机关依法追究刑事责任
2	（1）提供虚假开户申请资料欺骗中国人民银行许可开立基本存款账户、临时存款账户、预算单位专用存款账户 （2）开立或撤销单位银行结算账户，未按本办法规定在其基本存款账户开户登记证上予以登记、签章或通知相关开户银行 （3）违反规定办理个人银行结算账户转账结算 （4）为储蓄账户办理转账结算 （5）违反规定为存款人支付现金或办理现金存入 （6）超过期限或未向中国人民银行报送账户开立、变更、撤销等资料 【提示】 上述行为是银行在银行结算账户使用中的违法行为	（1）给予警告，并处以5 000元以上3万元以下的罚款 （2）对该银行直接负责的高级管理人员、其他直接负责的主管人员、直接责任人员按规定给予纪律处分 （3）情节严重的，中国人民银行有权停止对其开立基本存款账户的核准 （4）构成犯罪的，移交司法机关依法追究刑事责任

【技巧1】 银行在银行结算账户开立中的违法行为（表2-6中序号1），处以5万元以上30万元以下的罚款；在银行结算账户使用中的违法行为（表2-6中序号2），处以5 000元以上3万元以下的罚款。

【技巧2】 银行在银行结算账户开立中违法行为（表2-6中序号1）罚款数额的上、下限是使用中违法行为（表2-6中序号2）罚款数额上、下限的10倍。

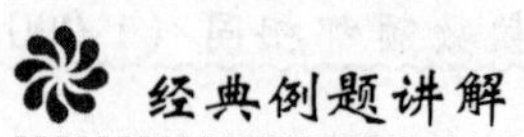

经典例题讲解

例题2-58·单选题　（　　）是银行结算账户的监督管理部门。

A. 中国银监会　　B. 中国人民银行
C. 中国银行　　D. 国有资产管理委员会

【答案解析】 B 中国人民银行是银行结算账户的监督管理部门。

例题 2-59 · 单选题 经营性存款人在使用银行结算账户过程中，有出租、出借银行结算账户行为的，应给予警告并处以（　　）的罚款。

A. 3 000 元以上 2 万以下　　B. 5 000 元以上 3 万以下
C. 1 万元以上 3 万以下　　D. 1 万以上 5 万以下

【答案解析】 B 经营性存款人在使用银行结算账户过程中，有出租、出借银行结算账户行为的，应给予警告并处 5 000 元以上 3 万以下罚款。

例题 2-60 · 单选题 对经营性存款人有伪造、变造、私自印制开户登记证的行为，处以（　　）的罚款；构成犯罪的，移交司法机关依法追究刑事责任。

A. 3 000 元以上 2 万元以下　　B. 5 000 元以上 3 万元以下
C. 1 万元以上 3 万元以下　　D. 1 万元以上 5 万元以下

【答案解析】 C 伪造、变造、私自印制开户登记证的，对经营性存款人处以 1 万元以上 3 万元以下的罚款；构成犯罪的，移交司法机关依法追究刑事责任。

例题 2-61 · 单选题 存款人地址变更，未在规定期限内通知银行的，应给予存款人（　　）并处以（　　）的罚款。

A. 警告，1 000 元　　B. 警告，3 000 元
C. 处分，3 000 元　　D. 处分，5 000 元

【答案解析】 A 存款人的法定代表人或主要负责人、存款人地址以及其他开户资料的变更事项未在规定期限内通知银行，对存款人给予警告并处以 1 000 元的罚款。

例题 2-62 · 单选题 银行违反规定为存款人多头开立银行结算账户，应给予警告，并处以（　　）的罚款。

A. 1 万元以上 10 万元以下　　B. 2 万元以上 10 万元以下
C. 3 万元以上 20 万元以下　　D. 5 万元以上 30 万元以下

【答案解析】 D 为存款人多头开立银行结算账户，对银行应给予警告，并处以 5 万元以上 30 万元以下的罚款。

例题 2-63 · 多选题 银行在银行结算账户的开立中，不得有下列行为（　　）。

A. 违反规定为存款人多头开立银行结算账户
B. 明知或应知是单位资金，而允许以自然人名称开立账户存储
C. 违反规定支取现金
D. 出租、出借银行结算账户

【答案解析】 AB 银行在银行结算账户的开立中，不得有下列行为：（1）违反规定为存款人多头开立银行结算账户；（2）明知或应知是单位资金，而允许以自然人名称开立账户存储。选项 C 和 D 属于存款人使用银行结算账户中不得有的行为。

第四节 票据结算方式

一、票据结算概述

（一）票据的概念与种类

1. 概念

票据是由出票人依法签发的，约定自己或者委托付款人在见票时或指定的日期向收款人或持票人无条件支付一定金额的有价证券。

2. 种类

（1）按照范围分。票据有广义和狭义之分。广义的票据包括各种有价证券和凭证，如股票、国库券、企业债券、发票、提单等。狭义的票据指《票据法》规定的票据，包括汇票、本票和支票三种。其中，汇票包括商业汇票和银行汇票两种，本票指的是银行本票。

【提示】 我国《票据法》规定的票据仅指汇票（指银行汇票和商业汇票）、本票（指银行本票）和支票。

（2）按照付款时间分。票据分为即期票据和远期票据。即期票据是付款人见票后必须立即付款的票据，如支票、银行汇票、银行本票。远期票据是付款人见票后在一定期限或特定日期付款的票据，如商业汇票中的定日付款、出票后定期付款、见票后定期付款的商业汇票。

【思考】 哪些票据属于即期票据，哪些属于远期票据？

经典例题讲解

例题 2－64·单选题 （ ）不是我国《票据法》规范的票据。

A. 发票　　B. 汇票

C. 支票　　D. 本票

【答案解析】 A 我国《票据法》规定的票据种类仅包括汇票、本票和支票三种。

例题 2－65·判断题 我国的银行本票均为即期本票。 （ ）

【答案解析】 √ 表述正确。我国的银行本票均为即期票据。

（二）票据的特征与功能

1. 票据的特征

（1）票据是债权证券。

【解释】 持票人一般为票据的债权人，所以票据是债权证券；票据上体现的权利性质是财产权，财产权的内容是请求支付一定的金钱而不是物品，所以票据是一种金钱证券。

（2）票据是设权证券。

【解释】 票据上所表示的权利，是由“出票”这种行为而创设，没有票据就没有票据上的权利。

（3）票据是文义证券。

【解释】　与票据有关的权利和义务，都严格依照票据上记载的文义而定。

（4）票据是无因证券。

【解释】　持票人只要向票据债务人提示票据就可以行使权力，而不必证明票据取得的原因是否无效或有瑕疵。即票据效力与做成票据的原因完全分离。当然“无因性”也不是绝对的。

（5）票据是要式证券。

【解释】　票据的制作、形式、文义都有规定的格式和要求。即票据必须具备法定格式才能有效。

【提示】　票据格式表现为票据必须记载的事项、票据用纸（包括纸质、纸色、尺寸）、书写方法、书写用具及墨水颜色等。

【补充】　票据是流通证券，可以流通转让。票据还是一种完全有价证券，也就是说票据权利的产生、行使和消灭都离不开票据，票据权利与票据本身不可分离、融为一体。即票据权利完全证券化了。

2. 票据的功能

（1）支付功能。即票据可以充当支付工具，代替现金使用。

（2）汇兑功能。即票据可以代替货币在不同地方之间运送，方便异地之间的支付。

（3）信用功能。即票据当事人可以凭借自己的信誉，将未来才能获得的金钱作为现在的金钱来使用。

（4）结算功能。即债务抵销功能。

（5）融资功能。即融通资金或调度资金。票据的融资功能是通过票据的贴现、转贴现和再贴现实现的。

（三）票据行为

票据行为是指票据当事人以发生票据债务为目的的，以在票据上签名或盖章为权利与义务成立要件的法律行为，包括出票、背书、承兑和保证四种。

1. 出票

出票是指出票人签发票据并将其交付给收款人的票据行为。

（1）出票人在票据上的签章不符合《票据法》等规定的，票据无效；

（2）承兑人、保证人在票据上的签章不符合《票据法》等规定的，其签章无效，但不影响其他符合规定签章的效力；

（3）背书人在票据上的签章不符合《票据法》等规定的，其签章无效，但不影响其前手符合规定签章的效力。

【链接】　票据签章是指票据有关当事人在票据上签名、盖章或签名加盖章的行为。单位、银行在票据上的签章为该单位、银行的盖章加其法定代表人或者其授权的代理人的签名或者盖章；个人在票据上的签章为个人本名的签名或盖章。

【提示】　出票人签章不符合规定，票据无效；承兑人、保证人、背书人签章不符合规定，只会导致其签章无效。

2. 背书

背书是指持票人为将票据权利转让给他人或者将一定的票据权利授予他人行使，而在票据背面或者粘单上记载有关事项并签章的行为。背书按照目的不同分为转让背书和非转让背书。

（1）转让背书是以持票人将票据权利转让给他人为目的；

（2）非转让背书是将一定的票据权利授予他人行使，包括委托收款背书和质押背书。

【提示】 以背书转让的票据，背书应当连续。

3. 承兑

承兑是指汇票付款人承诺在汇票到期日支付汇票金额的票据行为。

【提示】 承兑仅适用于商业汇票。

4. 保证

保证是指票据债务人以外的人，为担保特定债务人履行票据债务而在票据上记载有关事项并签章的行为。

【点拨1】 掌握票据行为的概念、分类（就四种票据行为：出票、背书、承兑和保证，没有“付款”）。

【点拨2】 注意四种具体票据行为的含义。建议联系后面具体票据（如商业汇票）的学习详细掌握。

经典例题讲解

例题2－66·多选题 下列关于票据特征的表述中，正确的有（ ）。

A. 票据所表示的权利与票据不可分离　B. 票据是出票人依法签发的有价证券

C. 票据以支付一定金额为目的　D. 票据所记载的金额由出票人自行支付

【答案解析】 ABC 票据是由出票人依法签发的，约定自己或者委托付款人在见票时或指定的日期向收款人或持票人无条件支付一定金额的有价证券。

例题2－67·多选题 下列关于中，属于票据功能的有（ ）。

A. 汇兑功能　B. 信用功能

C. 结算功能　D. 融资功能

【答案解析】 ABCD 票据的功能包括支付、汇兑、信用、结算、融资等功能。

例题2－68·单选题 下列（ ）不是《票据法》所规定的票据行为。

A. 付款　B. 承兑

C. 出票　D. 背书

【答案解析】 A 票据行为包括出票、背书、承兑和保证四种。

例题2－69·多选题 下列事项中，因签章不符合法律规定仅使得签章无效的是（ ）。

A. 出票人在票据上的签章不符合《票据法》等规定

B. 承兑人在票据上的签章不符合《票据法》等规定

C. 保证人在票据上的签章不符合《票据法》等规定

D. 背书人在票据上的签章不符合《票据法》等规定

【答案解析】 BCD 出票人在票据上的签章不符合《票据法》等规定的，票据无效。

例题2－70·多选题 根据《支付结算办法》的规定，下列关于票据签章当事人的表述中，正确的有（ ）。

A. 票据签发时，由出票人签章　　B. 票据转让时，由被背书人签章
C. 票据承兑时，由承兑人签章　　D. 票据保证时，由保证人签章

【答案解析】 ACD 票据转让时，由背书人签章。所以选项B错误，其余三项表述正确。

（四）票据当事人

票据当事人可分为基本当事人和非基本当事人。

1. 基本当事人

基本当事人是指在票据作成和交付时就已存在的当事人，是构成票据法律关系的必要主体，包括出票人、付款人和收款人。基本当事人不存在或不完全，票据无效。

【解释1】 汇票、支票的基本当事人有出票人、收款人和付款人；本票的基本当事人有出票人和收款人（因为付款人就是出票人，都是出票银行）。

【解释2】 具体而言，银行汇票的出票人为银行；商业汇票的出票人为银行以外的企业和其他组织；银行本票的出票人为出票银行；支票的出票人为在银行开立支票存款账户的企业、其他组织和个人。

【解释3】 商业承兑汇票的付款人是汇票的承兑人；银行承兑汇票的付款人是承兑银行；支票的付款人是出票人的开户银行；本票的付款人就是出票人。

【点拨1】 一般意义上的票据基本当事人是哪三种？针对"具体票据"的基本当事人也要掌握。

【点拨2】 针对"具体票据"，结合后面的讲解掌握出票人、付款人、收款人各是"谁"。

2. 非基本当事人

非基本当事人是指在票据作成或交付后，通过一定的票据行为加入票据关系而享有一定权利，承担一定义务的当事人。非基本当事人包括承兑人、背书人、被背书人、保证人等。

（1）承兑人。承兑人是指接受汇票出票人的付款委托，同意承担支付票款义务的人，是汇票的主债务人。

（2）背书人。背书人是指在转让票据时，在票据背面或粘单上签字或盖章，并将该票据交付给受让人的票据收款人或持有人。

（3）被背书人。被背书人是指被记名受让票据或接受票据转让的人。背书后，被背书人成为票据新的持有人，享有票据的所有权利。

【思考】 背书人和被背书人的区别是什么？不要混淆。

（4）保证人。保证人是指为票据债务提供担保的人，由票据债务人以外的他人担当。保证人在被保证人不履行票据付款责任时，以自己的金钱履行票据付款义务，然后取得持票人的权利，向票据债务人追索。

【点拨1】 应注意区分基本当事人和非基本当事人，会判断哪些人属于非基本当事人。

【点拨2】 针对"具体票据"，结合后面的讲解掌握承兑人、背书人、被背书人、保证人各是"谁"及其权利义务。

经典例题讲解

例题2－71·单选题 根据《票据法》的规定，下列各项中，属于基本当事人的是（　　）。

A. 出票人　　B. 背书人
C. 承兑人　　D. 保证人

【答案解析】 A　票据的基本当事人包括出票人、付款人和收款人；非基本当事人包括承兑人、背书人、被背书人、保证人等。

例题 2－72・多选题　下列各项中，属于票据当事人的有（　　）。

A. 出票人　　B. 付款人
C. 收款人　　D. 保证人

【答案解析】 ABCD　票据当事人包括基本当事人和非基本当事人。票据的基本当事人包括出票人、付款人和收款人；非基本当事人包括承兑人、背书人、被背书人、保证人等。

（五）票据权利与责任

1. 票据权利

票据权利是指票据持票人向票据债务人请求支付票据金额的权利，包括付款请求权和追索权。

（1）付款请求权，是指持票人向汇票的承兑人、本票的出票人、支票的付款人出示票据要求付款的权利，是第一顺序权利，又称主要票据权利。

【解释】　行使付款请求权的当事人可以是票据记载的收款人或者最后被背书人；担负付款请求权付款义务的主要是主债务人。

【思考】　汇票的承兑人、本票的出票人、支票的付款人是不是就是票据的"主债务人"？

（2）票据追索权，是指票据当事人行使付款请求权遭到拒绝或有其他法定原因存在时，向其前手请求偿还票据金额及其他法定费用的权利，是第二顺序权利，又称为偿还请求权利。

【解释】　行使追索权的当事人除票据记载的收款人和最后被背书人之外，还可能是代为清偿票据债务的保证人、背书人。

【提示】　票据权利的行使是有先后顺序的，当第一顺序权利（即付款请求权）得不到履行时才会行使第二顺序权利（即票据追索权）。持票人在行使追索权时，可以不按照汇票债务人的先后顺序，对其中任何一人、数人或者全体行使追索权。持票人对汇票债务人中的一人或者数人已经开始进行追索的，对其他汇票债务人仍然可以行使追索权。被追索人清偿债务后，与持票人享有同一权利。

【点拨】　注意两种票据权利的概念，会区分。能行使付款请求权和票据追索权的当事人分别是哪些人？两种权利的行使对象是哪些人？

2. 票据责任

票据责任是指票据债务人向持票人支付票据金额的责任。实务中，票据债务人承担票据义务一般有四种情形：

（1）汇票的承兑人因承兑而应承担付款义务；

（2）本票的出票人因出票而承担自己付款的义务；

（3）支票的付款人在与出票人有资金关系时承担付款义务；

（4）汇票、本票、支票的背书人，汇票、支票的出票人、保证人，在票据不获承兑或不获付款时承担付款清偿义务。

【思考】　从以上四种情况是否可以得出某种票据的"主债务人"各是"谁"？

经典例题讲解

例题 2－73·多选题 根据票据法律制度的规定，下列各项中，属于票据权利的有（ ）。

A. 付款请求权
B. 利益返还请求权
C. 票据追索权
D. 票据返还请求权

【答案解析】 AC 票据权利是指票据持票人向票据债务人请求支付票据金额的权利，包括付款请求权和追索权。选项 BD 属于“非票据权利”。

例题 2－74·单选题 甲公司持有一张商业汇票，到期委托开户银行向承兑人收取票款。甲公司行使的票据权利是（ ）。

A. 付款请求权
B. 利益返还请求权
C. 票据追索权
D. 票据返还请求权

【答案解析】 A 付款请求权是指持票人向汇票的承兑人、本票的出票人、支票的付款人出示票据要求付款的权利。在本题中，持票人甲公司委托其开户银行向承兑人收取票款，行使的是付款请求权。

例题 2－75·多选题 根据票据法律制度的规定，下列各项中，可以行使票据追索权的当事人有（ ）。

A. 票据记载的收款人
B. 代为清偿票据债务的保证人
C. 最后被背书人
D. 代为清偿票据债务的背书人

【答案解析】 ABCD 行使追索权的当事人除票据记载的收款人和最后被背书人之外，还可能是代为清偿票据债务的保证人、背书人。

例题 2－76·多选题 根据票据法律制度的规定，下列人员中，行使付款请求权时，对持票人负有付款义务的有（ ）。

A. 汇票的承兑人
B. 银行本票的出票人
C. 支票的付款人
D. 汇票的背书人

【答案解析】 ABC 汇票的承兑人因承兑而承担付款义务；银行本票的出票人因出票而承担自己付款的义务；支票付款人在与出票人有资金关系时承担付款义务；汇票、本票、支票的背书人，汇票、支票的出票人、保证人，在票据不获承兑或不获付款时承担付款清偿义务。故选项 ABC 是正确答案。

（六）票据记载事项

（1）绝对记载事项。绝对记载事项是《票据法》明文规定必须记载的，如不记载，票据行为即为无效的事项。如出票时表明票据“种类”的事项。

（2）相对记载事项。相对记载事项是指除了绝对记载事项外，《票据法》规定的其他应记载的事项，这些事项不记载，由法律另作相应规定予以明确，并不影响票据的效力。例如背书未记载日期的，视为在票据到期日前背书。这里的“背书日期”就属于相对记载事项。

（3）任意记载事项。任意记载事项是指《票据法》不强制当事人必须记载而允许当事人自行选择，不记载时不影响票据效力，记载时则产生票据效力的事项。例如出票人在汇票上记载“不得转让”字样的，则汇票不得转让。这里的“不得转让”事项就是任意记载事项。

（4）记载不产生票据法上效力的事项。记载不产生票据法上效力的事项是指除了绝对记载事项、相对记载事项、任意记载事项外，票据上还可以记载其他一些事项，但这些事项不具有票据效力，银行不负审查责任。例如签发票据的“原因”和“用途”等。这种事项的记载不发生票据法上的效力，但有民法上的效力。

（5）不得记载事项。不得记载事项是指按照《票据法》规定不得在票据上记载的事项。这类事项分为两种：一是该类记载无效的事项。该项记载无效，票据仍然有效。例如背书不得附有条件，若记载有条件，该记载条件无效，背书仍有效。二是使票据无效的事项。这些事项记载后，整个票据无效。例如“附条件支付”的记载，票据即归无效。

【点拨】 上述关于票据记载事项的分类及其含义务必结合后面讲解的“具体票据”学习掌握，会区分各类票据记载事项对“票据是否有效”“该记载是否有效”的意义。

经典例题讲解

例题 2－77·判断题 甲公司收到乙公司签发的一张支票，该支票记载了“不得转让”字样。该记载事项不影响甲公司将该支票背书转让。（ ）

【答案解析】 × “不得转让”属于任意记载事项，未记载时不影响票据效力，记载时则产生票据效力。出票人记载“不得转让”的，票据不得背书转让。

例题 2－78·判断题 汇票上可以记载《票据法》规定事项以外的其他出票事项，但该记载事项不具有汇票上的效力。（ ）

【答案解析】 √ 表述正确。

二、支票

（一）支票的概念及适用范围

1. 支票的概念

支票是指由出票人签发的，委托办理支票存款业务的银行在见票时无条件支付确定的金额给收款人或者持票人的票据。支票的基本当事人包括出票人、付款人和收款人。

【解释】 支票的出票人即存款人，是可以使用支票存款账户签发支票的单位和个人；付款人是出票人的开户银行；持票人是票据上填明的收款人，也可以是经背书转让的被背书人。

2. 支票的适用范围

单位和个人在同一票据交换区域的各种款项结算，均可以使用支票。全国支票影像系统支持全国通用。

【小结】 （1）汇兑、委托收款、银行汇票、银行本票、支票：单位和个人均可使用；（2）国内信用证、托收承付、商业汇票：个人不能使用。

（二）支票的种类

支票按支付票款的方式不同，分为现金支票、转账支票和普通支票三种。

（1）现金支票只能用于支取现金（印有“现金”字样，见图2-1）；

中国工商银行
现金支票存根
10202110
00000146
附加信息

出票日期 年 月 日
收款人：
金额：
用途：
单位主管 会计

付款期限自出票之日起十天

中国工商银行 现金支票 10202110 00000146
出票日期（大写） 年 月 日 付款行名称：
收款人： 出票人账号：

人民币（大写）	亿	千	百	十	万	千	百	十	元	角	分

用途 密码
上列款项请从
我账户内支付
出票人签章 复核 记账

图2-1 现金支票式样

（2）转账支票只能用于转账（印有“转账”字样）；

（3）普通支票可以用于支取现金，也可用于转账（未印有“现金”或“转账”字样）。

【提示】 在普通支票左上角划两条平行线的，为划线支票，划线支票只能用于转账，不能支取现金。

支票可以背书转让，但用于支取现金的支票不能背书转让。

【解释】 用于支取现金的支票仅限于票面上记载的收款人向付款人提示付款，所以它不能背书转让。

【提示】 支票没有金额起点和最高限额。注意与其他票据及结算方式相区别。

经典例题讲解

例题2-79·多选题 支票按支付票款的方式不同，分为（ ）。

A. 普通支票　B. 背书支票

C. 现金支票　D. 转账支票

【答案解析】 ACD 支票按支付票款的方式不同，分为现金支票、转账支票和普通支票三种。

例题2-80·单选题 根据《支付结算办法》的规定，下列有关支票的表述中，正确的是（ ）。

A. 现金支票可以用于支取现金，也可以用于转账

B. 普通支票可以用于支取现金，也可以用于转账

C. 转账支票可以用于转账，也可以用于支取现金

D. 用于支取现金的支票可以背书转让

【答案解析】 B 现金支票只能用于支取现金；转账支票只能用于转账；普通支票可以用

于支取现金，也可用于转账；在普通支票左上角划两条平行线的，为划线支票，划线支票只能用于转账，不能支取现金。支票可以背书转让，但用于支取现金的支票不能背书转让。

（三）支票的出票

1. 支票的绝对记载事项（未记载的，支票无效）

（1）表明“支票”的字样；

（2）无条件支付的委托；

（3）确定的金额；

（4）付款人名称（即“出票人的开户银行”）；

（5）出票日期；

（6）出票人签章。

【链接】 票据和结算凭证的金额、出票或签发日期、收款人名称不得更改，更改的票据无效；更改的结算凭证，银行不予受理。

【提示】 支票的金额和收款人名称可以由出票人授权补记，未补记前，不得背书转让和提示付款。其意思是：若出票人未填写支票的金额或收款人名称，经出票人授权，由收款人自己来填写支票的金额、收款人名称，支票也同样具有法律效力。

【点拨】 支票的绝对记载事项应与后续票据进行比较记忆。特别注意支票的授权补记项目。

【思考1】 哪些是支票的绝对记载事项？若缺少绝对记载事项，有什么后果？

【思考2】 出票人是否可在支票上记载自己为收款人？（可以，如单位提取现金一般就记载自己单位为“收款人”。）

2. 支票的相对记载事项（未记载的，该支票仍然有效）

（1）付款地。支票上未记载付款地的，付款人的营业场所为付款地。

（2）出票地。支票上未记载出票地的，出票人的营业场所、住所或者经常居住地为出票地。

【思考】 哪些是支票的相对记载事项？若缺少相对记载事项，有什么后果？

【补充】 支票上可以记载非法定记载事项，但这些事项并不产生票据效力。例如出票人在支票用途栏记载“生日快乐”等字样，该记载并不影响支票的效力。其他票据也一样。

3. 出票的效力

（1）出票人作成支票并交付之后，出票人必须在付款人处存有足够可处分的资金，以保证支票票款的支付。

（2）当付款人（即“出票人开户银行”）对支票拒绝付款或者超过支票付款提示期限的，出票人仍应向持票人承担付款责任。

【解释】 支票出票后，出票人必须按照签发的支票金额承担保证向持票人付款的责任。

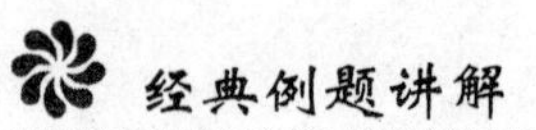

例题2－81·多选题 根据《支付结算办法》的规定，支票的绝对记载事项有（　　）。

A. 附条件支付的委托　　B. 出票日期

C. 付款人名称　　D. 出票人签章

【答案解析】 BCD　支票的绝对记载事项有：表明“支票”的字样；无条件支付的委托；确定的金额；付款人名称；出票日期；出票人签章。

例题2－82·多选题　根据票据法律制度的规定，支票的下列记载事项中，可由出票人授权补记的是（　　）。

A. 付款人名称　　B. 金额

C. 收款人名称　　D. 出票人签章

【答案解析】 BC　支票的金额、收款人名称，可以由出票人授权补记。

例题2－83·多选题　根据《票据法》的规定，下列情形中，将导致支票无效的有（　　）。

A. 支票上未记载付款日期　　B. 支票金额中文大写与数码记载不一致

C. 支票的出票日期被更改　　D. 支票上未记载付款地

【答案解析】 BC　付款日期不是支票的绝对记载事项，不记载不影响票据的效力；支票金额中文大写与数码记载不一致会导致票据无效；票据的出票日期不得更改，更改的票据无效；付款地是相对记载事项，未记载不影响票据的效力。

（四）支票的付款

支票的付款是指付款人根据持票人的请求向其支付支票金额的行为。

支票限于见票即付，不得另行记载付款日期，另行记载付款日期的，该“记载”无效。

【提示】　支票上记载付款日期的，该“记载”无效，“支票”有效。因为支票是见票即付票据。

1. 提示付款期限

支票的持票人应当自出票日起10日内提示付款；异地使用的支票，其提示付款的期限由中国人民银行另行规定。

【解释】　超过提示付款期提示付款的，付款人（即开户银行）可以不予付款；但是出票人仍应当对持票人承担票据责任（即付款责任）。

【点拨】　支票的提示付款期限要牢记。另外要理解持票人超过提示付款期提示付款的，后果会怎样。

2. 付款

出票人在付款人处的存款足以支付支票金额时，付款人应当在见票当日足额付款。

3. 付款责任的解除

付款人依法支付支票金额的，对出票人不再承担受委托付款的责任，对持票人不再承担付款的责任。但是，付款人以恶意或者有重大过失付款的除外。

支票的流转程序见图2－2。

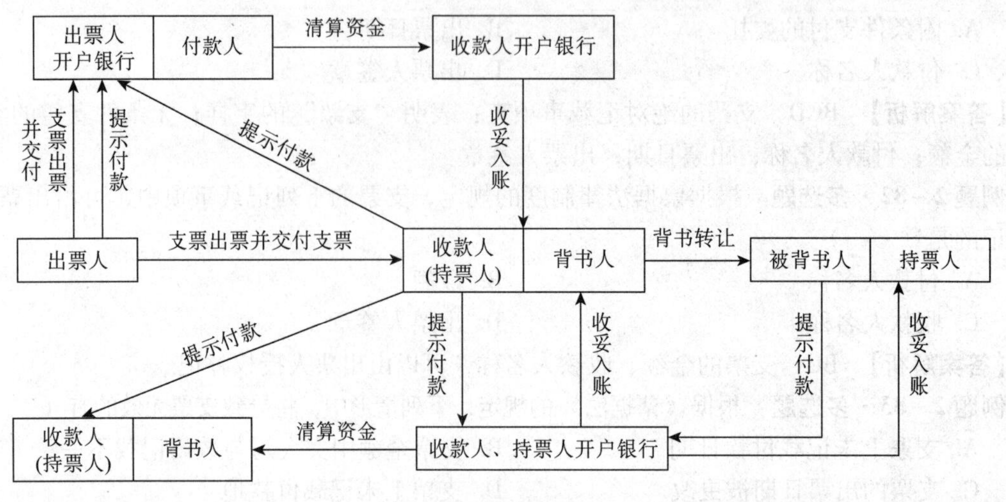

图2－2 支票的流转程序

经典例题讲解

例题2－84·判断题 支票限于见票即付，不得另行记载付款日期，另行记载付款日期的，该记载无效。（ ）

【答案解析】 √ 表述正确。

例题2－85·单选题 根据《支付结算办法》的规定，支票的提示付款期限为（ ）。

A. 自出票日起10日　　B. 自出票日起15日

C. 自出票日起30日　　D. 自出票日起5日

【答案解析】 A 支票的持票人应当自出票日起10日内提示付款。

例题2－86·判断题 支票的持票人超过提示付款期提示付款的，付款人可以不予付款；但是出票人仍应当对持票人承担票据责任。（ ）

【答案解析】 √ 表述正确。

三、商业汇票

（一）商业汇票的概念和种类

1. 概念

商业汇票是指由出票人签发的，委托付款人在指定日期无条件支付确定金额给收款人或者持票人的票据。

【链接】 汇票根据出票人的不同，分为银行汇票和商业汇票；银行汇票由银行签发，商业汇票由银行之外的企事业单位、机关、团体等签发。

2. 种类

商业汇票根据承兑人不同，分为商业承兑汇票（见图2－3）和银行承兑汇票（见图2－4）。商业承兑汇票由银行以外的付款人承兑，银行承兑汇票由银行承兑。

商业承兑汇票 1

出票日期（大写） 年 月 日

付款人	全称		收款人	全称		此联出票人存查
	账号			账号		
	开户行			开户行		
出票金额	人民币（大写）				千 百 十 万 千 百 十 元 角 分	
汇票到期日			交易合同号码			
本汇票已经承兑到期无条件支付票款 承兑人签章 承兑日期 年 月 日			本汇票请予以承兑到期日付款 出票人签章			

图2-3 商业承兑汇票式样

【提示1】 商业汇票的付款人为承兑人，即“承兑人”是商业汇票的主债务人。

【提示2】 商业汇票的付款期限，最长不得超过6个月。

【小结】 汇票按出票人的不同，分为银行汇票和商业汇票；商业汇票再按照承兑人的不同，又分为银行承兑汇票和商业承兑汇票。

【解释】 商业汇票的当事人包括出票人、承兑人、付款人、收款人。注意哪些是基本当事人？

银行承兑汇票 2 10202150 76500345

出票日期（大写） 年 月 日

出票人全称		收款人	全 称		此联收款人开户行随托收凭证寄付款行作借方凭证附件
出票人账号			账 号		
付款行全称			开户银行		
出票金额	人民币（大写）			亿 千 百 十 万 千 百 十 元 角 分	
汇票到期日（大写）	年 月 日	付款行	行 号		
承兑协议编号			地 址		
本汇票请你行承兑，到期无条件付款。 出票人签章		本汇票已经承兑，到期日由本行付款。 承兑行盖章 承兑日期 年 月 日 备注：		复核： 记账：	

图2-4 银行承兑汇票式样

【补充】 汇票根据付款日期（俗称“到期日”）的不同，分为见票即付、定日付款、出票后定期付款和见票后定期付款（根据承兑日期确定到期日）四种类型。

经典例题讲解

例题 2－87·单选题 商业汇票的付款期限，最长不得超过（　　）。

A. 3 个月　　B. 6 个月

C. 9 个月　　D. 12 个月

【答案解析】 B　商业汇票的付款期限，最长不得超过 6 个月。

（二）商业汇票的出票

1. 出票人的确定

商业汇票的出票人，为在银行开立存款账户的法人以及其他组织，与付款人具有真实的委托付款关系，具有支付汇票金额的可靠资金来源。

【解释】 商业汇票的使用必须具有真实的交易关系或债权债务关系。个人不能使用商业汇票支付方式。

2. 商业汇票的绝对记载事项

（1）表明商业承兑汇票或银行承兑汇票的字样；

（2）无条件支付的委托；

（3）确定的金额；

（4）付款人名称；

（5）收款人名称；

（6）出票日期；

（7）出票人签章。

【提示】 与支票相对比，商业汇票的绝对记载事项多了“收款人名称”。

【思考】 商业汇票的绝对记载事项有哪些？

3. 商业汇票的相对记载事项

（1）汇票上未记载付款日期的，视为见票即付；

（2）汇票上未记载付款地的，付款人的营业场所、住所或者经常居住地为付款地；

（3）汇票上未记载出票地的，出票人的营业场所、住所或者经常居住地为出票地。

【思考】 商业汇票的相对记载事项有哪些？注意与绝对记载事项相区分。

4. 商业汇票出票的效力

（1）对收款人的效力。收款人取得汇票后，即取得票据权利（第一顺序的付款请求权以及第二顺序的追索权）。此外，收款人还有依法转让票据的权利。

（2）对付款人的效力。付款人在对汇票承兑后，即成为汇票上的主债务人。此时，“付款人”变为了“承兑人”，应当承担到期付款的责任。

【提示】 在汇票被“承兑”前，或见票即付的汇票（无需承兑），主债务人是“出票人”。

（3）对出票人的效力。出票人签发汇票后，即承担保证该汇票承兑和付款的责任。出票人在汇票得不到承兑或者得不到付款时，应当向持票人清偿法律规定的金额和费用。

【提示】　出票人出票后承担担保责任，担保汇票的承兑和付款。

经典例题讲解

例题2－88·单选题　下列各项中，属于商业汇票绝对记载事项的是（　　）。

A. 背书日期　　B. 付款日期

C. 出票日期　　D. 保证日期

【答案解析】　C　出票日期属于商业汇票的绝对记载事项。

例题2－89·多选题　下列各项中，属于商业汇票的出票效力的有（　　）。

A. 对收款人的效力　　B. 对付款人的效力

C. 对出票人的效力　　D. 对背书人的效力

【答案解析】　ABC　商业汇票的出票效力包括对收款人的效力、对付款人的效力、对出票人的效力。

例题2－90·多选题　商业汇票的出票人依据《票据法》的规定完成出票行为之后，即产生票据上的效力，属于出票对收款人的效力有（　　）。

A. 享有获取票据金额3%规定金额的赔偿权

B. 享有依法转让票据权

C. 就票据金额享有付款请求权

D. 在付款请求权不能满足时，即享有追索权

【答案解析】　BCD　收款人取得出票人发出的汇票后，即取得票据权利。一方面就票据金额享有付款请求权；另一方面，在该请求权不能满足时，即享有追索权。同时，收款人还有依法转让票据的权利。

（三）商业汇票的承兑

承兑是指汇票付款人承诺在汇票到期日支付汇票金额的票据行为。

【解释】　商业承兑汇票可以由付款人签发并承兑，也可以由收款人签发交由付款人承兑。

【提示】　注意承兑是汇票特有的制度，本票和支票都没有承兑。

1. 承兑的程序

（1）提示承兑（见表2－7）：

表2－7

汇票类型	是否需要承兑	提示承兑的期限	不按期承兑的后果
见票即付的汇票	无需	—	无
定日付款或者出票后定期付款的汇票	需要	持票人应当在汇票到期日前向付款人提示承兑	丧失对其前手的追索权
见票后定期付款的汇票	需要	持票人应当自出票日起1个月内向付款人提示承兑	

【技巧】 提示承兑的日期可以这样“记忆”：见票即付的汇票，因为见到票据就要付款，因此无需提示承兑。定日付款或者出票后定期付款的汇票，到期日也是确定的，因此只要在到期前提示承兑就可以了。见票后定期付款的汇票，要先见票，以见票的当日为计算到期日的起点时间。因此提示承兑，才见票，才能从见票之日开始推算到期日，这个时间不能太长，为1个月。

【点拨1】 三类汇票提示承兑的要求和时间不同，务必掌握。

【点拨2】 注意持票人未按规定期限提示承兑的后果是什么。

（2）承兑成立：

①承兑时间。付款人对向其提示承兑的汇票，应当自收到提示承兑的汇票之日起3日内承兑或者拒绝承兑。如果付款人在3日内不做承兑与否表示的，则应视为拒绝承兑。持票人可以请求其做出拒绝承兑证明，向其前手行使追索权。

【提示】 承兑期为3天，如果付款人在3日内不做表示的，则视为拒绝承兑。

②接受承兑。付款人收到持票人提示承兑的汇票时，应当向持票人签发收到汇票的回单。回单上应当记明汇票提示承兑日期并签章。回单是付款人向持票人出具的已收到请求承兑汇票的证明。

③承兑的格式。付款人承兑汇票的，应当在汇票正面记载“承兑”字样和承兑日期并签章；见票后定期付款的汇票，应当在承兑时记载付款日期。汇票上未记载承兑日期的，以3天承兑期的最后一日为承兑日期。

【提示】 “承兑文句”和“承兑人签章”是绝对记载事项，而“承兑日期”则属于相对记载事项。上述应记载事项必须记载于汇票的“正面”。

④退回已承兑的汇票。付款人依承兑格式填写应记载事项并将已承兑的汇票退回持票人后才产生承兑的效力。

2. 承兑的效力

（1）承兑人于汇票到期日必须向持票人无条件地支付汇票上的金额，否则其必须承担迟延付款责任；

（2）承兑人必须对汇票上的一切权利人承担责任，该等权利人包括付款请求权人和追索权人；

（3）承兑人不得以其与出票人之间的资金关系来对抗持票人，拒绝支付汇票金额；

（4）承兑人的票据责任不因持票人未在法定期限提示付款而解除。

【解释1】 商业汇票一经承兑，承兑人就变成了票据的“主债务人”，要承担所有的票据责任。因此必须在到期日无条件向持票人付款。承兑人的责任是一种绝对责任。

【解释2】 承兑人不得以其与出票人之间的资金关系来对抗持票人：假设甲向乙签发了一张出票后3个月内付款的银行承兑汇票（由A银行承兑），乙将汇票背书转让给了丙。甲是出票人，丙是持票人，A是承兑人。丙找A提示付款，而甲在A处的资金不足以支付票据款项。此时，A银行还是必须承担付款责任，不能因为其与出票人甲之间的资金关系而拒绝向持票人丙付款。

3. 承兑不得附有条件

（1）付款人承兑商业汇票，不得附有条件；承兑附有条件的，视为拒绝承兑。

【链接】 背书时附有条件的，所附条件不具有汇票上的效力，即不影响背书行为本身的效力，被背书人仍可依该背书取得票据权利。即条件无效，背书有效。保证不得附条件，附条件的，不影响对汇票的保证责任。即条件无效，保证有效。注意区别。

（2）银行承兑汇票的承兑银行，应当按照票面金额向出票人收取万分之五的手续费。

经典例题讲解

例题2－91·多选题　根据《支付结算办法》的规定，下列关于商业汇票提示承兑期限的表述中，符合法律规定的有（　　）。

A. 见票后定期付款的商业汇票，持票人应当自出票日起1个月内提示承兑

B. 商业汇票提示承兑期限，为自汇票到期日起10日内

C. 定日付款的商业汇票，持票人应当在汇票到期日前提示承兑

D. 出票后定期付款的商业汇票，提示承兑期限为自出票日起1个月内

【答案解析】　AC　见票后定期付款的商业汇票，持票人应该自出票日起1个月内提示承兑，选项A正确；商业汇票的提示付款期限，为自汇票到期日起10日内，而不是承兑期限，选项B错误；定日付款、出票后定期付款的商业汇票，持票人应该在汇票到期日前向付款人提示承兑，即选项C正确，D错误。

例题2－92·单选题　付款人对向其提示承兑的汇票，应当自收到提示承兑的汇票之日起（　　）内承兑或拒绝承兑。

A. 10　　　　B. 5

C. 7　　　　D. 3

【答案解析】　D　付款人对向其提示承兑的汇票，应当自收到提示承兑的汇票之日起3日内承兑或者拒绝承兑。

例题2－93·多选题　根据票据法律制度的规定，汇票承兑生效后，承兑人应当承担到期付款的责任。下列关于该责任的表述中，正确的有（　　）。

A. 承兑人必须对汇票上的付款请求权人承担责任

B. 承兑人在汇票到期日必须向持票人无条件地支付汇票上的金额

C. 承兑人的票据责任不因持票人未在法定期限提示付款而解除

D. 承兑人必须对汇票上的追索权人承担责任

【答案解析】　ABCD　承兑的效力包括：承兑人于汇票到期日必须向持票人无条件地支付汇票上的金额，否则其必须承担迟延付款责任；承兑人必须对汇票上的一切权利人承担责任，该等权利人包括付款请求权人和追索权人；承兑人不得以其与出票人之间的资金关系来对抗持票人，拒绝支付汇票金额；承兑人的票据责任不因持票人未在法定期限提示付款而解除。持票人未按照上述规定期限提示付款的，在做出说明后，承兑人或者付款人仍应当继续对持票人承担付款责任。

例题2－94·判断题　根据《票据法》的规定，付款人承兑汇票，不得附有条件，承兑附有条件的，所附条件不具备票据上的效力。（　　）

【答案解析】　×　承兑附有条件的，视为拒绝承兑。

例题2－95·单选题　根据《支付结算办法》的规定，银行承兑汇票的承兑银行，应按票

面金额向出票人收取手续费，该金额是（　　）。

A. 票面金额的万分之三　　B. 票面金额的万分之一

C. 票面金额的千分之一　　D. 票面金额的万分之五

【答案解析】 D 银行承兑汇票的承兑银行，应按票面金额向出票人收取万分之五的手续费。

（四）商业汇票的付款

商业汇票的付款，是指付款人依据票据文义支付票据金额，以消灭票据关系的行为。商业汇票的付款期限，最长不得超过6个月。

【解释】 商业汇票的付款期限最长不得超过6个月。

1. 提示付款

（1）见票即付的汇票，自出票日起1个月内向付款人提示付款。

（2）定日付款、出票后定期付款或者见票后定期付款的汇票，自到期日起10日内向承兑人提示付款。

【提示】 持票人未按照上述规定期限提示付款的，在做出说明后，承兑人或者付款人仍应当继续对持票人承担付款责任。

【总结】 商业汇票的提示付款期限为自到期日起10日内（见票即付的汇票为自出票之日起1个月）。

【点拨】 商业汇票的提示付款期务必"牢记"。与商业汇票的提示承兑期限要会区分。

2. 支付票款

持票人提示付款后，付款人依法审查无误后必须无条件地在当日按票据金额足额支付给持票人。否则，应承担迟延付款的责任。

3. 付款的效力

付款人依法足额付款后，全体汇票债务人的责任解除。

银行承兑汇票和商业承兑汇票的流转程序见图2-5和图2-6。

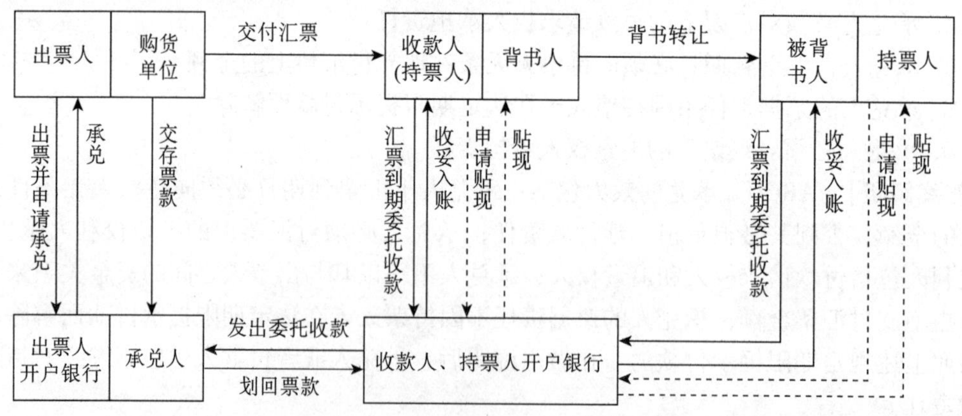

图2-5 银行承兑汇票的流转程序

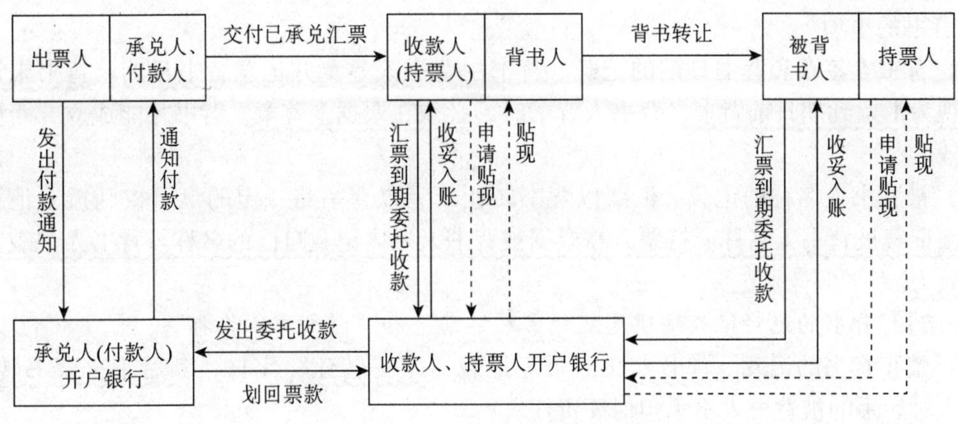

图 2-6　商业承兑汇票的流转程序

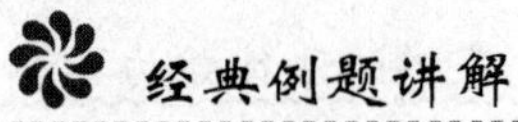

例题 2-96·单选题　见票即付的汇票，持票人应当自（　　）向付款人提示付款。

A. 到期日起 10 日内　　B. 出票日起 1 个月内

C. 出票日起 1 个月后　　D. 到期日起 10 日后

【答案解析】　B　见票即付的汇票，自出票日起 1 个月内向付款人提示付款。

例题 2-97·判断题　汇票的持票人未在法定期限内提示付款的，则承兑人的票据责任解除。（　　）

【答案解析】　×　持票人未按照规定期限提示付款的，在做出说明后，承兑人或者付款人仍应当继续对持票人承担付款责任。

例题 2-98·判断题　商业汇票自到期日起 10 日内提示付款期限。（　　）

【答案解析】　√　表述正确。

（五）商业汇票的背书

商业汇票的背书（见图 2-7），是指以转让商业汇票权利或者将一定的商业汇票权利授予他人行使为目的，按照法定的事项和方式在商业汇票背面或者粘单上记载有关事项并签章的票据行为。《票据法》规定汇票转让只能采取背书的方式，而不能仅凭单纯交付方式，否则就不产生票据转让的效力。

被背书人	被背书人	被背书人
背书 日期　　　　年　月　日	背书 日期　　　　年　月　日	背书 日期　　　　年　月　日

图 2-7　商业汇票的背书转让

1. 背书的事项

（1）背书人签章和背书日期的记载。背书由背书人签章并记载背书日期。背书未记载日期的，视为汇票到期日前背书。背书人背书时，必须在票据上签章，背书才能成立，否则背书行为无效。

（2）被背书人名称的记载。汇票以背书转让或者以背书将一定的汇票权利授予他人行使时，必须记载被背书人名称。持票人在票据被背书人栏内记载自己的名称与背书人记载具有同等法律效力。

【小结】 背书的绝对记载事项是“背书人签章”和“被背书人名称”。

（3）禁止背书的记载。背书人在汇票上记载“不得转让”字样，其后手再背书转让的，原背书人对后手的被背书人不承担保证责任。

【链接】 如果出票人在汇票上记载“不得转让”字样，则该汇票不得转让。如果收款人或持票人将出票人做禁止背书的汇票转让的，该转让不发生票据法上的效力，出票人和承兑人对受让人不承担票据责任。

【点拨】 注意“出票人”和“背书人”在汇票上记载“不得转让”字样的法律效力是不同的，要会区分。

（4）背书时粘单的使用。票据凭证不能满足背书人记载事项的需要，可以加附粘单，粘附于票据凭证上。第一位使用粘单的背书人必须将粘单粘接在票据上，并且在汇票和粘单的粘接处签章，否则该粘单记载的内容即为无效。

【思考】 “谁”粘接粘单？

（5）背书不得记载的内容。

①附有条件的背书。背书时附有条件的，所附条件不具有汇票上的效力，即不影响背书行为本身的效力，被背书人仍可依该背书取得票据权利。

②部分背书。部分背书是指背书人在背书时，将汇票金额的一部分或者将汇票金额分别转让给两人以上的背书。将票据金额的一部分转让或者将票据金额分别转让给两人以上的背书无效。

【提示】 背书时附有条件的，所附条件无效，但是背书行为有效。

【点拨】 注意以上两种背书对背书效力的影响，即背书是否有效。

【小结】 背书的相关记载事项总结（见表2-8）。

表2-8

类　型	具体事项
绝对记载事项	（1）背书人签章 （2）被背书人名称 **【解释】** 持票人在票据被背书人栏内记载自己的名称与背书人记载具有同等法律效力
相对记载事项	背书日期 **【解释】** 背书未记载日期的，视为在汇票到期日前背书
任意记载事项	“不得转让”字样 **【解释】** 背书人在汇票上记载“不得转让”字样，其后手再背书转让的，原背书人对后手的被背书人不承担保证责任

续表

类　型	具体事项
不得记载的事项	(1) 附条件背书（条件无效，背书有效） (2) 部分背书（部分背书无效）

2. 背书连续

背书连续，是指在票据转让中，转让汇票的背书人与受让汇票的被背书人在汇票上的签章依次前后衔接。

以背书转让的汇票，背书应当连续。如果背书不连续，付款人可以拒绝向持票人付款，否则付款人应自行承担责任。

【思考】 如何判断背书是否连续？

3. 法定禁止背书

汇票被拒绝承兑、被拒绝付款或者超过付款提示期限的，不得背书转让；背书转让的，背书人应当承担汇票责任。

经典例题讲解

例题 2－99 · 判断题 汇票转让只能采用背书的方式，而不能仅凭单纯交付方式。（ ）

【答案解析】 √ 表述正确。

例题 2－100 · 单选题 背书的相对记载事项是（ ）。

A. 背书原因　　B. 背书人签章

C. 被背书人的名称　　D. 背书日期

【答案解析】 D 背书未记载日期的，视为在汇票到期日前背书，因此选项 D 是相对记载事项。选项 B 和 C 是绝对记载事项，A 是不具有法定票据效力的事项。

例题 2－101 · 多选题 根据《支付结算办法》的规定，下列各项中，属于背书不得记载的内容有（ ）。

A. 附有条件的背书　　B. 背书日期

C. 背书签章　　D. 部分背书

【答案选项】 AD 背书不得记载的内容有：附有条件的背书和部分背书。

例题 2－102 · 判断题 背书不得附有条件，背书附有条件的，背书无效。（ ）

【答案选项】 × 背书不得附有条件，背书附有条件的，所附条件不具有票据上的效力。

例题 2－103 · 多选题 根据票据法律制度的规定，下列各背书情形中，属于背书无效的有（ ）。

A. 将汇票金额全部转让给甲某

B. 将汇票金额的一半转让给甲某

C. 将汇票金额分别转让给甲某和乙某

D. 将汇票金额转让给甲某但要求甲某不得对背书人行使追索权

【答案选项】 BC 将票据金额的一部分转让或者将票据金额分别转让给两人以上的背书

无效，即部分背书无效。选项D属于附条件的背书，背书有效，条件无效。

例题 2－104·判断题 以背书转让的汇票，背书应当连续。 （ ）

【答案选项】 √ 表述正确。

例题 2－105·单选题 甲公司将一张银行汇票背书转让给乙公司，该汇票需加附粘单，甲公司为粘单上的第一记载人，丙公司为甲公司的前手，丁公司为汇票记载的收款人。根据票据法律制度的规定，下列公司中，应当在汇票和粘单的粘接处签章的是（ ）。

A. 甲公司　　B. 乙公司

C. 丙公司　　D. 丁公司

【答案选项】 A 票据凭证不能满足背书人记载事项的需要，可以加附粘单，粘附于票据凭证上。第一位使用粘单的背书人必须将粘单粘接在票据上，并且在汇票和粘单的粘接处签章，否则该粘单记载的内容即为无效。

（六）商业汇票的保证

1. 保证的当事人

保证的当事人为保证人与被保证人。商业汇票的债务可以由保证人承担保证责任。

【提示】 保证应由汇票债务人以外的他人承担。已成为票据债务人的，不得再充当票据上的保证人。

2. 保证的格式

保证人必须在汇票或粘单上记载下列事项：（1）表明“保证”的字样；（2）保证人名称和住所；（3）被保证人的名称；（4）保证日期；（5）保证人签章。

【补充】 保证文句和保证人签章是绝对记载事项；被保证人名称、保证日期、保证人的住所是相对记载事项，如果不记载则可以依法推定。

【提示】 票据保证事项必须记载于汇票或粘单上。如果另行签订保证合同或者保证条款的，不属于票据保证，人民法院应当适用《担保法》的有关规定。

【解释】 保证不得附有条件；附有条件的，所附条件不影响对汇票的保证责任。即所附条件无效，保证本身仍然具有效力。

3. 保证的效力

（1）保证人的责任。被保证的汇票，保证人应当与被保证人对持票人承担连带责任。

【解释】 汇票到期后得不到付款的，持票人有权向保证人请求付款，保证人应当足额付款。

（2）共同保证人的责任。保证人为两人以上的，保证人之间承担连带责任。

【解释】 在共同保证的情况下，持票人可以不分先后向保证人中的一人或者数人或者全体就全部票据金额及有关费用行使票据权利，共同保证人不得拒绝。

（3）保证人的追索权。保证人清偿汇票债务后，可以行使持票人对被保证人及其前手的追索权。

例题 2－106·多选题 保证的绝对记载事项包括（ ）。

A. 表明“保证”的字样　　B. 被保证人的名称

C. 保证日期　　D. 保证人签章

【答案选项】 AD 保证的绝对记载事项包括表明“保证”的字样和保证人签章。选项 B 和 C 是相对记载事项。

例题 2-107·单选题 乙公司与丙公司交易时以汇票支付。丙公司见汇票出票人为甲公司，遂要求乙公司提供担保，乙公司请丁公司为该汇票做保证，丁公司在汇票背书栏签注“若甲公司出票真实，本公司愿意保证”。后经了解甲公司实际并不存在。根据票据法律制度的规定，下列表述中，正确的是（ ）。

A. 丁公司应承担一定赔偿责任

B. 丁公司只承担一般保证责任，不承担票据保证责任

C. 丁公司应当承担票据保证责任

D. 丁公司不承担任何责任

【答案选项】 C 保证不得附有条件；附有条件的，不影响对汇票的保证责任。

四、银行汇票

（一）银行汇票的概念和适用范围

（1）银行汇票是由出票银行签发的，在见票时按照实际结算金额无条件支付给收款人或者持票人的票据（见图 2-8）。

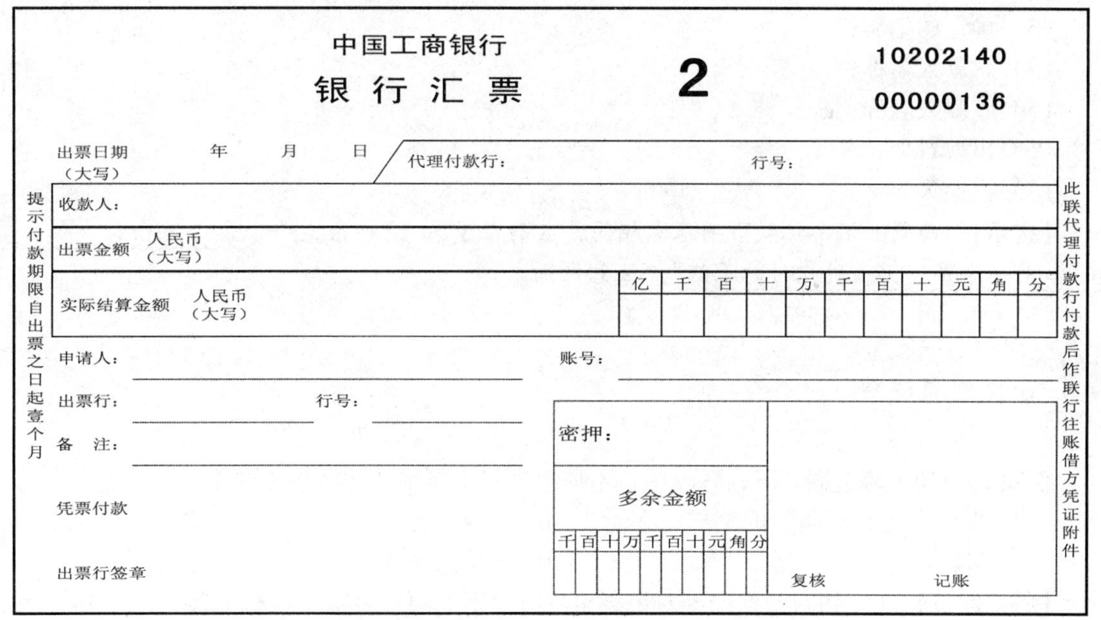

中国工商银行

银行汇票　2

10202140
00000136

出票日期（大写）　年　月　日　代理付款行：　行号：

收款人：

出票金额　人民币（大写）

实际结算金额　人民币（大写）

亿	千	百	十	万	千	百	十	元	角	分

申请人：　账号：

出票行：　行号：

备　注：

凭票付款

出票行签章

密押：

多余金额

千	百	十	万	千	百	十	元	角	分

复核　记账

提示付款期限自出票之日起壹个月

此联代理付款行付款后作联行往账借方凭证附件

图 2-8 银行汇票式样

【解释】 银行汇票有“出票金额”和“实际结算金额”两个金额，而支付按照“实际结算金额”支付。

【提示】 银行汇票的付款方式为“见票即付”。

（2）单位和个人在异地、同城或同一票据交换区域的各种款项结算，均可使用银行汇票。

【链接】 汇兑、委托收款、银行汇票、银行本票、支票：单位和个人均可使用；国内信用证、托收承付、商业汇票：个人不能使用。

经典例题讲解

例题 2－108·单选题 银行汇票是由出票银行签发的，在见票时按照（ ）无条件支付给收款人或者持票人的票据。

A. 出票金额　　B. 实际结算金额

C. 票面金额　　D. 确定金额

【答案解析】 B 银行汇票是由出票银行签发的，在见票时按照实际结算金额无条件支付给收款人或者持票人的票据。

例题 2－109·判断题 单位和个人在异地、同城或同一票据交换区域的各种款项结算，均可使用银行汇票。（ ）

【答案解析】 √ 表述正确。

（二）银行汇票的绝对记载事项

（1）表明“银行汇票”的字样；

（2）无条件支付的承诺；

（3）确定的金额；

（4）付款人名称；

（5）收款人名称；

（6）出票日期；

（7）出票人签章。

【提示】 与商业汇票记载事项基本相同，区别在于第（2）条，一个是“无条件支付的委托”、另一个是“无条件支付的承诺”。注意区别。

经典例题讲解

例题 2－110·单选题 下列各项中，不属于银行汇票绝对记载事项的是（ ）。

A. 表明“银行汇票”的字样　　B. 付款人名称

C. 付款地　　D. 出票人签章

【答案解析】 C 银行汇票的绝对记载事项有以下七项：表明“银行汇票”的字样、无条件支付的承诺、确定的金额、付款人名称、收款人名称、出票日期、出票人签章。汇票上未记载上述事项之一的，汇票无效。

（三）银行汇票的基本规定

（1）银行汇票可以用于转账，标明现金字样的“银行汇票”也可以提取现金。

【解释】 签发现金银行汇票，申请人和收款人必须均为个人。申请人或者收款人为单位的，银行不得为其签发现金银行汇票。

(2) 银行汇票的付款人为银行汇票的出票银行，银行汇票的付款地为代理付款人或出票人所在地。

(3) 银行汇票的出票人在票据上的签章，应为经中国人民银行批准使用的该银行汇票专用章加其法定代表人或其授权经办人的签名或者盖章。

(4) 银行汇票的提示付款期限自出票日起1个月内。持票人超过付款期限提示付款的，代理付款人（银行）不予受理。

【链接】 商业汇票的持票人未按照规定期限提示付款的，在做出说明后，承兑人或者付款人仍应当继续对持票人承担付款责任。

(5) 银行汇票可以背书转让，但填明“现金”字样的银行汇票不得背书转让。银行汇票的背书转让以不超过出票金额的实际结算金额为准。未填写实际结算金额或实际结算金额超过出票金额的银行汇票不得背书转让。

【解释】 银行汇票无论是支付还是背书转让，都是以实际结算金额为准。

(6) 填明“现金”字样和代理付款人的银行汇票丧失，可以由失票人通知付款人或者代理付款人挂失止付。未填明“现金”字样和代理付款人的银行汇票丧失，不得挂失止付。

【思考】 什么样的银行汇票丧失，可以挂失止付?

(7) 银行汇票丧失，失票人可以凭人民法院出具的其享有票据权利的证明，向出票银行请求付款或退款。

【补充】 票据丧失及补救措施：

①挂失止付。只有确定付款人或代理付款人的票据丧失后，才可以挂失止付。具体包括已承兑的商业汇票、支票、填明“现金”字样和代理付款人的银行汇票和银行本票四种。

②公示催告。

③普通诉讼。

经典例题讲解

例题 2-111·判断题 银行汇票可以用于转账，但是不能用于支取现金。 ( )

【答案解析】 × 银行汇票可以用于转账，标明现金字样的“银行汇票”也可以提取现金。

例题 2-112·单选题 银行汇票的提示付款期限自（ ）。

A. 到期之日起 10 日内 B. 出票日起 1 个月内

C. 出票日起10 日内 D. 出票日起 2 个月内

【答案解析】 B 银行汇票的提示付款期限自出票日起 1 个月内。

例题 2-113·多选题 下列银行汇票不能背书转让的是（ ）。

A. 填明“现金”字样的银行汇票

B. 未填写实际结算金额的银行汇票

C. 实际结算金额超过出票金额的银行汇票

D. 实际结算金额小于出票金额的银行汇票

【答案解析】 ABC 银行汇票可以背书转让，但填明“现金”字样的银行汇票不得背书转让。银行汇票的背书转让以不超过出票金额的实际结算金额为准。未填写实际结算金额或实际结算金额超过出票金额的银行汇票不得背书转让。

（四）银行汇票申办和兑付的基本规定

1. 申办

（1）申请人向出票银行填写“银行汇票申请书”；

【提示】 申请人或收款人为单位的，不得在“银行汇票申请书”填明“现金”字样。

（2）出票银行受理申请书并签发银行汇票，并用压数机压印出票金额，将“银行汇票”和“解讫通知”（见图2－9）一并交给申请人；

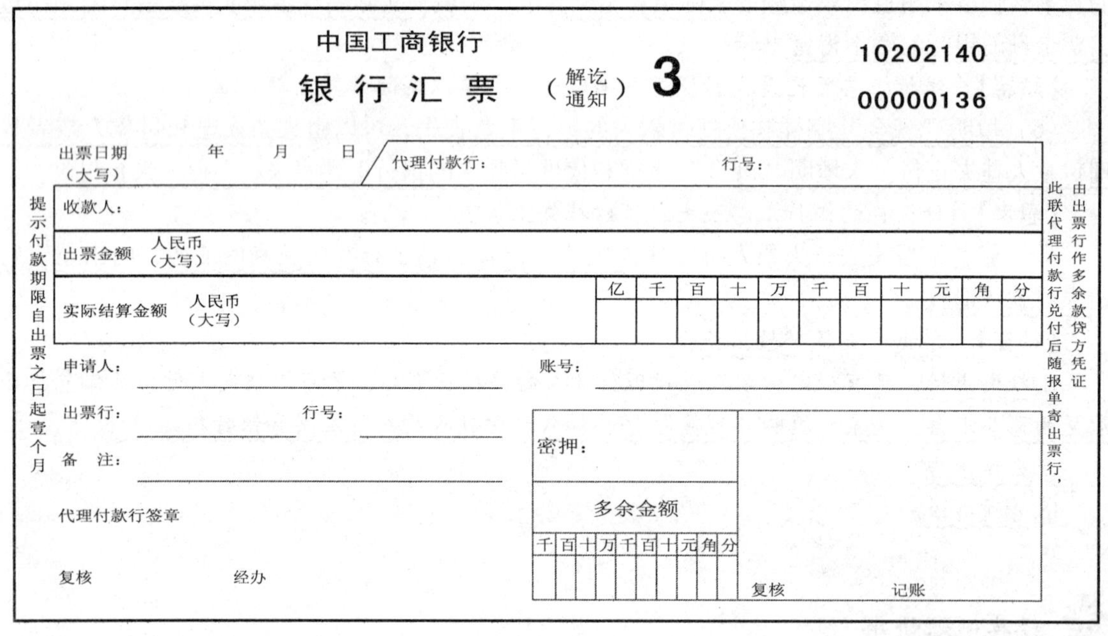
中国工商银行

银行汇票（解讫通知） 3

10202140
00000136

提示付款期限自出票之日起壹个月

出票日期（大写） 年 月 日　代理付款行： 行号：

收款人：

出票金额 人民币（大写）

实际结算金额 人民币（大写）

亿	千	百	十	万	千	百	十	元	角	分

申请人：　账号：

出票行：　行号：

备 注：

密押：

多余金额

千	百	十	万	千	百	十	元	角	分

代理付款行签章

复核　经办

复核　记账

此联代理付款行兑付后随报单寄出票行，由出票行作多余款贷方凭证

图2－9 银行汇票解讫通知式样

（3）申请人将“银行汇票”和“解讫通知”一并交付给收款人；

（4）银行汇票的实际结算金额低于出票金额的，多余金额由出票银行退交申请人。

【解释】 申请人缺少解讫通知要求退款的，出票银行应于银行汇票提示付款期满1个月后办理。

2. 兑付

（1）收款人受理银行汇票时，审查相关事项，如银行汇票和解讫通知是否齐全、汇票号码和记载的内容是否一致、收款人是否确为本单位或本人、银行汇票是否在提示付款期内、是否有压数机压印的出票金额并与大写金额一致等等。

（2）收款人受理银行汇票依法审查无误后，应在出票金额以内，根据实际需要的款项办理结算，并将实际结算金额和多余金额填入银行汇票和解讫通知的有关栏内。未填明实际结算金额和多余金额或实际结算金额超过出票金额的，银行不予受理。银行汇票的实际结算金额不

得更改，更改实际结算金额的银行汇票无效。

（3）持票人向银行提示付款时，必须同时提交“银行汇票”和“解讫通知”，缺少任何一联，银行不予受理。

（4）持票人超过提示付款期限向代理付款银行提示付款不获付款的，必须在票据权利时效（2 年）内向出票银行做出说明，并提供本人身份证件或单位证明，持银行汇票和解讫通知向出票银行请求付款。

经典例题讲解

例题 2－114·单选题 根据规定，银行汇票的持票人向银行提示付款时，必须同时提交两种凭证，缺少任何一联，银行不予受理。下列关于两种凭证说法正确的是（ ）。

A. 银行汇票和解讫通知　　B. 银行汇票和进账单

C. 银行汇票和收账通知书　　D. 银行汇票和收款委托书

【答案解析】 A 持票人向银行提示付款时，必须同时提交银行汇票和解讫通知，缺少任何一联，银行不予受理。

例题 2－115·多选题 下列关于银行汇票的表述中，正确的有（ ）。

A. 银行汇票的实际结算金额不得更改，且不得超过出票金额

B. 持票人向银行提示付款时，须同时提交银行汇票和解讫通知

C. 银行汇票的提示付款期限自出票日起 1 个月

D. 申请人或者收款人为单位的，可以申请使用现金银行汇票

【答案解析】 ABC 申请人或收款人为单位的，银行不得为其签发现金银行汇票，故选项 D 错误，其余三项正确。

五、银行本票

（一）银行本票的概念

银行本票是银行签发的，承诺自己在见票时无条件支付确定的金额给收款人或者持票人的票据（见图 2－10）。

【解释】 银行本票（由出票人本人付款）的基本当事人只包括出票人、收款人。

【提示】 银行本票的付款方式为“见票即付”。

（二）银行本票的适用范围

（1）单位和个人在同一票据交换区域需要支付的各种款项，均可以使用银行本票。

（2）银行本票可以用于转账，注明“现金”字样的银行本票可以用于支取现金。

（3）注明“现金”字样的银行本票不得背书转让。

【解释】 申请人或者收款人为单位的，银行不得为其签发现金银行本票（银行汇票也如此）。

【链接】 银行汇票可用于转账，填明“现金”字样的银行汇票可以支取现金。

提示付款期限自出票之日起贰个月

中国工商银行本票 2

10202180
67895674

出票日期（大写） 年 月 日

收款人： 申请人：

凭票即付	人民币（大写）	亿	千	百	十	万	千	百	十	元	角	分

☑ 转账 ☐ 现金

密押

行号

备注 出票行签章 出纳 复核 经办

图 2－10 银行本票式样

（三）银行本票的绝对记载事项

（1）表明“银行本票”的字样；

（2）无条件支付的承诺；

（3）确定的金额；

（4）收款人名称；

（5）出票日期；

（6）出票人签章。

【小结】 各类票据的绝对记载事项一般都包括表明“××票据”的字样、无条件支付的委托或承诺、确定的金额、出票日期、出票人签章。支票在前述的基础上多了一个“付款人名称”，银行本票多了“收款人名称”，商业汇票和银行汇票则是两者都要有。注意总结记忆（见表 2－9）。

表 2－9 票据的绝对记载事项

内 容	汇 票	本 票	支 票
表明“××”的字样	√	√	√
无条件支付的委托/承诺	√	√	√
确定的金额	√	√	√
付款人名称	√	×	√
收款人名称	√	√	×
出票日期	√	√	√
出票人签章	√	√	√

（四）银行本票的提示付款期限

银行本票的提示付款期限自出票日起最长不得超过 2 个月。持票人超过付款期限提示付款的，代理付款人不予受理。

【提示】 本票的持票人未按照规定期限提示见票的，丧失对“出票人”以外的前手的追索权。

经典例题讲解

例题 2－116·单选题 银行本票的提示付款期限自出票日起最长不得超过（ ）。

A. 10 天　　B. 1 个月

C. 6 个月　　D. 2 个月

【答案解析】 D 银行本票的提示付款期限自出票日起最长不得超过 2 个月。

例题 2－117·多选题 根据票据法律制度的规定，下列有关银行本票的表述中，正确的有（ ）。

A. 单位和个人在同一票据交换区域的各种款项结算，均可使用银行本票

B. 填明“现金”字样的银行本票可以支取现金

C. 填明“现金”字样的银行本票丧失后可以挂失止付

D. 银行本票的提示付款期限自出票日起最长不得超过 1 个月

【答案解析】 ABC 银行本票的提示付款期限自出票日起最长不得超过 2 个月。

例题 2－118·判断题 注明“现金”字样的银行本票不得背书转让。（ ）

【答案解析】 √ 表述正确。《票据法》规定，收款人可以将银行本票背书转让给被背书人，但注明“现金”字样的银行本票不得背书转让。

（五）本票、汇票和支票的区别

本票、汇票和支票的区别见表 2－10。

表 2－10

<table>
<tr><th colspan="2">票据种类</th><th>提示承兑期限</th><th>提示付款期限</th><th>付款性质</th><th>使用人</th><th>区 域</th></tr>
<tr><td rowspan="4">商业汇票</td><td>见票即付</td><td>无需提示承兑</td><td>出票日起 1 个月</td><td rowspan="4">委付（委托他人付款）</td><td rowspan="4">仅限单位</td><td rowspan="4">同城、异地</td></tr>
<tr><td>定日付款</td><td rowspan="2">到期日前</td><td rowspan="3">到期日起 10 日</td></tr>
<tr><td>出票后定期付款</td></tr>
<tr><td>见票后定期付款</td><td>出票日起 1 个月</td></tr>
<tr><td colspan="2">银行汇票（见票即付）</td><td>无需提示承兑</td><td>出票日起 1 个月</td><td>自付（本人付款）</td><td>单位、个人</td><td>同城、异地或同一票据交换区</td></tr>
<tr><td colspan="2">银行本票（见票即付）</td><td>无需提示承兑</td><td>出票日起最长不超过 2 个月</td><td>自付（本人付款）</td><td>单位、个人</td><td>同一票据交换区</td></tr>
<tr><td colspan="2">支票（见票即付）</td><td>无需提示承兑</td><td>出票日起 10 日</td><td>委付（受托人仅限金融机构）</td><td>单位、个人</td><td>同一票据交换区</td></tr>
</table>

【点拨】 本票、汇票和支票的区别非常重要，特别是提示承兑期限和提示付款期限，不要混淆。对于使用“区域”也要注意，如是否适用“异地”结算，与后面讲解的非票据结算方式联系掌握。

经典例题讲解

例题 2－119·多选题 根据票据法律制度的规定，下列票据中，允许个人使用的有（　　）。

A. 支票　　B. 银行承兑汇票

C. 银行本票　　D. 银行汇票

【答案解析】 ACD 汇兑、委托收款、银行汇票、银行本票、支票：单位和个人均可使用；国内信用证、托收承付、商业汇票：个人不能使用。

例题 2－120·多选题 根据支付结算法律制度的规定，下列票据中，属于见票即付的有（　　）。

A. 转账支票　　B. 银行汇票

C. 银行承兑汇票　　D. 商业承兑汇票

【答案解析】 AB 银行汇票、本票和支票（包括现金支票和转账支票）均为见票即付；商业汇票（包括银行承兑汇票和商业承兑汇票）可以是见票即付票据，也可以是远期票据（附设到期日）。

例题 2－121·单选题 根据票据法律制度的规定，下列关于票据提示付款期限的表述中，不正确的是（　　）。

A. 银行汇票的提示付款期限为自出票日起 1 个月

B. 商业汇票的提示付款期限为自出票日起 10 日

C. 银行本票的提示付款期限为自出票日起最长不得超过 2 个月

D. 支票的提示付款期限为自出票日起 10 日

【答案解析】 B 远期商业汇票的提示付款期限为自到期日起 10 日内，选项 B 错误；其余三项表述正确。

第五节 银 行 卡

一、银行卡的概念与分类

（一）银行卡的概念

银行卡是指经批准由商业银行（含邮政金融机构）向社会发行的具有消费信用、转账结算、存取现金等全部或部分功能的信用支付工具。

（二）银行卡的分类

（1）按照发行主体是否在境内分为境内卡和境外卡。

【解释】境内卡：境内发行，境内、境外都可使用；境外卡：境外发行，境内、境外都可使用。

【提示】境内卡按照发行对象的不同分为个人卡（向个人发行）和单位卡（向企业、机关、事业单位和社会团体法人发行）。

（2）按照是否给予持卡人授信额度分为信用卡和借记卡。

①信用卡（先消费、后还款）可以透支，按照是否向发卡银行交存备用金分为贷记卡和准贷记卡。贷记卡不需要交存备用金，准贷记卡则需要交存备用金。

②借记卡（先存款、后使用）不能透支，按功能不同分为转账卡（具有转账、存取现金和消费功能）、专用卡（在特定区域、专用用途使用，具有转账、存取现金功能）和储值卡（预付钱包式借记卡）。

【举例2－7】借记卡卡上有3 000元钱才能消费3 000元；贷记卡卡上一分钱也没有，也能在信用额度内消费；准贷记卡先要交存备用金，如按银行要求交1 000元，才能消费3 000元。注意比较。

（3）按照账户币种的不同分为人民币卡（存款、信用额度均为人民币，并且以人民币偿还）、外币卡（存款、信用额度均为外币，并且以外币偿还）和双币种卡（存款、信用额度同时有人民币和外币两个账户）。

（4）按信息载体不同分为磁条卡和芯片卡。

经典例题讲解

例题2－122·多选题　信用卡按照是否向发卡银行交存备用金分为（　　）。

A. 借记卡　　B. 贷记卡

C. 准贷记卡　　D. 人民币卡

【答案解析】BC　信用卡按照是否向发卡银行交存备用金分为贷记卡、准贷记卡两类。

例题2－123·多选题　根据支付结算法律制度的规定，下列银行卡分类中，以是否具有透支功能划分的是（　　）。

A. 人民币卡与外币卡　　B. 单位卡与个人卡

C. 信用卡与借记卡　　D. 磁条卡与芯片卡

【答案解析】C　选项A是按币种不同所作的分类；选项B是按发行对象不同所作的分类；选项D是按信息载体不同所作的分类。

二、银行卡账户与交易

（一）银行卡交易的基本规定

（1）单位人民币卡可办理商品交易和劳务供应款项的结算，但不得透支。单位卡不得支取现金。

【解释】 单位卡不得用于10万元以上的商品交易、劳务供应款项的结算。这里的“单位人民币卡”指的是“借记卡”，所以不存在“透支”的问题。

（2）信用卡仅限于合法持卡人本人使用，不得出租或转借。

（3）发卡银行应当依照法律规定遵守信用卡业务风险控制指标。

①同一持卡人单笔透支发生额个人卡不得超过2万元（含等值外币），单位卡不得超过5万元（含等值外币）。

②同一账户月透支余额个人卡不得超过5万元（含等值外币），单位卡不得超过发卡银行对该单位综合授信额度的3%。无综合授信额度可参照的单位，其月透支余额不得超过10万元人民币（含等值外币）。

③外币卡的透支额度不得超过持卡人保证金（含储蓄存单质押金额）的80%。

（4）自2017年1月1日起，信用卡持卡人透支消费享受免息还款期和最低还款额待遇的条件和标准等，由发卡机构自主确定。

（5）发卡银行通过下列途径追偿透支款项和诈骗款项：扣减持卡人保证金，依法处理抵押物和质押物；向保证人追索透支款项；通过司法机关的诉讼程序进行追偿。

经典例题讲解

例题2－124·多选题 下列属于单位人民币卡不能办理的是（ ）。

A. 用于商品交易款项结算　　B. 用于劳务供应款项结算

C. 透支　　D. 支取现金

【答案解析】 CD 单位人民币卡可办理商品交易和劳务供应款项的结算，但不得透支。单位卡不得支取现金。

例题2－125·单选题 根据《支付结算办法》的规定，同一持卡人单笔透支发生额，单位卡的限额是（ ）。

A. 不得超过5万元　　B. 不得超过20万元

C. 不得超过10万元　　D. 不得超过1万元

【答案解析】 A 同一持卡人单笔透支发生额个人卡不得超过2万元（含等值外币），单位卡不得超过5万元（含等值外币）。

例题2－126·单选题 外币卡的透支额度不得超过持卡人保证金（含储蓄存单质押金额）的（ ）。

A. 50%　　B. 60%

C. 70%　　D. 80%

【答案解析】 D 外币卡的透支额度不得超过持卡人保证金（含储蓄存单质押金额）的80%。

例题2－127·判断题 信用卡持卡人透支消费享受免息还款期和最低还款额待遇的条件和标准等，由发卡机构自主确定。（ ）

【答案解析】 √ 表述正确。

例题 2－128・多选题 根据支付结算法律制度的规定，下列各项中，属于发卡银行追偿透支款项和诈骗款项的途径有（ ）。

A. 向保证人追索透支款项　　B. 依法处理抵押物和质物

C. 通过司法机关的诉讼程序进行追偿　　D. 冻结持卡人银行账户

【答案解析】 ABC 发卡银行通过下列途径追偿透支款项和诈骗款项：扣减持卡人保证金，依法处理抵押物和质押物；向保证人追索透支款项；通过司法机关的诉讼程序进行追偿。

（二）银行卡的资金来源

（1）单位卡账户的资金，一律从其“基本存款账户”转账存入，不得交存现金，不得将销货收入的款项存入其账户。

（2）个人人民币卡账户的资金以其持有的“现金存入”或以其“工资性款项”“属于个人的合法的劳务报酬收入、投资回报等收入”转账存入。严禁将单位的款项存入个人卡账户。

经典例题讲解

例题 2－129・判断题 单位卡账户的资金一律从其基本存款账户转账存入，不得交存现金，不得将销货收入款项存入其账户。（ ）

【答案解析】 √ 表述正确。

例题 2－130・单选题 关于银行卡账户及交易管理要求的下列表述中，不正确的是（ ）。

A. 单位人民币卡账户的资金一律从其基本存款账户转账存入

B. 单位外币卡账户的资金应从其单位的外汇账户转账存入

C. 单位人民币卡账户不得存取现金

D. 单位人民币卡账户可以存入销货收入

【答案解析】 D 单位人民币卡账户的资金一律从其基本账户转账存入，不得存取现金，不得将销货收入存入单位卡账户；单位外币卡账户的资金应从其单位的外汇账户转账存入，不得在境内存取外币现钞。故只有选项 D 表述不正确。

（三）银行卡的计息和收费

1. 计息

（1）发卡银行对借记卡（不含储值卡）账户内的存款，按照中国人民银行规定的同期同档次存款利率及计息办法计付利息。

（2）发卡银行对储值卡（含 IC 卡的电子钱包）内的币值不计付利息。

【思考】 哪些银行卡中的存款计息？哪些不计息？注意区分。

（3）贷记卡持卡人非现金交易享受如下优惠条件：

第一，免息还款期待遇。银行记账日至发卡行规定的到期还款日之间为免息还款期。

第二，最低还款额待遇。持卡人在到期还款日前偿还所使用全部银行款项有困难的，可按发卡行规定的最低还款额还款。

【链接】 从 2017 年 1 月 1 日起，持卡人透支消费享受免息还款期和最低还款额待遇的条件和标准等，由发卡机构自主确定。

（4）利率标准。从 2017 年 1 月 1 日起，对信用卡透支利率实行上限和下限管理，透支利率上限为日利率万分之五，透支利率下限为日利率万分之五的 0.7 倍。信用卡透支的计结息方式，以及对信用卡溢缴款是否计付利息及其利率标准，由发卡机构自主确定。

2. 收费

收费是指商业银行办理银行卡收单业务向商户收取结算手续费。银行卡收单业务是指签约商业银行向商户提供本外币资金结算服务。

【提示】 目前银行卡的结算手续费由商业银行向“商户”收取，而不向“消费者”收取。

3. 违约金和服务费用

从 2017 年 1 月 1 日起，对于持卡人违约逾期未还款的行为，发卡机构应与持卡人通过协议约定是否收取违约金，以及相关收取方式和标准。发卡机构向持卡人提供超过授信额度用卡服务的，不得收取超限费。发卡机构对向持卡人收取的违约金和年费、取现手续费、货币兑换费等服务费用不得计收利息。

4. 信用卡预借现金业务

信用卡预借现金业务包括现金提取、现金转账和现金充值。从 2017 年 1 月 1 日起，信用卡持卡人通过ATM 等自助机具办理现金提取业务，每卡每日累计不得超过人民币 1 万元；信用卡持卡人通过柜面办理现金提取业务、通过各类渠道办理现金转账业务的每卡每日限额，由发卡机构与持卡人通过协议约定。信用卡发卡机构可自主确定是否提供现金充值服务，并与持卡人协议约定每卡每日限额。发卡机构不得将持卡人信用卡预借现金额度内资金划转至其他信用卡，以及非持卡人的银行结算账户或支付账户。

【解释】 借记卡持卡人在 ATM 机上每卡每日累计取现额不得超过 2 万元人民币。储值卡的面值或卡内币值不得超过 1 000 元人民币。

5. 非本人授权交易的处理

持卡人提出伪卡交易和账户盗用等非本人授权交易时，发卡机构应及时引导持卡人留存证据，按照相关规则进行差错争议处理，并定期向持卡人反馈处理进度。

经典例题讲解

例题 2－131・判断题 从 2017 年 1 月 1 日起，对于持卡人违约逾期未还款的行为，发卡机构应与持卡人通过协议约定是否收取违约金，以及相关收取方式和标准。（ ）

【答案解析】 √ 表述正确

例题 2－132・判断题 从 2017 年 1 月 1 日起，发卡机构向持卡人提供超过授信额度用卡服务的，不得收取超限费。（ ）

【答案解析】 √ 表述正确。

例题 2－133・判断题 从 2017 年 1 月 1 日起，对信用卡透支利率实行上限和下限管理，透支利率上限为日利率万分之五，透支利率下限为日利率万分之五的 0.7 倍。信用卡透支的计结息方式，以及对信用卡溢缴款是否计付利息及其利率标准，由发卡机构自主确定。（ ）

【答案解析】 √ 表述正确。

例题 2－134·判断题 从 2017 年 1 月 1 日起，信用卡持卡人通过 ATM 等自助机具办理现金提取业务，每卡每日累计不得超过人民币（ ）元。

A. 2000　　B. 5000

C. 10000　　D. 20000

【答案解析】 C 从 2017 年 1 月 1 日起，信用卡持卡人通过 ATM 等自助机具办理现金提取业务，每卡每日累计不得超过人民币 1 万元。

（四）银行卡申领、注销和挂失

1. 银行卡的申领

（1）凡在中国境内金融机构开立基本存款账户的单位，可凭中国人民银行核发的开户许可证申领单位卡。单位卡可申领若干张。

（2）凡具有完全民事行为能力的公民，可凭本人有效身份证件及发卡银行规定的相关证明文件申领个人卡。个人卡的主卡持卡人，可为其配偶及年满 18 周岁的亲属申领附属卡，申领的附属卡最多不得超过 2 张，也有权要求注销其附属卡。

2. 银行卡的注销

持卡人在还清全部交易款项、透支本息和有关费用后，属于下列情形之一的，可申请办理销户：（1）信用卡有效期满 45 天后，持卡人不更换新卡的；（2）信用卡挂失满 45 天后，没有附属卡又不更换新卡的；（3）信用卡被列入止付名单，发卡银行已收回其信用卡 45 天的；（4）持卡人死亡，发卡银行已收回其信用卡 45 天的；（5）持卡人要求销户或担保人撤销担保，并已交回全部信用卡 45 天的；（6）信用卡账户 2 年（含）以上未发生交易的；（7）持卡人违反其他规定，发卡银行认为应该取消资格的。发卡银行办理销户，应当收回信用卡。有效信用卡无法收回的，应当将其止付。

【点拨】 什么情况下可以申请办理销户？（关注“45”天）

【补充】 发卡机构调整信用卡利率标准的，应至少提前 45 天通知持卡人。持卡人有权在新利率标准生效之日前选择销户，并按照已签订的协议偿还相关款项。

3. 销户时，账户余额的处理

销户时，单位卡账户余额转入其基本存款账户，不得提取现金；个人卡账户可以转账结清，也可以提取现金。

【提示】 单位卡账户的资金遵循“从哪里来回哪里去的原则”，资金来源于基本存款账户，注销时，资金也回到基本存款账户。

4. 银行卡的挂失

持卡人丧失银行卡，应立即持本人身份证件或其他有效证明，并按规定提供有关情况，向发卡银行或代办银行申请挂失。

经典例题讲解

例题 2－135·单选题 根据《支付结算办法》的规定，个人卡的主卡持卡人可为其配偶及年龄 18 周岁的亲属申领的附属卡最多不得超过（ ）。

A. 5 张　　　　　　　　　　　　　B. 2 张

C. 3 张　　　　　　　　　　　　　D. 1 张

【答案解析】 B 申领的附属卡最多不得超过 2 张。

例题 2-136·判断题 根据《支付结算办法》的规定，信用卡销户时，单位卡账户余额转入其基本存款账户，不得提取现金。 （ ）

【答案解析】 √ 表述正确。

例题 2-137·多选题 根据《银行卡业务管理办法》的规定，下列关于单位人民币卡结算使用的表述中，不符合规定的有（ ）。

A. 单位人民币卡账户的资金可以与其他存款账户自由转账

B. 单位人民币卡账户销户时，其资金余额可以提取现金

C. 单位人民币卡可以办理商品和劳务结算

D. 不得将销货收入直接存入单位人民币卡账户

【答案解析】 AB 单位人民币卡账户的资金一律从其基本存款账户转账存入，选项 A 错误；单位人民币卡在销户时，其资金余额应当转入基本存款账户，选项 B 错误。

例题 2-138·多选题 下列情形中，信用卡持卡人可申请办理销户的有（ ）。

A. 信用卡有效期满 45 天后，持卡人不更换新卡的

B. 信用卡挂失满 45 天后，没有附属卡又不更换新卡的

C. 信用卡被列入止付名单，发卡银行已收回其信用卡 45 天的

D. 持卡人要求销户或担保人撤销担保，并已交回全部信用卡 45 天的

【答案解析】 ABCD 四个选项均属于信用卡持卡人可申请办理销户的情形。

第六节 其他结算方式

一、汇兑

（一）汇兑的概念和分类

汇兑是汇款人委托银行将其款项支付给收款人的结算方式。汇兑分为电汇（电报方式）和信汇（邮寄方式）两种，由汇款人自行选择。

【提示】 汇兑结算适用于各种经济内容的“异地”提现和结算，单位、个体工商户和个人都有可以使用。

（二）办理汇兑的程序

1. 签发汇兑凭证

签发汇兑凭证必须记载下列事项：

（1）表明“信汇”或“电汇”的字样；

（2）无条件支付的委托；

(3) 确定的金额；

(4) 收款人名称；

(5) 汇款人名称；

(6) 汇入地点、汇入行名称；

(7) 汇出地点、汇出行名称；

(8) 委托日期；

(9) 汇款人签章。

【解释】 汇款人和收款人均为个人，需要在汇入银行支取现金的，应在信汇、电汇凭证的汇款金额大写栏，先填写“现金”字样，后填写汇款金额。

2. 银行受理

汇出银行受理汇款人签发的汇兑凭证，经审查无误后，应及时向汇入银行办理汇款，并向汇款人签发汇款回单。

【解释】 汇款回单只能作为汇出银行受理汇款的依据，不能作为该笔汇款已转入收款人账户的证明。

【提示】 取得汇款回单只能证明银行受理了汇款业务，不代表收款人已经收款。收账通知才是银行确已将款项收入收款人账户的凭证。这两份单据的用途一定要区分清楚。

3. 汇入处理

汇入银行对开立存款账户的收款人，应将汇入款项直接转入收款人账户，并向其发出收账通知。

【解释】 收账通知是银行确已将款项收入收款人账户的凭据。

汇兑的结算流程见图 2－11。

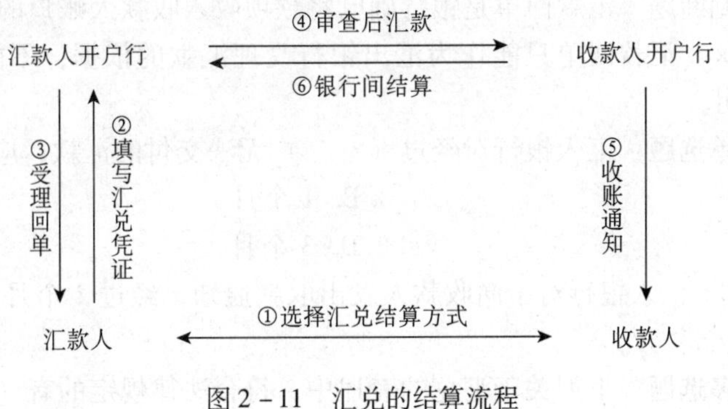

图 2－11 汇兑的结算流程

(三) 汇兑的撤销和退汇

1. 汇兑的撤销

汇款人对汇出银行尚未汇出的款项可以申请撤销。

【解释】 申请撤销时，应出具正式函件或本人身份证件及原信汇、电汇回单；汇出银行查明确未汇出款项的，收回原信汇、电汇回单，方可办理撤销。

2. 汇兑的退汇

汇款人对汇出银行已经汇出的款项可以申请退汇。转汇银行不得受理汇款人或汇出银行对汇款的撤销或退汇。

【点拨】 对于汇出银行尚未汇出的款项可以申请撤销，但是已经汇出的只能申请退汇。

（1）对在汇入银行开立存款账户的收款人，由汇款人与收款人自行联系退汇。

（2）对未在汇入银行开立存款账户的收款人，汇款人应出具正式函件或本人身份证件以及原信、电汇回单，由汇出银行通知汇入银行，经汇入银行核实汇款确未支付，并将款项退回汇出银行，方可办理退汇。

（3）汇入银行对于收款人拒绝接受的汇款，应立即办理退汇。

（4）汇入银行对于向收款人发出取款通知，经过2个月无法交付的汇款，应主动办理退汇。

经典例题讲解

例题2－139·多选题 根据《支付结算办法》的规定，签发汇兑凭证必须记载的事项有（　　）。

A. 表明"信汇"或"电汇"的字样

B. 无条件支付的委托和确定的金额

C. 汇出地点、汇出行名称、委托日期和汇款人签章

D. 收款人名称、汇款人名称、汇入地点和汇入行名称

【答案解析】 ABCD 签发汇兑凭证必须记载下列事项：表明"信汇"或"电汇"的字样；无条件支付的委托；确定的金额；收款人名称；汇款人名称；汇入地点、汇入行名称；汇出地点、汇出行名称；委托日期；汇款人签章。

例题2－140·判断题 汇款回单是银行确已将款项收入收款人账户的凭据。（　　）

【答案解析】 × 汇款回单只能作为汇出银行受理汇款的依据，不能作为该笔汇款已转入收款人账户的证明。

例题2－141·单选题 汇入银行对经过（　　）无法交付的汇款，应主动办理退汇。

A. 15天　　B. 1个月

C. 2个月　　D. 3个月

【答案解析】 C 汇入银行对于向收款人发出取款通知，经过2个月无法交付的汇款，应主动办理退汇。

例题2－142·多选题 下列关于汇兑的表述中，符合法律规定的有（　　）。

A. 单位和个人均可使用汇兑

B. 汇款人和收款人均为个人的，方可办理现金汇兑

C. 汇兑以收账通知为汇出银行受理汇款的依据

D. 汇兑以汇款回单为银行确已将款项转入收款人账户的凭据

【答案解析】 AB 单位和个人各种款项的结算，均可使用汇兑结算方式，选项A正确；汇款人和收款人均为个人，需要在汇入银行支取现金的，应在"汇款金额"大写栏，先填写"现金"字样，后填写汇款金额，选项B正确；汇款回单为汇出银行受理汇款的依据，收账通知为银行确已将款项转入收款人账户的凭据，选项CD错误。

二、委托收款

（一）委托收款的概念

委托收款是指收款人委托银行向付款人收取款项的结算方式。

单位和个人凭已承兑的商业汇票、债券、存单等付款人债务证明办理款项的结算，均可以使用委托收款结算方式。

【思考】 办理委托收款的"债务证明"有哪些？

【提示】 委托收款在同城、异地均可以使用，其结算款项的划回方式分为邮寄和电报两种，由收款人选用。

（二）委托收款的记载事项

（1）表明"委托收款"的字样；

（2）确定的金额；

（3）付款人名称；

（4）收款人名称；

（5）委托收款凭据名称及附寄单证张数；

（6）委托日期；

（7）收款人签章。

【解释】 委托收款人以银行以外的单位为付款人的，委托收款凭证必须记载付款人开户银行名称。

（三）委托收款的结算规定

1. 委托收款办理方法

（1）以"银行"为付款人的，银行应在当日将款项主动支付给收款人。

（2）以"单位"为付款人的，银行通知付款人后，付款人应于接到通知当日书面通知银行付款。付款人未在接到通知的次日起3日内通知银行付款的，视同付款人同意付款。

【解释】 收款人办理委托收款应向银行提交"委托收款凭证"和有关的"债务证明"。

【提示】 银行在办理划款时，付款人存款账户不能足额支付的，应通知被委托银行向收款人发出未付款项通知书。

2. 委托收款的注意事项

（1）付款人审查有关债务证明后，对收款人委托收取的款项需要拒绝付款的，有权提出拒绝付款。

（2）收款人收取"公用事业费"，必须具有收付双方事先签订的经济合同，由付款人向开户银行授权，并经开户银行同意，报经中国人民银行当地分支行批准，可以使用同城特约委托收款。

【提示】 收取"公用事业费"一般采用委托收款方式；除了具有经济合同外，还要由付款人向开户银行授权。

经典例题讲解

例题2－143·多选题 下列不属于委托收款凭证必须记载的事项是（ ）

A. 付款人的名称　　B. 收款人的名称

C. 付款人的税务登记证号　　D. 收款人的税务登记证号

【答案解析】 CD 委托收款的记载事项包括：表明“委托收款”的字样、确定的金额、付款人名称、收款人名称、委托收款凭据名称及附寄单证张数、委托日期、收款人签章。

例题2－144·多选题 关于委托收款的下列表述中，正确的有（ ）。

A. 委托收款在同城、异地均可以使用

B. 委托收款以银行以外的单位为付款人的，委托收款凭证必须记载付款人开户银行名称

C. 银行在办理划款时，付款人存款账户不足支付的，应通过被委托银行向收款人发出未付款项通知书

D. 收款人收取公用事业费，有收付双方事先签订的经济合同即可

【答案解析】 ABC 收款人收取公用事业费，必须具有收付双方事先签订的经济合同，由付款人向开户银行授权，并经开户银行同意，报经中国人民银行当地分支行批准，可以使用同城特约委托收款。

三、托收承付

（一）托收承付的概念

托收承付是指根据购销合同由收款人发货后委托银行向异地付款人收取款项，由付款人向银行承付的结算方式。

【总结】 汇兑用于异地，单位和个人都能使用；委托收款同城、异地都能使用，单位和个人都能使用；托收承付用于异地，只能限于特定的单位，个人不能使用。三种结算方式中，只有托收承付有结算起点的限制。

（二）托收承付的记载事项

（1）表明“托收承付”的字样；

（2）确定的金额；

（3）付款人的名称和账号；

（4）收款人的名称和账号；

（5）付款人的开户银行名称；

（6）收款人的开户银行名称；

（7）托收附寄单证张数或册数；

（8）合同名称、号码；

（9）委托日期；

（10）收款人签章。

（三）托收承付的结算规定

（1）使用托收承付结算方式的收款单位和付款单位，必须是国有企业；供销合作社以及经营管理较好，并经开户银行审查同意的城乡集体所有制工业企业。

（2）办理托收承付结算的款项，必须是商品交易以及“因商品交易而产生的”劳务供应的款项。代销、寄销、赊销商品的款项不得办理托收承付结算。

（3）托收承付结算每笔的金额起点为1万元，新华书店系统每笔的金额起点为1 000元。

（4）收付双方使用托收承付结算方式必须签有符合《合同法》要求的购销合同，并在合同上订明使用托收承付结算款项的划回方法，分为邮寄和电报，由收款人选用。

（四）托收承付的办理方法

1. 托收

收款人按照签订的购销合同发货后，应将托收凭证并附发运凭证或其他符合托收承付结算的有关证明和交易单证送交银行。收款人开户银行审查相关托收凭证及其附件。

【思考】 托收需要收款人提交哪些资料？

2. 承付

付款人开户银行收到托收凭证及其附件后，应及时通知付款人。购货单位承付货款有验单承付和验货承付两种方式。

（1）验单承付期为3天，从购货单位开户银行发出通知的次日算起（承付期内遇法定节假日顺延）；

（2）验货付款的承付期为10天，从运输部门向付款人发出提货通知的次日算起。

【解释】 付款人在承付期内，未向银行表示拒绝付款，银行即视作承付，在承付期满的次日（遇法定休假日顺延）上午将款项划给收款人。注意两种承付方式在承付截止日若遇到法定休假日都“顺延”，但“验货付款”方式如果中间出现法定休假日并不“中止”计算时间，“验单付款”方式则“中止”计算。

【提示】 收款人对同一付款人发货托收累计3次收不回货款的，收款人开户银行应暂停收款人对“该付款人”办理托收；付款人累计3次提出无理拒付的，付款人开户银行应暂停其（所有的）向外办理托收。

【补充】 付款人在承付期内，对以下情况可以向银行提出全部或者部分拒绝付款，并填写“拒付理由书”，注明拒付理由：①没有签订购销合同或者购销合同未订明托收承付结算方式的款项；②未经双方事先达成协议，收款人提前交货或因逾期交货，付款人不再需要该项货物的款项；③未按合同规定的到货地址发货的款项；④代销、寄销、赊销商品的款项；⑤验单付款，发现所列货物的品种、规格、数量、价格与合同规定不符；或者货物已到，经查验货物与合同规定或与发货清单不符的款项；⑥验货付款，经查验货物与合同规定或与发货清单不符的款项；⑦货款已经支付或计算错误的款项。

经典例题讲解

例题 2－145·单选题 （ ）结算方式有结算金额起点。

A. 托收承付　　B. 支票

C. 汇兑　　D. 委托收款

【答案解析】 A 托收承付结算每笔的金额起点为 1 万元，新华书店系统每笔的金额起点为 1 千元。

例题 2－146·单选题 （ ）是根据购销合同由收款人发货后委托银行向异地付款人收取款项，由付款人向银行承认付款的结算方式。

A. 托收承付　　B. 汇兑

C. 委托收款　　D. 信用证

【答案解析】 A 托收承付是指根据购销合同由收款人发货后委托银行向异地付款人收取款项，由付款人向银行承付的结算方式。

例题 2－147·单选题 2014 年 6 月 1 日，甲公司销售给乙公司一批化肥，双方协商采取托收承付验货付款方式办理货款结算。6 月 4 日，运输公司向乙公司发出提货单。乙公司在承付期内未向其开户银行表示拒绝付款。已知 6 月 7 日、8 日、14 日和 15 日为法定休假日。则乙公司开户银行向甲公司划拨货款的日期为（ ）。

A. 6 月 6 日　　B. 6 月 9 日

C. 6 月 13 日　　D. 6 月 16 日

【答案解析】 D 托收承付结算方式中，验货付款的承付期为 10 天，从运输部门向付款人发出提货通知的次日算起。付款人在承付期内，未向银行表示拒绝付款，银行即视作承付，并在承付期满的次日（遇法定休假日顺延）上午银行开始营业时，将款项划给收款人。本题中，6 月 4 日发出提货通知，从 6 月 5 日开始计算，10 天后是 6 月 14 日，因为 6 月 14 日和 15 日为法定休假日，所以乙公司开户银行向甲公司划货款的日期为 6 月 16 日。注意，验货付款方式只有到截止日遇到法定休假日时才谈得上“顺延”，中间出现的法定休假日并不中止计算。

四、国内信用证

（一）国内信用证的概念

国内信用证（简称信用证）是适用于国内贸易的一种支付结算方式，是开证银行依照申请人（购货方）的申请向受益人（销货方）开出的有一定金额、在一定期限内凭信用证规定的单据支付款项的书面承诺。

【解释】 我国信用证为不可撤销、不可转让的跟单信用证。

①不可撤销信用证，是指信用证开具后在有效期内，非经信用证各有关当事人（开证银行、开证申请人和受益人）的同意，开证银行不得修改或者撤销的信用证；

②不可转让信用证，是指受益人不能将信用证的权利转让给他人的信用证。

（二）国内信用证的结算方式

国内信用证结算方式只适用于国内企业之间商品交易产生的货款结算，并且只能用于转账结算，不得支取现金。

【提示】 国内信用证只能用于转账结算，不得支取现金。

（三）国内信用证办理的基本程序

1. 开证

开证申请人使用信用证时，应委托其开户银行办理开证业务。申请办理开证业务时，应当填具开证申请书、信用证申请人承诺书并提交有关购销合同；开证行决定受理开证业务时，应向申请人收取不低于开证金额20%的保证金，并可根据申请人资信情况要求其提供抵押、质押或由其他金融机构出具保函。

【解释】 信用证的有效期为受益人向银行提交单据的最迟期限，最长不得超过6个月。

2. 通知

通知行收到信用证审核无误后，应填制信用证通知书，连同信用证交付受益人。

3. 议付

议付是指信用证指定的议付行在单证相符条件下，扣除议付利息后向受益人给付对价的行为。议付行必须是开证行指定的受益人开户行。

【提示】 议付仅限于“延期付款信用证”。注意信用证的付款方式有即期付款、延期付款或议付。对“即期付款的信用证” 不适用议付程序。

议付行议付后，应将单据寄开证行索偿资金。议付行议付信用证后，对受益人具有追索权。到期不获付款的，议付行可从受益人账户收取议付金额。

4. 付款

开证行对议付行寄交的凭证、单据等审核无误后，对“即期付款信用证”，从申请人账户收取款项支付给受益人；对“延期付款信用证”，应向议付行或受益人发出到期付款确认书，并于到期日从申请人账户收取款项支付给议付行或受益人。

申请人交存的保证金和其存款账户余额不足支付的，开证行仍应在规定的付款时间内进行付款。对不足支付的部分作逾期贷款处理。

经典例题讲解

例题2-148·单选题 开证行决定受理开证业务时，应向申请人收取不低于开证金额（ ）的保证金。

A. 5%　　B. 10%

C. 12.5%　　D. 20%

【答案解析】 D 开证行决定受理开证业务时，应向申请人收取不低于开证金额20%的保证金。

例题2-149·单选题 根据支付结算法律制度的规定，关于国内信用证的下列表述中，正确的是（ ）。

A. 可用于支取现金　　B. 开证申请人可以是个人

C. 有效期最长不得超过 9 个月　　D. 国内信用证为不可撤销、不可转让的跟单信用证

【答案解析】 D 信用证结算方式只适用于国内企业之间商品交易产生的货款结算；只能用于转账结算，不得支取现金，选项 AB 错误；信用证的有效期最长不得超过 6 个月，选项 C 错误。只有选项 D 的说法正确。

例题 2－150·单选题 下列关于国内信用证办理和使用要求的表述中，符合支付结算法律制度规定的是（ ）。

A. 信用证结算方式可以用于转账，也可以支取现金

B. 开证行应向申请人收取不低于开证金额 30% 的保证金

C. 信用证到期不获付款的，议付行可从受益人账户收取议付金额

D. 申请人交存的保证金和存款账户余额不足支付的，开证行有权拒绝付款

【答案解析】 C 信用证结算方式只适用于国内企业之间商品交易产生的货款结算，并且只能用于转账结算，不得支取现金，选项 A 错误；开证行在决定受理时，应向申请人收取不低于开证金额 20% 的保证金，并可根据申请人资信情况要求其提供抵押、质押或由其他金融机构出具保函，选项 B 错误；申请人交存的保证金和其存款账户余额不足支付的，开证行仍应在规定的付款时间内进行付款，对不足支付的部分作逾期贷款处理，选项 D 错误。只有选项 C 的说法正确。

例题 2－151·多选题 国内信用证办理的流程有（ ）。

A. 付款　　B. 通知

C. 议付　　D. 开证

【答案解析】 ABCD 国内信用证办理的基本程序由开证、通知、议付、付款等四环节构成。

第七节｜网上支付

网上支付是电子支付的一种形式，它是指电子交易的当事人，包括消费者、商户、银行或者支付机构，使用电子支付手段通过信息网络进行的货币支付或资金流转。

【提示】 网上支付的主要方式有网上银行和第三方支付两种。

一、网上银行

（一）网上银行的概念

网上银行，也称网络银行，简称网银，就是银行在互联网上设立虚拟银行柜台，使传统银行服务不再通过物理的银行分支机构来实现，而是借助于网络与信息技术手段在互联网上实现。

【解释】 网上银行又被称为“3A 银行”，因为它不受时间、空间限制，能够在任何时间

(Anytime)、任何地点（Anywhere），以任何方式（Anyway）为客户提供金融服务。

（二）网上银行的分类

1. 按经营模式分为单纯网上银行和分支型网上银行

（1）单纯网上银行是完全依赖于互联网的虚拟的电子银行，它没有实际的物理柜台，一般只有一个办公地址，没有分支机构，也没有营业网点，采用互联网等高科技服务手段与客户建立密切的联系，为客户提供全方位的金融服务。

（2）分支型网上银行是指现有的传统银行利用互联网开展传统的银行业务，即传统银行利用互联网作为新的服务手段为客户提供在线服务，实际上是传统银行服务在互联网上的延伸。

【提示】 分支型网上银行是当前网上银行的主要形式。

2. 按主要服务对象分为企业网上银行和个人网上银行

（1）企业网上银行主要服务于企事业单位，企事业单位可以通过企业网络银行实时了解财务状况，及时调度资金，轻松处理工资发放和大批量的网络支付业务。

（2）个人网上银行主要服务于个人，个人可以通过个人网络银行实时查询、转账，进行网络支付和汇款。

（三）网上银行的主要功能

1. 企业网上银行的功能

（1）账户信息查询；

（2）支付指令；

（3）B2B 网上支付；

【解释】 B2B，即 Business to Business，指企业之间进行的电子商务活动。

（4）批量支付。

【点拨】 注意企业网上银行的 4 项主要功能。

2. 个人网上银行的功能

（1）账户信息查询；

（2）人民币转账业务；

（3）银证转账业务；

（4）外汇买卖业务；

（5）账户管理业务；

（6）B2C 网上支付。

【解释】 B2C，即 Business to Customer，指商业机构对消费者的电子商务（企业与消费者之间进行的在线式零售商业活动（包括网上购物和网上拍卖等））。

（四）网上银行业务流程及交易时的身份认证

1. 客户开户流程

开户时，必须出具身份证或有关证件，并遵守有关实名制规定。

2. 网上交易

网上银行的具体交易流程如下：

（1）客户使用浏览器通过互联网链接到网银中心，发出网上交易请求。

（2）网银中心接受并审核客户的交易请求，并将交易请求转发给相应成员行的业务主机。

（3）成员行业务主机完成交易处理，并将处理结果返回给网银中心。

（4）网银中心对交易结果进行再处理后，返回相应信息给客户。

3. 交易时的身份认证

交易时，银行采用下列方式验证用户的身份：

（1）密码；

（2）文件数字证书；

（3）动态口令卡；

（4）动态手机口令；

（5）移动口令牌；

（6）移动数字证书。

【举例2-8】 移动数字证书如工行的U盾、农行的K宝、建行的网银盾、光大银行的阳光网盾等。

二、第三方支付

（一）第三方支付的概念

第三方支付是指经过中国人民银行批准从事第三方支付业务的非银行支付机构，借助通信、计算机和信息安全技术，采用与各大银行签约的方式，在用户与银行支付结算系统间建立连接的电子支付模式（其中通过手机端进行的，称为移动支付）。

【解释】 第三方支付本质上是一种新型的支付手段，是互联网技术与传统金融支付的有机结合。

【提示】 非金融机构提供支付服务，应当取得《支付业务许可证》，成为支付机构。未经中国人民银行批准，任何非金融机构和个人不得从事或变相从事支付业务。

【举例2-9】 目前国内的第三方支付品牌主要有支付宝、银联商务、拉卡拉、财付通、盛付通、易票联支付、易宝支付、快钱、捷诚宝等。

（二）第三方支付方式种类

1. 线上支付

线上支付是指通过互联网实现的用户和商户之间、商户和商户之间的在线货币支付、资金清算等行为。

【举例2-10】 线上支付包括“网上支付”和“移动支付中的远程支付”。

2. 线下支付

线下支付是指通过非线上支付方式进行的支付行为。

【举例2-11】 线下支付包括POS机刷卡支付、拉卡拉等自助终端支付、电话支付、手机近端支付、电视支付等方式。

（三）第三方支付交易流程及其身份验证

1. 开户

使用第三方支付，客户必须在支付机构平台上开立账户。支付机构应当对客户实行实名制管理，登记并采取有效措施验证客户身份基本信息，按规定核对有效身份证件并留存有效身份证件复印件或者影印件，建立客户唯一识别编码，并在与客户业务关系存续期间采取持续的身份识别措施，确保有效核实客户身份及其真实意愿，不得开立匿名、假名支付账户。支付账户不得透支，不得出借、出租、出售，不得利用支付账户从事或者协助他人从事非法活动。

【提示】 支付机构应当对客户实行实名制管理。

2. 账户充值

客户开户后，将银行卡和支付账户绑定。付款前，将银行卡中的资金转入支付账户（“充值”）。

3. 收、付款

客户下单后，付款时，通过支付平台将自己支付账户中的虚拟资金划转到支付平台暂存，待客户收到商品并确认后，支付平台会将款项划转到商家的支付账户中，支付行为完成。

4. 交易时的身份认证

支付机构可以组合选用下列三类要素，对客户使用支付账户付款进行身份验证：

（1）仅客户本人知悉的要素；

【举例2－12】 如静态密码等。

（2）仅客户本人持有并特有的，不可复制或者不可重复利用的要素；

【举例2－13】 如经过安全认证的数字证书、电子签名，及通过安全渠道生成和传输的一次性密码等。

（3）客户本人生理特征要素。

【举例2－14】 如指纹等。

（四）第三方支付机构及支付账户管理规定

（1）支付机构应根据客户身份对同一客户在本机构开立的所有支付账户进行关联管理，并按照要求对个人支付账户进行分类管理。

①Ⅰ类支付账户，账户余额仅可用于消费和转账，余额付款交易自账户开立起累计不超过1 000元（包括支付账户向客户本人同名银行账户转账）；

【解释】 对于以非面对面方式通过至少一个合法安全的外部渠道进行身份基本信息验证，且为首次在本机构开立支付账户的个人客户，支付机构可以为其开立“Ⅰ类支付账户”。

②Ⅱ类支付账户，账户余额仅可用于消费和转账，其所有支付账户的余额付款交易年累计不超过10万元（不包括支付账户向客户本人同名银行账户转账）；

【解释】 对于支付机构自主或委托合作机构以面对面方式核实身份的个人客户，或以非面对面方式通过至少三个合法安全的外部渠道进行身份基本信息多重交叉验证的个人客户，支付机构可以为其开立“Ⅱ类支付账户”。

③Ⅲ类支付账户，账户余额可以用于消费、转账以及购买投资理财等金融类产品，其所有支付账户的余额付款交易年累计不超过20万元（不包括支付账户向客户本人同名银行账户转

账）。

【解释】 对于支付机构自主或委托合作机构以面对面方式核实身份的个人客户，或以非面对面方式通过至少五个合法安全的外部渠道进行身份基本信息多重交叉验证的个人客户，支付机构可以为其开立“Ⅲ类支付账户”。

（2）支付机构办理银行账户与支付账户之间转账业务的，相关银行账户与支付账户应属于同一客户。

【提示】 支付机构不得对Ⅱ类、Ⅲ类支付账户向客户本人银行账户转账设置限额。

（3）因交易取消（撤销）、退货、交易不成功或者投资理财等金融类产品赎回等原因需划回资金的，相应款项应当划回原扣款账户。

（4）支付机构应根据交易验证方式的安全级别，对个人客户使用支付账户余额付款的交易进行限额管理：

①支付机构采用包括数字证书或电子签名在内的两类（含）以上有效要素进行验证的交易，单日累计限额由支付机构与客户通过协议自主约定。

②支付机构采用不包括数字证书、电子签名在内的两类（含）以上有效要素进行验证的交易，单个客户所有支付账户单日累计金额应不超过5 000元（不包括支付账户向客户本人同名银行账户转账）。

③支付机构采用不足两类有效要素进行验证的交易，单个客户所有支付账户单日累计金额应不超过1 000元（不包括支付账户向客户本人同名银行账户转账），且支付机构应当承诺无条件全额承担此类交易的风险损失赔付责任。

经典例题讲解

例题2－152·判断题 网上银行又被称为“3A银行”，因为它不受时间、空间限制，能够在任何时间（Anytime）、任何地点（Anywhere）、以任何方式（Anyway）为客户提供金融服务。（ ）

【答案解析】 √ 表述正确。

例题2－153·单选题 根据支付结算法律制度的规定，网上银行按经营模式分类可分为（ ）。

A. 企业网上银行和个人网上银行

B. 分支型网上银行和单纯网上银行

C. 零售银行和批发银行

D. 转账银行和取现银行

【答案解析】 B 网上银行按经营模式分为分支型网上银行和单纯网上银行。

例题2－154·多选题 根据支付结算法律制度的规定，企业网上银行的主要功能包括（ ）。

A. 账户信息查询　　B. 支付指令

C. B2B网上支付　　D. 批量支付

【答案解析】 ABCD 四个选项都属于企业网上银行的主要功能。

例题 2 - 155 · 判断题 支付机构办理银行账户与支付账户之间转账业务的，相关银行账户与支付账户可以不属于同一客户。 （　）

【答案解析】 × 支付机构办理银行账户与支付账户之间转账业务的，相关银行账户与支付账户应属于同一客户。

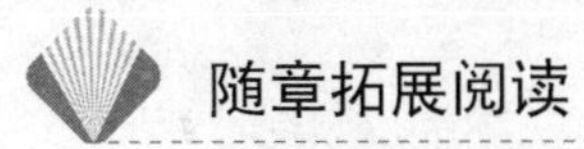

说明：手机扫描上方二维码，根据提示下载安装客户端，安装后使用客户端中的扫码功能直接访问，亦可通过浏览器登录 pass. cfeph. cn 访问。

第三章 chapter 3 税收法律制度

课前导语

本章在会计初级资格考试中占较重要的地位。本章学习难度较大，建议考生先掌握几大税种的纳税人、征税范围、应纳税额的计算原理，再拓展到税率、优惠政策及征收管理等细节。本章特点之一是内容面较广，涉及税收的概念与分类、税法及其构成要素、增值税、消费税、企业所得税和个人所得税的纳税人、征税对象、税率和应纳税额的计算等，以及税务登记、发票管理、纳税申报、税款征收、税收法律责任等税收征管方面的具体规定；本章特点之二是专业性较强，除要求考生理解增值税、消费税、企业所得税和个人所得税四大税种的相关原理外，还要掌握其应纳税额的计算。初级考试在本书基础上对主要税种的探讨会进一步加深。准备初级考试的读者还需掌握其他一些“小”税种的法律制度内容。

基本要求

了解：税收的概念及其分类；税法及其构成要素

熟悉：税收征管的具体规定（包括税务登记管理、凭证和账簿管理、发票的要求、纳税申报及方式、税款征收方式、涉税服务、税务检查、税收法律责任、税务行政复议等规定）

掌握：增值税、消费税、企业所得税和个人所得税的相关原理及应纳税额的计算

本章框架结构

税收法律制度
1. 税收概述（税收的概念与分类、税法及其构成要素）
2. 主要税种（增值税、消费税、企业所得税、个人所得税）
3. 税收征收管理（税务登记、凭证和账簿管理、发票开具与管理、纳税申报、税款征收、涉税服务、税务检查、税收法律责任、税务行政复议）

第一节 税收概述

一、税收的概念与分类

（一）税收概念与作用

1. 税收的概念

税收是国家为了满足一般的社会共同需要，凭借政治的权力，按照国家法律规定的标准，强制地、无偿地取得财政收入的一种分配形式。

2. 税收的作用

（1）税收是国家组织财政收入的主要形式和工具。

【解释】 我国财政收入主要来源于税收，国家通过税收形式参与纳税人收入的分配。

（2）税收是国家调控经济运行的重要手段。

【解释】 经济决定税收，税收反作用于经济。国家通过税种、税率等设置来调节社会生产、交换、分配和消费，从而达到调控经济运行的目的，促进社会经济健康发展。

（3）税收具有维护国家政权的作用。

【解释】 国家政权是税收产生和存在的必要条件，而国家政权的存在又有赖于税收的存在。

【提示】 税收分配不是按照等价原则和所有权原则分配的，而是凭借政治权力对物质利益进行调节。

（4）税收是国际经济交往中维护国家利益的可靠保证。

【解释】 在国际经济交往中，任何国家对本国境内从事生产经营的外国企业或个人都拥有税收管辖权，这是国家权益的具体体现。

（二）税收的特征

税收具有强制性、无偿性和固定性三个特征，即所谓的税收“三性”。

（1）强制性。是指国家以社会管理者的身份，凭借政权力量，通过颁布法律或法规，按照一定的征收标准强制征税。

（2）无偿性。是指国家征税对具体纳税人既不需要直接偿还，也不付出任何形式的直接报酬。

【解释】 “无偿性”是税收的关键特征，它使税收区别于国债等财政形式，是税收“三性”的核心。

（3）固定性。是指国家征税以法律形式事先规定课税对象和课征额度，便于征纳双方共同遵守。

【解释】 税收的“固定性”特征，是税收区别于罚没等财政收入形式的重要特征。

（三）税收的分类

（1）按征税对象分类，可将全部税收划分为流转税、所得税、财产税、资源税和行为税五种类型。

①流转税。流转税是指以货物、劳务、服务等的流转额为征税对象的一类税收。

【举例3－1】 我国现行的增值税、消费税、关税等都属于流转税类。

【补充】 流转税类的特点是：以货物、劳务、服务等的流转额为计税依据，在生产经营及销售环节等征收，收入不受成本费用变化的影响，而对价格变化较为敏感。

②所得税。所得税也称收益税，是指以纳税人的各种所得额为课税对象的一类税收。

【举例3－2】 现阶段，我国所得税类主要包括企业所得税、个人所得税等。

【补充】 所得税类的特点是：征税对象不是一般收入，而是总收入减除准予扣除项目后的余额，即应纳税所得额，征税数额受成本、费用、利润高低的影响较大。

③财产税。财产税是以纳税人所拥有或支配的特定财产为征税对象的一类税收。

【举例3－3】 我国现行的房产税、契税、车船税等属于财产税类。

【补充】 财产税类的特点是：税收负担与财产价值、数量关系密切，体现调节财富、合理分配等原则。

④资源税。资源税是以自然资源和某些社会资源作为征税对象的一类税收。

【举例3－4】 我国现行的资源税、土地增值税和城镇土地使用税等属于此类。

【解释】 资源税类和资源税种是两个概念。资源税类除了资源税以外，还包括其他税种。另外，其征税对象不仅仅是自然资源，还包括某些社会资源。注意理解。

【补充】 资源税类的特点是：税负高低与资源级差收益水平关系密切，征税范围的选择比较灵活。

⑤行为税。行为税也称特定目的税，是指国家为了实现特定目的，以纳税人的某些特定行为为征税对象的一类税收。

【举例3－5】 我国现行的印花税、耕地占用税、车辆购置税、城市维护建设税等属于此类税收。

【补充】 行为税类的特点是：征税的选择性较为明显，税种较多，具有较强的时效性。

（2）按征收管理的分工体系分类，可分为工商税类、关税类。

①工商税类。工商税类由税务机关负责征收管理，是我国现行税制的主体部分。

【举例3－6】 如增值税、消费税、资源税、企业所得税、个人所得税、城市维护建设税、房产税、车船税、土地增值税、城镇土地使用税、印花税、车辆购置税等。

②关税类。关税类是国家授权海关对出入关境的货物和物品为征税对象的一类税收。

【举例3－7】 如进出口关税，由海关代征的进口环节增值税、消费税和船舶吨税。

（3）按照税收征收权限和收入支配权限分类，可分为中央税、地方税和中央地方共享税。

①中央税。中央税是指由中央政府征收和管理使用或者地方政府征税后全部划解中央，由中央所有和支配的税收。

【举例3－8】 如消费税（含进口环节由海关代征的部分）、关税、车辆购置税、海关代征的进口环节增值税等。

②地方税。地方税是由地方政府征收、管理和支配的一类税收。

【举例3－9】 如城镇土地使用税、耕地占用税、土地增值税、房产税、车船税、契税等。

③中央与地方共享税。中央与地方共享税是指税收收入由中央和地方政府按比例分享的税收。

【举例3－10】 如增值税、企业所得税和个人所得税等。

(4) 按照计税标准不同分类，可分为从价税、从量税和复合税。

①从价税。从价税是以课税对象的价格作为计税依据，一般实行比例税率和累进税率，税收负担比较合理。

【举例3－11】 如我国现行的增值税、企业所得税、个人所得税等税种。

(2) 从量税。从量税是以课税对象的实物量作为计税依据征收的一种税，一般采用定额税率。

【举例3－12】 如我国现行的车船税、城镇土地使用税、消费税中的啤酒、黄酒、成品油等。

(3) 复合税。复合税是指对征税对象采用从价和从量相结合的计税方法征收的一种税。

【举例3－13】 如我国现行的消费税中对卷烟、白酒等征收的消费税。

【小结】 税收分类的总结见表3－1。注意区分。

表3－1

分类依据	税收类型	代表税种
征税对象	流转税类	增值税、消费税、关税等
	所得税类	企业所得税、个人所得税等
	财产税类	房产税、契税、车船税等
	资源税类	资源税、土地增值税、城镇土地使用税等
	行为税类	印花税、耕地占用税、车辆购置税、城市维护建设税等
征收管理的分工体系	工商税类	增值税、消费税、资源税、企业所得税、个人所得税、城市维护建设税、房产税、车船税、土地增值税、城镇土地使用税、印花税、车辆购置税等
	关税类	进出口关税，由海关代征的进口环节增值税、消费税和船舶吨税等
税收征收权限和收入支配权限	中央税	消费税（含进口环节由海关代征的部分）、关税、车辆购置税、海关代征的进口环节增值税等
	地方税	城镇土地使用税、耕地占用税、土地增值税、房产税、车船税、契税等
	中央地方共享税	增值税、企业所得税和个人所得税等
计税标准	从价税	增值税、企业所得税、个人所得税等
	从量税	车船税、城镇土地使用税以及消费税中的啤酒、黄酒、成品油等
	复合税	消费税中的卷烟、白酒等

经典例题讲解

例题3－1·单选题 下列对于税收的作用的表述中，不正确的是(　　)

A. 税收是国家组织财政收入的主要形式和工具

B. 税收是国家调控经济运行的重要手段

C. 税收具有控制国家政权的作用

D. 税收是国际经济交往中维护国家利益的可靠保证

【答案解析】 C　税收的作用有：税收是国家组织财政收入的主要形式；税收是国家调控经济运行的重要手段；税收具有维护国家政权的作用；税收是国际经济交往中维护国家利益的可靠保证。

例题3－2·单选题　在税收特征中，属于关键特征的是(　　)。

A. 无偿性　　B. 有偿性

C. 强制性　　D. 固定性

【答案解析】 A　在税收特征中，无偿性是关键特征。

例题3－3·多选题　下列各项中，属于税收特征的有(　　)。

A. 固定性　　B. 自愿性

C. 无偿性　　D. 强制性

【答案解析】 ACD　税收具有强制性、无偿性和固定性三个特征，即所谓的税收“三性”。

例题3－4·单选题　下列各项中，属于财产税的是(　　)。

A. 增值税　　B. 消费税

C. 房产税　　D. 城市维护建设税

【答案解析】 C　我国现行的房产税、契税、车船税等属于财产税类。

例题3－5·多选题　下列税种中，属于流转税的有(　　)。

A. 增值税　　B. 车船税

C. 关税　　D. 消费税

【答案解析】 ACD　我国现行的增值税、消费税、关税等都属于流转税类。车船税属于财产税。

例题3－6·多选题　在下列税种中，属于行为税类的有（　　）。

A. 土地增值税　　B. 印花税

C. 房产税　　D. 城市维护建设税

【答案解析】 BD　行为税也称特定目的税，是指国家为了实现特定目的，以纳税人的某些特定行为为征税对象的一类税收。车辆购置税、城市维护建设税等属于此类税收。房产税属于财产税，土地增值税属于资源税。

例题3－7·判断题　从量税是以课税对象的实物量作为计税依据征收的一种税，一般采用定额税率。如我国现行的车船税、土地使用税、消费税中的啤酒和黄酒等。　（　　）

【答案解析】 √　表述正确。

例题3－8·单选题　下列各项中，属于按照税收的征税对象分类的是(　　)。

A. 关税类　　B. 行为税类

C. 工商税类　　D. 中央税

【答案解析】 B　按征税对象分类，可以将全部税收划分为流转税、所得税、财产税、资源税和行为税五种类型；按征收管理的分工体系分类，可分为工商税类、关税类；按税收征收权限和收入支配权限进行分类，可分为中央税、地方税和中央地方共享税；按照计税标准不同分类，可以将税收分为从价税、从量税和复合税。

二、税法及其构成要素

（一）税法的概念

税法是指税收法律制度，是国家权力机关和行政机关制定的用以调整国家与纳税人之间在税收征纳方面的权利与义务关系的法律规范的总称。

【提示1】 这里指的是“总称”，税法并不是一部单一的、具体的法，而是由许多单行的税收法律制度（如企业所得税法、个人所得税法等）所组成。

【提示2】 税法调整国家与纳税人之间在税收征纳方面的权利与义务关系，注意理解。

（二）税法的分类

（1）按税法的功能作用不同，分为税收实体法和税收程序法。

①税收实体法是规定税收法律关系主体的实体权利、义务的法律规范总称。税收实体法具体规定了各税种的征收对象、征收范围、税目、税率等。

【举例3-14】 如《企业所得税法》《个人所得税法》就属于实体法。

②税收程序法是税务管理方面的法律规范。税收程序法主要包括税收管理法、纳税程序法、发票管理法、税务机关组织法、税务争议处理法等。

【举例3-15】 如《中华人民共和国税收征收管理法》《中华人民共和国海关法》《进出口关税条例》就属于税收程序法。

【点拨】 税收实体法和税收程序法功能作用不同。实体法针对“具体税种”，是税法的核心部分；程序法针对税务管理，是税法体系的基本组成部分。要熟悉两种类型税法的主要含义及具体例子。

（2）按照主权国家行使税收管辖权不同，分为国内税法、国际税法、外国税法。

①国内税法是指一国在其税收管辖权范围内，调整国家与纳税人之间权利义务关系的法律规范的总称，是由国家立法机关和经由授权或依法律规定的国家行政机关制定的法律、法规和规范性文件。

②国际税法是指两个或两个以上的课税权主体对跨国纳税人的跨国所得或财产征税形成的分配关系，并由此形成国与国之间的税收分配形式，主要包括双边或多边国家间的税收协定、条约和国际惯例。

【提示】 一般而言，国际税法效力高于国内税法。

③外国税法是指外国各个国家制定的税收法律制度。

（3）按税法法律级次不同，分为税收法律、税收行政法规、税收行政规章和税收规范性文件。

①税收法律（狭义的税法）：由全国人民代表大会及其常务委员会制定。

【举例3-16】 《企业所得税法》《个人所得税法》《税收征收管理法》就属于税收法律。

②税收行政法规：由国务院制定的有关税收方面的行政法规和规范性文件。

【举例3-17】 《增值税暂行条例》《消费税暂行条例》《税收征收管理法实施细则》《企业所得税法实施条例》《个人所得税法实施条例》等均属于税收行政法规。

③税收规章和税收规范性文件：由国务院财税主管部门（财政部、国家税务总局、海关总

署和国务院关税税则委员会）根据法律和国务院行政法规或者规范性文件的要求，在本部门权限范围内发布的有关税收事项的规章和规范性文件，包括命令、通知、公告、通告、批复、意见、函等文件形式。

【举例3－18】《增值税暂行条例实施细则》《消费税暂行条例实施细则》《税务代理试行办法》《增值税专用发票使用规定》等均属于税收规章和税收规范性文件。

【解释】 法律级次（法律效力）的高低不是看此项法律的名称（尽管有时候从名称上也能看出来），而主要取决于制定该项法律的部门，与部门的级别一般相对应。

【链接】 税法按法律级次分类的学习可以与会计法律制度的分类联系在一起，两者有很多相通之处。

【小结】 税收实体法和税收程序法的划分主要看作用功能（功能作用）；国内税法、国际税法和外国税法的划分主要看作用空间（管辖权）；税收法律、税收行政法规、税收行政规章和税收规范性文件的划分主要看作用效力（级次高低）。

（三）税法的构成要素

税法的构成要素，是指各种单行税法具有的共同的基本要素的总称。一般包括征税人、纳税义务人、征税对象、税目、税率、计税依据、纳税环节、纳税期限、纳税地点、减免税和法律责任等项目。

【提示】 纳税义务人、征税对象、税率是构成税法的三个最基本的要素。

（1）征税人。是指代表国家行使税收征管职权的各级税务机关和其他征收机关。因税种的不同，可能有不同的征税人。

【举例3－19】 增值税的征税人是税务机关，关税的征税人是海关。

（2）纳税义务人。也称纳税人，是指税法规定的直接负有纳税义务的自然人、法人和其他组织。

【提示】 纳税人不等于是负税人。负税人是最终负担税款的单位和个人。有些税收由纳税人自己负担，纳税人本身就是负税人，如个人所得税、企业所得税等；有些税收虽然由纳税人缴纳，但实际上是由别人负担的，纳税人和负税人不一致，这就是通常所说的税负转嫁问题，如增值税、消费税等。

【点拨】 纳税义务人指“直接负有纳税义务”，不是“间接负有纳税义务”。

（3）征税对象。又称“课税对象”，是指对什么征税，是税收法律关系中权利义务所指的对象。征税对象包括物或行为。

【解释】 征税对象是各个税种之间相互区别的根本标志，不同的征税对象构成不同的税种。

（4）税目。是指税法中规定的征税对象的具体项目，规定了征税对象的具体范围，是征税的具体根据。

【提示】 征税对象和税目的区别：征税对象是编制税目的依据，税目是征税对象的具体化。

（5）税率。是指应纳税额与征税对象的比例或者征收额度，是计算税额的尺度，也是衡量税负轻重与否的重要标志。

【提示】 税率是税法的核心要素，体现征税的深度。我国现行使用的税率主要有比例税率、定额税率、累进税率。

①比例税率。是指对同一征税对象，不论其数额大小，均按同一个比例征税的税率。

【举例3-20】 我国现行增值税、城市维护建设税、企业所得税均采用的是比例税率。

②定额税率。又称固定税率，是指按征税对象的一定单位直接规定固定的税额，而不采取百分比的形式。

【解释】 定额税率是当征税对象为实物时使用的税率，适用于从量计征的税种。通常对那些价格稳定、质量和规格标准比较统一的商品征税。

【举例3-21】 我国现行的车船税、城镇土地使用税、消费税税目中黄酒、啤酒、成品油均采用的是定额税率。

③累进税率。是指随税基的增加而按其级距提高的税率，一般适用于对所得和财产征税。我国目前实行的累进税率包括超额累进税率和超率累进税率。

【解释】 累进税率是指随着征税对象数量增大而随之提高的税率，即按征税对象数额的大小划分为若干等级，不同等级的课税数额分别适用不同的税率，课税数额越大，适用税率越高。

超额累进税率。是指把征税对象按数额的大小分成若干等级，每一等级规定一个税率，税率依次提高，每一纳税人的征税对象则依所属等级同时适用几个税率分别计算，将计算结果相加后得出应纳税款。

【举例3-22】 如个人所得税中的综合所得、经营所得。

超率累进税率。是指以征税对象数额的相对率划分若干级距，分别规定相应的差别税率，相对率每超过一个级距的，对超过的部分就按高一级的税率计算征税。

【举例3-23】 如土地增值税。

【点拨】 注意累进税率、超额累进税率、超率累进税率的基本概念，还有其具体例子。

（6）计税依据。也叫“计税标准”“课税依据”“课税基数”“征税基数”或“税基”，是计算应纳税额的根据，即根据什么来计算纳税人应缴纳的税额。

【解释】 征税对象与计税依据容易混淆，征税对象规定对什么征税，而计税依据则在确定征税对象后解决如何计量应纳税额的问题。

计税依据可分为从价计征、从量计征、复合计征三种类型。

①从价计征。是以征税对象的价值量（自然实物量与单位价格的乘积）作为计税依据。应纳税额=计税价值量×适用税率。除一些特殊税种外，绝大多数的税种都采用从价计征。

【举例3-24】 如增值税、企业所得税等。

②从量计征。是以征税对象的自然实物量作为计税依据，该项实物量以税法规定的计量标准(重量、体积、面积等）计算。应纳税额=计税实物量×单位适用税额。

【举例3-25】 如车船税、城镇土地使用税、消费税税目中黄酒、啤酒、成品油等。

③复合计征。是既根据征税对象的实物量又根据其价值量征税。应纳税额=计税价值量×适用税率+计税实物量×单位适用税额。

【举例3-26】 如消费税税目中的卷烟和白酒。

（7）纳税环节。是指税法规定的征税对象在从生产到消费的流转过程中应当缴纳税款的环节。如流转税一般在生产和流通环节纳税；所得税一般在分配环节纳税等。

（8）纳税期限。是指税法规定的纳税主体向税务机关缴纳税款的时间期限。

【解释】 纳税期限一般上分为“按期纳税”和“按次纳税”两种。

(9) 纳税地点。是指纳税人按照税法的规定向征税机关申报纳税的具体地点。

【解释】 在税法上规定的纳税地点主要有机构所在地、经济活动发生地、财产所在地、报关地等。

(10) 减免税。是指对某些纳税人和课税对象给予鼓励或照顾的一种特殊规定。它主要包括三方面内容：减税和免税、起征点、免征额。

① 减税和免税。减税是指对应征税额减征一部分；免税是对应征税额全部予以免征。

② 起征点。是指对征税对象开始征税的起点数额。

【解释】 起征点又称“征税起点”“起税点”。征税对象的数额未达到起征点的不征税，达到或超过起征点的，则就其全部数额征税。

【举例3-27】 按期纳税的增值税起征点为月销售额5 000-20 000元（含本数）；按次纳税的增值税起征点为每次（日）销售额300-500元（含本数）。

③免征额。是指对课税对象全部数额中免于征税的数额。

【解释】 免征额的部分不征税，只就其超过免征额的部分征税。即将纳税对象中的一部分给予减免，只就减除后的剩余部分计征税款。

【举例3-28】 个人所得税中，居民个人的综合所得以每一纳税年度的收入额减除费用60000元以及专项扣除、专项附加扣除和依法确定的其他扣除后的余额为应纳税所得额。这里减除的“60000元”就是免征额。

【点拨】 要准确理解起征点和免征额的区别。

(11) 法律责任。是指税收法律关系的主体因违反税法所应承担的法律后果。

【点拨】 对11项税法基本要素要掌握其基本含义，建议结合后面讲解的各具体税种加以理解。如增值税的纳税义务人是谁，征税对象是什么，采用什么样的税率形式等等。

经典例题讲解

例题3-9·判断题 税法是指税收法律制度，是国家权力机关和行政机关制定的用以调整国家与纳税人之间在税收征纳方面的权利与义务关系的法律规范的总称。 （ ）

【答案解析】 √ 表述正确。

例题3-10·多选题 下列选项中，属于税收程序法的有（ ）。

A. 税收管理法　　B. 纳税程序法

C. 发票管理法　　D. 税务争议处理法

【答案解析】 ABCD 税收程序法是税务管理方面的法律规范。税收程序法主要包括税收管理法、纳税程序法、发票管理法、税务机关组织法、税务争议处理法等。

例题3-11·单选题 下列各项中，属于税收行政法规的是（ ）。

A.《中华人民共和国税收征收管理法》

B.《中华人民共和国消费税暂行条例》

C.《中华人民共和国车船税暂行条例实施细则》

D.《增值税专用发票使用规定》

【答案解析】 B 税收行政法规是由国务院制定的有关税收方面的行政法规和规范性文

件。选项 A 是税收法律，选项 CD 是税收规章和税收规范性文件。

例题 3－12・多选题　按照法律级次不同划分，税法分为(　　)。

A. 税收法律　　B. 税收行政法规

C. 税收规章　　D. 税收规范性文件

【答案解析】　ABCD　按税法法律级次不同，分为税收法律、税收行政法规、税收行政规章和税收规范性文件。

例题 3－13・多选题　下列关于征税人的说法中，正确的有(　　)。

A. 征税人是指代表国家行使税收征管职权的各级税务机关和行使代扣代缴、代收代缴义务的单位或个人

B. 因税种的不同，可能有不同的征税人

C. 销售商品需缴纳增值税的征税人是税务机关

D. 关税的征税人是海关

【答案解析】　BCD　征税人是指代表国家行使税收征管职权的各级税务机关和其他征收机关。因税种的不同，可能有不同的征税人。如增值税的征税人是税务机关，关税的征税人是海关。

例题 3－14・多选题　下列各项中，构成税法三个最基本要素的有(　　)。

A. 征税对象　　B. 纳税义务人

C. 税率　　D. 征税人

【答案解析】　ABC　纳税义务人、征税对象和税率是构成税法的三个最基本要素。

例题 3－15・单选题(　　)是各个税种之间相互区别的根本标志。

A. 征税对象　　B. 税目

C. 税率　　D. 计税依据

【答案解析】　A　征税对象是各个税种之间相互区别的根本标志。

例题 3－16・判断题　累进税率是指按课税对象数额的大小规定不同等级，随着课税数量的增大而随之降低的税率。　(　　)

【答案解析】　×　累进税率是随税基的增加而按其级距提高的税率。

例题 3－17・多选题　我国现行使用的税率主要有(　　)。

A. 累进税率　　B. 定额税率

C. 比例税率　　D. 差额累进税率

【答案解析】　ABC　我国现行适用的税率主要有比例税率、定额税率、累进税率。我国目前实行的累进税率包括超额累进税率和超率累进税率。

例题 3－18・判断题　纳税期限分为两种：一种是按季纳税；一种是按年纳税。　(　　)

【答案解析】　×　纳税期限分为“按期纳税”和“按次纳税”两种。

例题 3－19・多选题　减免税主要包括有(　　)。

A. 减免　　B. 免税

C. 起征点　　D. 免征额

【答案解析】　ABCD　减免税主要包括减免和免税、起征点、免征额。

例题 3-20·多选题 下列说法中，正确的有（ ）。

A. 免征额是税法规定的课税对象全部数额中免予征税的数额

B. 当征税对象的数额大于起征点时，只对超过起征点的数额征税

C. 免征额是对所有纳税人的照顾

D. 当征税对象的数额大于起征点时，要对课税对象的全部数额征税

【答案解析】 ACD 起征点，又称“征税起点”或“起税点”，是指对征税对象开始征税的起点数额。征税对象的数额达到起征点的就全部数额征税，未达到起征点的不征税；免征额是税法规定的课税对象全部数额中免予征税的数额，是对所有纳税人的照顾。

第二节 主要税种*

一、增值税

（一）增值税的概念与分类

1. 概念

增值税是以销售货物、应税劳务、服务、无形资产以及不动产过程中产生的增值额作为计税依据而征收的一种流转税。

【提示】 增值税的征税对象是增值额，不是销售额、收入额等。

2. 分类

根据购进固定资产所含税款扣除方式不同，增值税分为生产型增值税、收入型增值税、消费型增值税。

（1）生产型增值税。是指在计算应纳税额时，只允许从当期销项税额中扣除原材料等劳动对象的已纳税款，而不允许扣除固定资产所含税款的增值税。

（2）收入型增值税。是指在计算应纳税额时，除扣除中间产品已纳税款，还允许在当期销项税额中扣除固定资产折旧部分所含税款的增值税。

（3）消费型增值税。是指在计算应纳税额时，除扣除中间产品已纳税款，对纳税人购入固定资产的已纳税款，允许一次性地从当期销项税额中全部扣除，从而使纳税人用于生产应税产品的全部外购生产资料都不负担增值税。

【点拨】 目前我国实行的是“消费型”增值税。

（二）增值税的征税范围

1. 征税范围的基本规定

（1）销售或者进口的货物。

---

* 编者注：该部分内容政策性、专业性、可考性都很强，而且要求较高，有一定难度。注意每个税种从征税范围、纳税人、税率、应纳税额的计算、纳税义务发生时间、纳税期限、纳税地点等方面理解与把握。本章只做原理性介绍，准备初级考试的读者需在本书基础上进一步掌握各税种应纳税额计算的详细过程、具体的税收优惠政策及增值税专用发票使用规定等内容。

货物是指有形动产，包括电力、热力、气体在内。

销售货物是指在中国境内“有偿”转让货物的所有权。

进口货物是指申报进入中国海关境内的货物。

【解释】 这里的“货物”不包括不动产。

（2）提供加工、修理修配劳务。提供加工、修理修配劳务是指有偿提供加工、修理修配劳务。

【提示】 单位或个体经营者聘用的员工为本单位或雇主提供加工、修理修配劳务，不包括在内，不属于增值税的征税范围。

（3）销售服务、无形资产或者不动产。销售服务、无形资产或者不动产是指在我国境内销售服务、无形资产或者不动产。主要包括销售交通运输服务、邮政服务、电信服务、建筑服务、金融服务、现代服务、生活服务、销售无形资产和销售不动产。

销售服务、无形资产或者不动产，是指“有偿”提供服务、有偿转让无形资产或者不动产，但属于下列非营业活动的情形除外：①行政单位收取的满足法定条件的政府性基金或者行政事业性收费；②单位或者个体工商户聘用的员工为本单位或者雇主提供取得工资的服务；③单位或者个体工商户为员工提供服务；④财政部和国家税务总局规定的其他情形。

“境内”是指服务（租赁不动产除外）或者无形资产（自然资源使用权除外）的销售方或者购买方在境内、所销售或者租赁的不动产在境内、所销售自然资源使用权的自然资源在境内。但下列情形不属于在“境内”提供应税服务：①境外单位或者个人向境内单位或者个人提供完全在境外消费的服务；②境外单位或者个人向境内单位或者个人销售完全在境外使用的无形资产；③境外单位或者个人向境内单位或者个人出租完全在境外使用的有形动产；④财政部和国家税务总局规定的其他情形。

【点拨】 要熟悉增值税的征税范围。

2. 销售服务、无形资产或者不动产的具体内容

（1）销售服务。

①交通运输服务。交通运输服务是指利用运输工具将货物或者旅客送达目的地，使其空间位置得到转移的业务活动。包括陆路运输服务、水路运输服务、航空运输服务和管道运输服务。

【提示1】 出租车公司向使用本公司自有出租车的出租车司机收取的管理费，按照陆路运输服务缴纳增值税。

【提示2】 水路运输的程租、期租业务，属于水路运输服务，而水路运输的光租业务却属于“现代服务”中的经营租赁服务。

【提示3】 航空运输的湿租业务，属于航空运输服务，而航空运输的干租业务却属于“现代服务”中的经营租赁服务。

②邮政服务。邮政服务是指中国邮政集团公司及其所属邮政行业提供邮件寄递、邮政汇兑、机要通信和邮政代理等邮政基本服务的业务活动。包括邮政普通服务、邮政特殊服务和其他邮政服务。

③电信服务。电信服务是指利用有线、无线的电磁系统或者光电系统等各种通信网络资源，提供语音通话服务，传送、发射、接收或者应用图像、短信等电子数据和信息的业务活

动。包括基础电信服务和增值电信服务。

④建筑服务。建筑服务是指各类建筑物、构筑物及其附属设施的建造、修缮、装饰、线路、管道、设备、设施等的安装以及其他工程作业的业务活动。包括工程服务、安装服务、修缮服务、装饰服务和其他建筑服务。

⑤金融服务。金融服务是指经营金融保险的业务活动。包括贷款服务、直接收费金融服务、保险服务和金融商品转让。

⑥现代服务。现代服务是指围绕制造业、文化产业、现代物流产业等提供技术性、知识性服务的业务活动。包括研发和技术服务、信息技术服务、文化创意服务、物流辅助服务、租赁服务、鉴证咨询服务、广播影视服务、商务辅助服务和其他现代服务。

【提示】 针对其中的"租赁服务"，注意水路运输的光租业务、航空运输的干租业务，属于经营租赁服务。而水路运输的程租、期租业务，属于水路运输服务；航空运输的湿租业务，属于航空运输服务。注意区别。

⑦生活服务。生活服务是指为满足城乡居民日常生活需求提供的各类服务活动。包括文化体育服务、教育医疗服务、旅游娱乐服务、餐饮住宿服务、居民日常服务和其他生活服务。

（2）销售无形资产。

销售无形资产是指转让无形资产所有权或者使用权的业务活动。

【解释】 无形资产，是指不具实物形态，但能带来经济利益的资产，包括技术、商标、著作权、商誉、自然资源使用权和其他权益性无形资产。

（3）销售不动产

销售不动产是指转让不动产所有权的业务活动。

【解释】 不动产是指不能移动或者移动后会引起性质、形状改变的财产，包括建筑物、构筑物等。

【小结】 销售服务、无形资产或者不动产的具体内容见表3－2。

表3－2

服务、无形资产或者不动产	分　类	具体内容
交通运输服务	1. 陆路运输服务	指通过陆路（地上或者地下）运送货物或者旅客的运输业务活动，包括铁路运输和其他陆路运输
	2. 水路运输服务	指通过江、河、湖、川等天然、人工水道或者海洋航道运送货物或者旅客的运输业务活动
	3. 航空运输服务	指通过空中航线运送货物或者旅客的运输业务活动
	4. 管道运输服务	指通过管道设施输送气体、液体、固体物质的运输业务活动
邮政服务	1. 邮政普通服务	指函件、包裹等邮件寄递，以及邮票发行、报刊发行和邮政汇兑等业务活动
	2. 邮政特殊服务	指义务兵平常信函、机要通信、盲人读物和革命烈士遗物的寄递等业务活动
	3. 其他邮政服务	指邮册等邮品销售、邮政代理等业务活动

续表

服务、无形资产或者不动产	分 类	具体内容
电信服务	1. 基础电信服务	指利用固网、移动网、卫星、互联网，提供语音通话服务的业务活动，以及出租或者出售带宽、波长等网络元素的业务活动
	2. 增值电信服务	指利用固网、移动网、卫星、互联网、有线电视网络，提供短信和彩信服务、电子数据和信息的传输及应用服务、互联网接入服务等业务活动
建筑服务	1. 工程服务	指新建、改建各种建筑物、构筑物的工程作业，包括与建筑物相连的各种设备或者支柱、操作平台的安装或者装设工程作业，以及各种窑炉和金属结构工程作业
	2. 安装服务	指生产设备、动力设备、起重设备、运输设备、传动设备、医疗实验设备以及其他各种设备、设施的装配、安置工程作业，包括与被安装设备相连的工作台、梯子、栏杆的装设工程作业，以及被安装设备的绝缘、防腐、保温、油漆等工程作业
	3. 修缮服务	指对建筑物、构筑物进行修补、加固、养护、改善，使之恢复原来的使用价值或者延长其使用期限的工程作业
	4. 装饰服务	指对建筑物、构筑物进行修饰装修，使之美观或者具有特定用途的工程作业
	5. 其他建筑服务	指上列工程作业之外的各种工程作业服务，如钻井（打井）、拆除建筑物或者构筑物、平整土地、园林绿化、疏浚（不包括航道疏浚）建筑物平移、搭脚手架、爆破、矿山穿孔、表面附着物（包括岩层、土层、沙层等）剥离和清理等工程作业
现代服务	1. 贷款服务	指将资金贷与他人使用而取得利息收入的业务活动。各种占用、拆借资金取得的收入，包括金融商品持有期间（含到期）利息（保本收益、报酬、资金占用费、补偿金等）收入、信用卡透支利息收入、买入返售金融商品利息收入、融资融券收取的利息收入，以及融资性售后回租、押汇、罚息、票据贴现、转贷等业务取得的利息及利息性质的收入，按照贷款服务缴纳增值税
	2. 直接收费金融服务	指为货币资金融通及其他金融业务提供相关服务并且收取费用的业务活动。包括提供货币兑换、账户管理、电子银行、信用卡、信用证、财务担保、资产管理、信托管理、基金管理、金融交易场所（平台）管理、资金结算、资金清算、金融支付等服务
	3. 保险服务	指投保人根据合同约定，向保险人支付保险费，保险人对于合同约定的可能发生的事故因其发生所造成的财产损失承担赔偿保险金责任，或者当被保险人死亡、伤残、疾病或者达到合同约定的年龄、期限等条件时承担给付保险金责任的商业保险行为。包括人身保险服务和财产保险服务
	4. 金融商品转让	指转让外汇、有价证券、非货物期货和其他金融商品所有权的业务活动。其他金融商品转让包括基金、信托、理财产品等各类资产管理产品和各种金融衍生品的转让

续表

服务、无形资产或者不动产	分　　类	具体内容
现代服务	1. 研发和技术服务	包括研发服务、技术转让服务、技术咨询服务、合同能源管理服务、工程勘察勘探服务
	2. 信息技术服务	指利用计算机、通信网络等技术对信息进行生产、收集、处理、加工、存储、运输、检索和利用，并提供信息服务的业务活动。包括软件服务、电路设计及测试服务、信息系统服务、业务流程管理服务和信息系统增值服务
	3. 文化创意服务	包括设计服务、知识产权服务、广告服务和会议展览服务
	4. 物流辅助服务	包括航空服务、港口码头服务、货运客运场站服务、打捞救助服务、装卸搬运服务、仓储服务和收派服务
	5. 租赁服务	包括融资租赁服务和经营租赁服务
	6. 鉴证咨询服务	包括认证服务、鉴证服务和咨询服务
	7. 广播影视服务	包括广播影视节目（作品）的制作服务、发行服务和播映（含放映）服务
	8. 商务辅助服务	包括企业管理服务、经纪代理服务、人力资源服务、安全保护服务
	9. 其他现代服务	是指除研发和技术服务、信息技术服务、文化创意服务、物流辅助服务、租赁服务、鉴证咨询服务、广播影视服务和商务辅助服务以外的现代服务
生活服务	1. 文化体育服务	包括文化服务和体育服务
	2. 教育医疗服务	包括教育服务和医疗服务
	3. 旅游娱乐服务	包括旅游服务和娱乐服务
	4. 餐饮住宿服务	包括餐饮服务和住宿服务
	5. 居民日常服务	主要为满足居民个人及其家庭日常生活需求提供的服务，包括市容市政管理、家政、婚庆、养老、殡葬、照料和护理、救助救济、美容美发、按摩、桑拿、氧吧、足疗、沐浴、洗染、摄影扩印等服务
	6. 其他生活服务	除文化体育服务、教育医疗服务、旅游娱乐服务、餐饮住宿服务和居民日常服务之外的生活服务
销售无形资产		指转让无形资产所有权或者使用权的业务活动。无形资产包括技术、商标、著作权、商誉、自然资源使用权和其他权益性无形资产
销售不动产		指转让不动产所有权的业务活动。不动产包括建筑物、构筑物等

【点拨】 销售服务、无形资产或者不动产的范围要熟悉。

3. 征收范围的特殊规定

（1）视同销售货物。

单位或个体经营者的下列行为，视同销售货物：

①将货物交付其他单位或者个人代销；

②销售代销货物；

③设有两个以上机构并实行统一核算的纳税人，将货物从一个机构移送其他机构用于销售，但相关机构设在同一县（市）的除外；

④将自产、委托加工的货物用于非增值税应税项目；

⑤将自产、委托加工的货物用于集体福利或个人消费；

⑥将自产、委托加工或购进的货物作为投资，提供给其他单位或个体工商户；

⑦将自产、委托加工或购进的货物分配给股东或投资者；

⑧将自产、委托加工或购进的货物无偿赠送其他单位或个人。

【解释】 上述第⑤项所称"集体福利或个人消费"是指企业内部设置的供职工使用的食堂、浴室、理发室、宿舍、幼儿园等福利设施及设备、物品等，或者以福利、奖励、津贴等形式发放给职工个人的物品。

【提示1】 "视同销售"是一个税收概念，会计上有时并不作销售（如上述③、④、⑧项）。上述8种行为之所以要征收增值税，其主要目的是：一是确保抵扣链完整；二是防止逃避纳税，三是体现配比原则。

【提示2】 将"购进"的货物用于非增值税应税项目或集体福利或个人消费，不属于视同销售（注意观察上述④、⑤项并未包括"购进"的情形）。此类行为属于"销项不计、进项不抵"（即④、⑤项如果是"外购"的，则属于不得抵扣进项税额事项，也不属于视同销售不计算销项税额）。如果购进货物的进项税额抵扣过了，应该作进项税额转出处理。应特别注意④、⑤项与⑥、⑦、⑧项范围上的不同之处。

【小结】 纳税人将"自产、委托加工"的货物用于第④～⑧项时，均视同销售货物；纳税人将"外购"的货物用于第⑥～⑧项时，视同销售货物。纳税人将"外购"的货物用于第④～⑤项时，不视同销售货物。具体总结见表3－3。

表3－3

用　　途	自产、委托加工的货物	外购的货物
非增值税应税项目	√	×
集体福利或者个人消费	√	×
作为投资	√	√
分配	√	√
无偿赠送	√	√

【点拨】 视同销售货物的实质是要计算"销项税额"，征收增值税。注意总结8项视同销售行为的共同点和不同点。

（2）视同销售服务、无形资产或者不动产。

①单位和个体工商户向其他单位或者个人无偿提供服务，但以公益活动为目的或者以社会公众为对象的除外。

②单位和个体工商户向其他单位或者个人无偿转让无形资产或者不动产，但以公益活动为目的或者以社会公众为对象的除外。

③财政部和国家税务总局规定的其他情形。

【点拨】 视同销售服务、无形资产或者不动产和视同销售货物的实质相同，即要计算“销项税额”，征收增值税。

（3）混合销售。

一项销售行为如果既涉及货物又涉及服务，为混合销售。从事货物的生产、批发或者零售的单位和个体工商户的混合销售行为，按照销售货物缴纳增值税；其他单位和个体工商户的混合销售行为，按照销售服务缴纳增值税。

【举例3－29】 百货公司在销售商品的同时提供送货上门服务，按照“销售货物”缴纳增值税；美容院在提供美容服务的同时销售护肤产品，按照“生活服务”缴纳增值税。

【提示】 注意混合销售的概念。

（4）兼营。

兼营是指纳税人的经营范围既包括销售货物和加工修理修配劳务，又包括销售服务、无形资产或者不动产。但是，销售货物、加工修理修配劳务、服务、无形资产或者不动产不同时发生在同一购买者身上，也不发生在同一项销售行为中。

纳税人兼营销售货物、加工修理修配劳务、服务、无形资产或者不动产，适用不同税率或者征收率的，应当分别核算适用不同税率或者征收率的销售额；未分别核算的，从高适用税率或征收率。

【举例3－30】 某商场既从事商品销售，又从事餐饮服务，则该商场的经营行为就属于兼营行为，应当分别核算各自的销售额。

【提示】 注意兼营未分别核算销售额的处理（从高适用税率或征收率）。

【小结】 混合销售、兼营的特征比较见表3－4。

表3－4

行为	判断依据	税务处理
混合销售	强调在同一项销售行为存在着两类经营项目的混合，有从属关系	按纳税人的“经营主业”缴纳增值税
兼营	强调在同一纳税人存在两类经营项目，但不是发生在同一销售行为中，无从属关系	按纳税人的“核算水平”，分别核算计税；未分别核算，则从高适用税率或征收率征税

【点拨】 增值税的征收范围非常重要，尤其要注意辨析上述4种特殊规定的情形。

（三）增值税的纳税人

增值税纳税人是指税法规定负有缴纳增值税义务的单位和个人。在我国境内销售货物或者提供加工、修理修配劳务、销售服务、无形资产或者不动产，以及进口货物的单位和个人，为增值税的纳税人。

根据纳税人的经营规模以及会计核算健全程度的不同，增值税纳税人可分为一般纳税人和小规模纳税人，见表3－5。

表3－5

项　目		小规模纳税人	一般纳税人
一般情况		年应税销售额≤500万元	年应税销售额>500万元
特殊情况	年应税销售额超过小规模纳税人标准的除个体工商户以外的其他个人	按小规模纳税人纳税	
	年应税销售额超过小规模纳税人标准的非企业性单位、不经常发生应税行为的企业（含个体工商户）	可以选择按小规模纳税人纳税	

【解释】 纳税人兼有销售货物、提供加工修理修配劳务（以下称“应税货物及劳务”）和销售服务、无形资产、不动产（以下称“应税行为”）的，应税货物及劳务销售额与应税行为销售额分别计算，分别适用增值税一般纳税人登记标准，其中有一项销售额超过规定标准，就应当按照规定办理增值税一般纳税人登记相关手续。

【提示1】 年应税销售额未超过规定标准的纳税人，会计核算健全，能够提供准确税务资料的，可以向税务机关办理一般纳税人登记。

【提示2】 纳税人登记为一般纳税人后，不得转为小规模纳税人，国家税务总局另有规定的除外。

【提示3】 下列纳税人不办理一般纳税人资格登记：①按照政策规定，选择按照小规模纳税人纳税的；②年应税销售额超过规定标准的其他个人（这里的“其他个人”指自然人）。

【总结】 小规模纳税人与一般纳税人的主要区别：①小规模纳税人实行“简易征税办法”，并且一般不使用增值税专用发票（但可以到税务机关代开增值税专用发票）；②除财政部、国家税务总局另有规定外，一般纳税人按照增值税“一般计税方法”计算应纳税额，并按照规定领用增值税专用发票。

【补充】 住宿业、建筑业和鉴证咨询业等行业小规模纳税人试点自行开具增值税专用发票（销售其取得的不动产除外），税务机关不再为其代开。

（四）增值税的扣缴义务人

中华人民共和国境外的单位或者个人在境内发生应税行为，在境内未设有经营机构的，以购买方为增值税扣缴义务人。财政部和国家税务总局另有规定的除外。

（五）增值税税率和征收率

我国增值税采用比例税率。绝大多数一般纳税人适用基本税率、低税率或零税率；小规模纳税人和采用简易办法征税的一般纳税人适用征收率。具体情况如表3－6所示。

表 3－6

1. 基本税率	3%	适用于绝大多数征税对象： （1）销售或者进口除税法另有规定的货物 （2）提供加工、修理修配劳务 （3）提供有形动产租赁服务
2. 低税率	9%	1. 部分货物 （1）粮食等农产品 【提示】 农产品是指各种植物、动物的初级产品 （2）食用植物油、自来水、暖气、冷气、热水、煤气、石油液化气、天然气、沼气、居民用煤炭制品、图书、报纸、杂志、饲料、化肥、农药、农机、农膜 （3）饲料 （4）音像制品 （5）电子出版物 （6）二甲醚 （7）食用盐 2. 部分应税服务、销售不动产及无形资产 （1）提供交通运输、邮政、基础电信、建筑、不动产租赁服务 （2）销售不动产 （3）转让土地使用权
	6%	（1）提供增值电信、金融、现代（除有形动产租赁和不动产租赁外）、生活服务 【链接】 有形动产租赁服务适用 13% 税率；不动产租赁服务适用 9% 税率 （2）销售无形资产（除转让土地使用权外） 【链接】 转让土地使用权适用 9% 税率
3. 零税率	0%	（1）纳税人出口货物（国务院另有规定的除外） （2）提供国际运输服务、航天运输服务、向境外单位提供的完全在境外消费的部分服务
4. 征收率	3%	（1）小规模纳税人的增值税征收率为 3% （2）一般纳税人采用简易办法计税的征收率为 3% 【提示】 某些特殊情况下，征收率为 5%

【提示】 “税率”与“征收率”不完全是一个概念，适用范围与计税方法也不同。初级考试中会更多介绍征收率的相关内容介绍。

【点拨】 增值税税率的各种情况要分清，特别注意基本税率是多少。

（六）增值税一般纳税人应纳税额的计算

【点拨】 一般纳税人增值税应纳税额的计算非常重要。

一般纳税人一般采用当期购进扣税法（也称为“一般计税方法”）计算应纳增值税额。一般纳税人凭增值税专用发票及其他合法扣税凭证注明税款进行抵扣，其应纳增值税的计算公式为：

应纳税额 = 当期销项税额 － 当期进项税额 = 当期销售额 × 适用税率 － 当期进项税额

【解释】 如果当期销项税额小于进项税额不足抵扣时，其不足抵扣的部分可以结转到下期继续抵扣。

1. 销售额

销售额是指纳税人销售货物、提供应税劳务、销售服务、无形资产或者不动产，向购买方收取的全部价款和价外费用，但是不包括收取的销项税额。所谓价外费用，包括价外向购买方收取的手续费、补贴、基金、集资费、返还利润、奖励费、违约金、滞纳金、延期付款利息、赔偿金、代收款项、代垫款项、包装费、包装物租金、储备费、优质费、运输装卸费以及其他各种性质的价外收费。但下列项目不包括在内：

①受托加工应征消费税的消费品所代收代缴的消费税；

②同时符合以下条件的代垫运费：承运部门的运输费用发票开具给购买方的；纳税人将该项发票转交给购货方的。

③同时符合以下条件代为收取的政府性基金或者行政事业性收费：由国务院或者财政部批准设立的政府性基金，由国务院或者省级人民政府及其财政、价格主管部门批准设立的行政事业性收费；收取时开具省级以上财政部门印制的财政票据；所收款项全额上缴财政。

④销售货物的同时代办保险等而向购买方收取的保险费，以及向购买方收取的代购买方缴纳的车辆购置税、车辆牌照费。

【补充】 如果销售的货物是应征消费税的货物或者进口的货物，则销售额中还应包括消费税税额或关税税额（它们都是价内税）。

2. 销项税额

销项税额是指纳税人销售货物、提供应税劳务、销售服务、无形资产或者不动产，按照销售额和规定的税率计算并向购买方收取的增值税税额。计算公式为：

销项税额 = 销售额 × 适用税率

(1) 上述公示中的“销售额”不包括向购买方收取的增值税税额。

【提示】 这表明增值税是一种价外税，一定要注意。

(2) 如果纳税人采用销售额和销项税额合并定价（即含增值税的销售额），则在计税时先要将含税销售额换算为不含税销售额，换算公式为：

不含税销售额 = 含税销售额 ÷ (1 + 适用税率)。

【提示】 价外费用无论其会计上如何核算，均应按适用税率还原成不含税价格并入销售额计算应纳税额。即一般认为价外费用是含增值税的，要先将其换算成不含增值税的。

【技巧】 增值税属于价外税，一般情况下考试时会明确指出销售额是否含增值税。在未明确指出的情况下，注意以下原则：①商业企业的“零售价”含税；②增值税专用发票注明的“销售额”不含税；③价外费用（如逾期包装物押金）视为含税。一定要注意计算“销项税额”的计算基数“销售额”不含增值税本身，如果是含税销售额要先换算成不含税再参与计算。

(3) 纳税人销售价格明显偏低且无正当理由或偏高且不具有合理商业目的的，或者发生视同销售行为而无销售额的，按下列顺序确定销售额：

①按纳税人最近时期销售同类货物、加工修理修配劳务、服务、无形资产或者不动产的平均价格确定；

②按其他纳税人最近时期销售同类货物、加工修理修配劳务、服务、无形资产或者不动产的平均价格确定；

③按照组成计税价格确定。其计算公式为：组成计税价格 = 成本 ×（1 + 成本利润率）

【解析1】 公式中成本利润率为10%，由国家税务总局确定。

【解析2】 属于应征消费税的货物，其组成计税价格中应加上消费税税额，成本利润率按消费税法规定。其计算公式为：组成计税价格 = 成本 ×（1 + 成本利润率）+ 消费税税额，或组成计税价格 = 成本 ×（1 + 成本利润率）÷（1 − 消费税税率）。

【提示】 上述确定销售额的方法是有“顺序”的，比如要在前两种方法均不能确定其销售额的情况下，才按组成计税价格确定销售额。另外要注意使用上述三种方法确定销售额的情形。

【思考】 从应征消费税货物的组成计税价格公式中是否体会到“÷（1 − 消费税税率）”与“+ 消费税税额”的计算效果是相同的？

3. 进项税额

进项税额是纳税人购进货物、加工修理修配劳务、服务、无形资产、不动产，支付或者承担的增值税额。

（1）准予从销项税额中抵扣的进项税额。

①从销售方取得的增值税专用发票（含税控机动车销售统一发票）上注明的增值税额；

②从海关取得的海关进口增值税专用缴款书上注明的增值税额；

③购进农产品，除取得增值税专用发票或者海关进口增值税专用缴款书外，按照农产品收购发票或者销售发票上注明的农产品买价和10%的扣除率计算的进项税额。计算公式为：

进项税额 = 买价 × 扣除率；

【解释】 这里的“买价”包括纳税人购进农产品在农产品收购发票或者销售发票上注明的价款和按规定缴纳的烟叶税。

④自境外单位或者个人购进劳务、服务、无形资产或者境内的不动产，从税务机关或者扣缴义务人取得的代扣代缴税款的完税凭证上注明的增值税额。

【补充】 一般纳税人从小规模纳税人处取得的普通发票，不得作为抵扣依据；但一般纳税人取得由税务机关为小规模纳税人代开的增值税专用发票，可以将专用发票上填写的税额作为进项税额抵扣。

【小结】 增值税扣税凭证，包括增值税专用发票（包括税务局代开的增值税专用发票、税控机动车销售统一发票）、海关进口增值税专用缴款书、农产品收购发票、农产品销售发票和完税凭证。

（2）不得从销项税额中抵扣的进项税额。

①用于简易计税方法计税项目、免征增值税项目、集体福利或者个人消费的购进货物、加工修理修配劳务、服务、无形资产和不动产。

【解释1】 个人消费包括纳税人的交际应酬消费。

【解释2】 涉及的固定资产、无形资产、不动产，仅指专用于上述项目的固定资产、无形资产（不包括其他权益性无形资产）、不动产。发生兼用于上述项目的可以抵扣。

②非正常损失的购进货物，以及相关的加工修理修配劳务和交通运输服务。

③非正常损失的在产品、产成品所耗用的购进货物（不包括固定资产）、加工修理修配劳务和交通运输服务。

④非正常损失的不动产，以及该不动产所耗用的购进货物、设计服务和建筑服务。

⑤非正常损失的不动产在建工程所耗用的购进货物、设计服务和建筑服务。

【解释】 非正常损失，指因管理不善造成货物被盗、丢失、霉烂变质，以及因违反法律法规造成货物被依法没收、销毁、拆除的情形。自然灾害等客观原因与不可抗力导致的损失，其相关的进项税额可以抵扣。注意区别。

⑥购进的旅客运输服务、贷款服务、餐饮服务、居民日常服务和娱乐服务。

【解释】 上述服务的接受对象是个人，属于最终消费，故不允许抵扣进项税额。

【补充】 已抵扣进项税额的购进货物、劳务、服务、无形资产或者不动产，若发生上述六种情形的，应当将该进项税额从当期发生的进项税额中扣减；无法确定该进项税额的，按照当期实际成本计算应扣减的进项税额（又称为"进项税额转出"）。

⑦纳税人取得的增值税扣税凭证不符合法律、行政法规或者国务院税务主管部门有关规定的，其进项税额不得从销项税额中抵扣。

【举例3－31】 某企业是增值税一般纳税人，适用一般税率13%，2019年5月有关生产经营业务如下：

（1）销售甲产品给某大商场，开具增值税专用发票，取得不含税销售额130万元；另外，开具货物运输业增值税专用发票，取得销售甲产品的送货运输费收入10万元；

（2）销售乙产品，开具普通发票，取得含税销售额56.5万元；

（3）将试制的一批应税新产品用于该企业的基建工程，成本价为40万元，成本利润率为10%，该新产品无同类产品市场销售价格；

（4）购进货物取得增值税专用发票，注明支付的货款120万元、进项税额15.6万元，货物验收入库；另外，支付购货的运输费用6万元，取得运输公司开具的货物运输业增值税专用发票；

（5）向农业生产者购进免税农产品玉米一批，支付收购价60万元，支付给运输单位的运费10万元，取得相关的合法票据，农产品验收入库。本月下旬将购进的农产品的20%用于本企业职工福利。

则当月相关应纳增值税税额计算如下：

- 销售甲产品的销项税额＝130×13%＋10×9%＝17.87（万元）；
- 销售乙产品的销项税额＝56.5÷（1＋13%）×13%＝6.5（万元）；
- 自用新产品的销项税额＝40×（1＋10%）×13%＝5.72（万元）；
- 外购货物应抵扣的进项税额＝15.6＋6×9%＝16.14（万元）；
- 外购免税农产品玉米应抵扣的进项税额＝（60×9%＋10×9%）×（1－20%）＝5.04（万元）；
- 应纳增值税税额＝17.8＋6.5＋5.72－16.14－5.04＝8.84（万元）。

4. 一般纳税人按简易办法征收增值税的计算

一般纳税人适用按照简易办法依3%征收率减按2%征收增值税政策的，按下列公式确定销售额和应纳税额：

销售额＝含税销售额÷（1＋3%）

应纳税额＝销售额×2%

【解释】 按简易办法征收增值税的，不得抵扣进项税额。

【举例3－32】 纳税人销售旧货，按照简易办法依照3%征收率减按2%征收增值税。

【提示】 一般纳税人提供财政部和国家税务总局规定的某些特定应税服务（如一般纳税人提供的公共交通服务、电影放映服务、仓储服务等），也可以选择适用简易计税方法计税，但一经选择，36个月内不得变更。

（七）增值税小规模纳税人应纳税额的计算

小规模纳税人销售货物、提供劳务、销售服务、无形资产、不动产，实行按照销售额和征收率计算应纳税额的简易办法，并不得抵扣进项税额。其应纳税额计算公式为：

应纳税额＝销售额×征收率

【解释】 小规模纳税人计算公式中的“销售额”与一般纳税人要求一样，也是“不含增值税的销售额”。若是含税销售额，则需先换算为不含税销售额，换算公式为：销售额＝含税销售额÷（1＋征收率）。

【小结】 小规模纳税人适用简易计税方法计算征收增值税，不得抵扣进项税额；而对于一般纳税人，大部分业务适用一般计税方法（扣税法）计算征收增值税，只有少部分业务适用简易计税方法计算征收增值税。

【举例3－33】 某商店为增值税小规模纳税人，2018年9月销售满品，取得含税收入5.15万元；购进商品支付货款（含增值税）2.06万元。已知征收率为3%，则当月相关应纳增值税税额计算如下：

①商品销售应纳增值税额＝5.15÷（1＋3%）×3%＝0.15（万元）；

②小规模纳税人购进货物支付的增值税款不允许抵扣；

③当月该商店应纳增值税税款＝0.15（万元）。

（八）增值税的征收管理

1. 纳税义务的发生时间

增值税纳税义务发生时间一般为收讫销售款或者取得索取销售款凭据的当天；先开具发票的，为开具发票的当天。按销售结算方式的不同，具体的纳税义务发生时间见表3－7。

表3－7 纳税义务发生时间

销售结算方式	纳税义务发生时间
直接收款方式	不论货物是否发出，均为收到销售款或者取得索取销售款凭据的当天 【提示】 销售服务、无形资产或者不动产的，为收讫销售款或者取得索取销售款项凭据的当天
托收承付和委托银行收款方式	发出货物并办妥托收手续的当天
赊销和分期收款方式	书面合同约定的收款当天，无书面合同或者书面合同没有约定收款日期的，为货物发出的当天
预收货款方式	货物发出的当天 【提示1】 生产销售生产工期超过12个月的大型机械设备、船舶、飞机等货物，为收到预收款或者书面合同约定的收款日期的当天 【提示2】 纳税人提供租赁服务，采用预收款方式，为收到预收款当天

续表

销售结算方式	纳税义务发生时间
委托其他纳税人代销	收到代销单位的代销清单或者收到全部或者部分货款的当天。 【提示】未收到代销清单及货款的，为发出代销货物满180天的当天
提供应税劳务	提供劳务同时收讫销售款或者取得索取销售款的凭据的当天
金融商品转让	金融商品所有权转移的当天
视同销售货物（委托他人代销、销售代销货物除外）	货物移送的当天
视同销售劳务、服务、无形资产或者不动产	劳务、服务、无形资产转让完成的当天或者不动产权属变更的当天
进口货物	报关进口的当天
扣缴义务	增值税纳税义务发生的当天

【点拨】注意掌握不同情况下纳税义务发生时间的不同，分辨清楚。

2. 纳税期限

增值税的纳税期限分别为1日、3日、5日、10日、15日、1个月或者1个季度。不能按照固定期限纳税的，可以按次纳税。

【解释】纳税人的具体纳税期限，由主管税务机关根据纳税人应纳税额的大小分别核定。

【提示】以1个季度为纳税期限的，仅适用于小规模纳税人、银行、财务公司、信托投资公司、信用社，以及财政部和国家税务总局规定的其他纳税人。

（1）纳税人以1个月或者1个季度为1个纳税期的，自期满之日起15日内申报纳税；

（2）以1日、3日、5日、10日或者15日为1个纳税期的，自期满之日起5日内预缴税款，于次月1日起15日内申报纳税并结清上月应纳税款。

（3）纳税人进口货物，应当自海关填发进口增值税专用缴纳书之日起15日内缴纳税款。

【解释】纳税期限有税款计算期与申报缴款期之分，1日、3日、5日、10日、15日、1个月或者1个季度为税款计算期，期满之日起15日内为申报缴款期。注意理解。

【点拨】增值税的纳税期限适当记忆。特别小心没有“25日”的纳税期限。

3. 纳税地点

（1）固定业户应当向其机构所在地或者居住地主管税务机关申报纳税。总机构和分支机构不在同一县（市）的，应当分别向各自所在地的主管税务机关申报纳税；经财政部和国家税务总局或者其授权的财政和税务机关批准，可以由总机构汇总向总机构所在地的主管税务机关申报纳税。

（2）固定业户到外县（市）销售货物或者应税劳务，应当向其机构所在地的主管税务机关报告外出经营事项，并向其机构所在地的主管税务机关申报纳税；未报告的，应当向销售地或者劳务发生地的主管税务机关申报纳税。未向销售地或者劳务发生地的主管税务机关申报纳税的，由其机构所在地的主管税务机关补征税款。

（3）非固定业户销售货物、劳务、服务、无形资产或者不动产，应当向销售地、劳务发生地或者应税行为发生地的主管税务机关申报纳税。未申报纳税的，由其机构所在地或者居住地的主管税务机关补征税款。

（4）其他个人提供建筑服务，销售或者租赁不动产，转让自然资源使用权，应向建筑服务发生地、不动产所在地、自然资源所在地主管税务机关申报纳税。

（5）进口货物应当向报关地海关申报纳税。

（6）扣缴义务人应当向其机构所在地或者居住地主管税务机关申报缴纳其扣缴的税款。

【点拨】 注意增值税的纳税地点。针对不同的纳税人和扣缴义务人，其纳税地点不一样。对于固定业户到外县（市）销售货物或劳务的情形，要理解透其申报规则和程序。

经典例题讲解

例题 3－21 · 单选题 下列选项中，不属于增值税的类型是(　　)。

A. 收入型增值税　　B. 消耗性增值税

C. 消费型增值税　　D. 生产性增值税

【答案解析】 B 根据购进固定资产所含税款扣除方式不同，增值税分为生产型增值税、收入型增值税、消费型增值税。

例题 3－22 · 单选题 根据增值税法律制度的规定，下列行为中，应当缴纳增值税的是(　　)。

A. 建筑公司员工接受本公司的工作任务设计建筑图纸

B. 客运公司为本公司员工提供班车服务

C. 运输公司为灾区提供免费运输救灾物资的服务

D. 母公司向子公司无偿转让专利技术

【答案解析】 D 纳税人提供的非经营活动不属于增值税征税范围。非经营活动包括：单位或者个体工商户聘用的员工为本单位或者雇主提供取得工资的服务；单位或者个体工商户为聘用的员工提供服务。单位或者个人向其他单位或者个人无偿提供服务、转让无形资产或者不动产，属于视同销售行为，需要缴纳增值税，但用于公益事业或者以社会公众为对象的除外。因此，选项 ABC 不选。

例题 3－23 · 判断题 根据增值税法律制度的规定，提供有形动产融资租赁服务不需要缴纳增值税。(　　)

【答案解析】 × 根据规定，营改增征税范围中的有形动产租赁，包括有形动产融资租赁和有形动产经营性租赁。

例题 3－24 · 单选题 根据增值税法律制度的规定，下列各项中，不属于现代服务征收的是(　　)。

A. 广告设计　　B. 有形动产租赁

C. 不动产租赁　　D. 教育医疗服务

【答案解析】 D 教育医疗服务属于生活服务。

例题 3－25 · 多选题 根据增值税法律制度的规定，下列各项中，属于金融服务的有(　　)。

A. 融资性售后回租　　B. 动产融资租赁

C. 保险服务　　D. 邮政储蓄服务

【答案解析】 ACD　动产融资租赁属于租赁服务。

例题 3－26·多选题　根据增值税法律制度的规定，以下情形属于在我国境内销售服务、无形资产或不动产的有(　　)。

A. 境外单位向境内单位提供完全在境外消费的应税服务

B. 日本某公司为中国境内某企业设计时装

C. 法国某公司出租设备给中国境内某企业使用

D. 境外个人向境外单位提供完全在境外消费的应税服务

【答案解析】 BC　境外单位或者个人向境内单位或者个人销售完全在境外消费的应税服务或销售完全在境外使用的无形资产或出租完全在境外使用的有形动产，不属于在境内销售服务、无形资产或不动产。

例题 3－27·多选题　下列属于交通运输服务的有(　　)。

A. 陆路交通运输　　B. 水路交通运输

C. 航空交通运输　　D. 管道交通运输

【答案解析】 ABCD　交通运输服务是指使用运输工具将货物或者旅客送达目的地，使其空间位置得到转移的业务活动。包括陆路运输服务、水路运输服务、航空运输服务和管道运输服务。

例题 3－28·多选题　单位或个体经营者将购进的货物(　　)视同销售货物，征收增值税。

A. 用于非应税项目　　B. 无偿赠送他人

C. 分配给股东　　D. 用于集利福利

【答案解析】 BC　单位或个体经营者将购买的货物分配给股东、无偿赠送给他人视同销售货物，征收增值税，其相关进项税额可以抵扣。将购进的货物用于非应税项目或集利福利，不视同销售，其相关进项税额也不可以抵扣。

例题 3－29·多选题　下列各项中，属于增值税混合销售行为的有(　　)。

A. 百货商店在销售商品的同时又提供送货服务

B. 餐饮公司提供餐饮服务的同时又销售烟酒

C. 建材商店在销售木质地板的同时提供安装服务

D. 歌舞厅在提供娱乐服务的同时销售食品

【答案解析】 C　ABCD　根据增值税法律制度的规定，选项 ABCD 均属于增值税混合销售行为。

例题 3－30·单选题　根据《增值税暂行条例》的规定，下列各项中，进项税额可以从销项税额中抵扣的是(　　)。

A. 集体福利或者个人消费的购进货物或者应税劳务

B. 向农业生产者购买的免税农业产品

C. 非正常损失的购进货物及相关的应税劳务

D. 非正常损失的在产品、产成品所耗用的购进货物或者应税劳务

【答案解析】 B　购进农产品，除取得增值税专用发票或者海关进口增值税专用缴款书外，按照农产品收购发票或者销售发票上注明的农产品买价和 10% 的扣除率计算的进项税额。

例题 3－31·单选题　某小型工业企业为增值税小规模纳税人。2018 年 12 月取得销售收入 8.24 万元（含增值税）；购进原材料一批，支付货款 2.06 万元（含增值税）。已知该企业

适用的增值税征收率为3%，该企业当月应缴纳的增值税税额为（　　）万元。

A. 0.24　　B. 0.36

C. 0.48　　D. 0.18

【答案解析】 A 小规模纳税人不能抵扣进项税额，应纳增值税税额 = 8.24 ÷（1 + 3%）× 3% = 0.24（万元）。

例题3－32·判断题 纳税人外购货物因管理不善丢失的，该外购货物的增值税进项税额不得从销项税额中抵扣。（　　）

【答案解析】 √ 表述正确。

例题3－33·多选题 根据增值税法律制度的规定，一般纳税人购进货物发生的下列情形中，不得从销项税额中抵扣进项税额的有（　　）。

A. 将购进的货物分配给股东　　B. 将购进的货物用于修缮厂房

C. 将购进的货物无偿赠送给客户　　D. 将购进的货物用于集体福利

【答案解析】 BD 选项AC属于将外购的货物用于"投资、分配、无偿赠送"，应视同销售计算销项税额，其对应的进项税额准予抵扣；选项BD属于将外购的货物用于"非增值税应税项目、集体福利和个人消费"，不视同销售，不得抵扣进项税额。

例题3－34·多选题 下列各项中，应计入增值税的应税销售额的有（　　）。

A. 向购买者收取的包装物租金

B. 向购买者收取的销项税额

C. 因销售货物向购买者收取的手续费

D. 受托加工应征消费税的消费品所代收代缴的消费税

【答案解析】 AC 销售额是指纳税人销售货物、提供劳务、销售服务、无形资产或不动产向购买方收取的全部价款和价外费用，但是不包括收取的销项税额。价外费用包括包装物租金，受托加工应征消费税的消费品所代收代缴的消费税不包括在销售额内。

例题3－35·单选题 甲公司为增值税一般纳税人，本月将一批新研制的产品赠送给老顾客使用，甲公司并无同类产品销售价格，其他公司也无同类货物，已知该批产品的生产成本为10万元，甲公司的成本利润率为10%则甲公司本月视同销售的增值税销项税为（　　）元。

A. 17 000　　B. 18 500

C. 14 300　　D. 18 888

【答案解析】 C 甲公司本月视同销售的增值税销项税 = 100 000 ×（1 + 10%）× 13% = 14 300元。

例题3－36·单选题 某书店是增值税一般纳税人，2018年11月销售图书取得含税销售额6.54万元。根据增值税法律制度的规定，该书店此项业务的增值税销项税额为（　　）万元。

A. 0.54　　B. 0.5886

C. 0.654　　D. 0.5945

【答案解析】 A 图书属于低税率货物，则该书店此项业务的增值税销项额 = 6.54 ÷（1 + 9%）× 9% = 0.54（万元）。

例题3－37·单选题 某服装厂为增值税一般纳税人。2019年5月，销售服装开具增值税专用发票，取得含税销售额200万元，开具增值税普通发票，取得含税销售额120万元；将外购的布料用于集体福利，该布料购进价 20 万元，同类布料不含税销售价为 30 万元。根据增值税法律制度的规定，该服装厂当月增值税销项税额为（ ）万元。

A. 36. 81　　B. 49. 9

C. 51. 6　　D. 54. 4

【答案解析】 A 销项税额 =（200 + 120）÷（1 + 13%）×13% = 36. 81 万元。

例题 3 – 38 · 单选题 某广告公司为增值税一般纳税人。2019 年 5 月，取得广告设计不含税价款 530 万元，奖励费收入 5. 3 万元；支付设备租赁费，取得的增值税专用发票注明税额 17 万元。根据增值税法律制度的规定，该广告公司当月上述业务应缴纳增值税（ ）万元。

A. 14. 8　　B. 15. 12

C. 15. 1　　D. 13. 3

【答案解析】 C 应纳增值税税额 =［530 + 5. 3 ÷（1 + 6%）］×6% – 17 = 15. 1（万元）。奖励费属于向购买方收取的价外费用，应并入销售额缴纳增值税。

例题 3 – 39 · 单选题 2018 年 5 月 8 日，甲公司与乙公司签订了买卖电脑的合同，双方约定总价款为 80 万元。6 月 3 日，甲公司就 80 万元货款全额开具了增值税专用发票，6 月 10 日，甲公司收到乙公司第一笔货款 45 万元，6 月 25 日，甲公司收到乙公司第二笔货款 35 万元。根据增值税法律制度的规定，甲公司增值税纳税义务发生的时间为（ ）。

A. 5 月 8 日　　B. 6 月 3 日

C. 6 月 10 日　　D. 6 月 25 日

【答案解析】 B 根据规定，增值税纳税义务发生时间一般为为收讫销售款或者取得销售款凭据的当天。先开具发票的，为开具发票的当天。本题中，6 月 3 日，甲公司就 80 万元贷款全额开具了增值税专用发票，所以答案选 B。

例题 3 – 40 · 多选题 下列关于增值税纳税义务发生时间的表述中，正确的有（ ）。

A. 纳税人发生视同销售货物行为，为货物移送的当天

B. 销售应税劳务，为提供劳务同时收讫销售款或者取得索取销售款的凭据的当天

C. 纳税人进口货物，为从海关提货的当天

D. 采取托收承付方式销售货物，为发出货物的当天

【答案解析】 AB 根据增值税法律制度的规定，纳税人进口货物，为进口报关的当天。采取托收承付方式销售货物，为发出货物并办妥托收手续的当天。

例题 3 – 41 · 单选题 下列各项中不符合有关增值税纳税地点规定的是（ ）。

A. 进口货物应当由进口人或其代理人向报关地海关申报纳税

B. 非固定业户应当向销售地、应税劳务或应税行为发生地主管税务机关申报纳税

C. 非固定业户销售货物的，向其机构所在地缴纳税款

D. 固定业户到外县市销售货物，未向销售地的主管税务机关申报纳税的，由其机构所在地主管税务机关补征税款

【答案解析】 C 非固定业户应当向销售地、应税劳务或应税行为发生地主管税务机关申报纳税。

二、消费税*

（一）消费税的概念

消费税是对在我国境内从事生产、委托加工和进口应税消费品的单位和个人征收的一种流转税，是对特定某些消费品和消费行为在特定的环节征收的一种间接税。

【提示】 从这一概念中就可大致明白消费税的征税范围和纳税环节。

（二）消费税的征税范围

1. 生产应税消费品

纳税人生产的应税消费品于纳税人销售时纳税。

纳税人将生产的应税消费品换取生产资料、消费资料、投资入股、偿还债务，以及用于继续生产应税消费品以外的其他方面都应缴纳消费税。

【解释1】 生产销售环节是消费税征收的主要环节。其具体含义是纳税人生产的应税消费品，于纳税人"销售时"纳税。

【解释2】 纳税人自产自用的应税消费品，用于连续生产应税消费品的，不纳税；用于其他方面的，于移送使用时纳税。

2. 委托加工应税消费品

（1）委托加工应税消费品的界定。

委托加工应税消费品是指委托方提供原料和主要材料，受托方只收取加工费和代垫部分辅助材料加工的应税消费品。

【提示】 对于由受托方提供原材料生产的应税消费品，或者受托方先将原材料卖给委托方，然后再接受加工的应税消费品，以及由受托方以委托方名义购进原材料生产的应税消费品，不论在财务上是否作销售处理，都不得作为委托加工应税消费品，而应当按照销售自制应税消费品缴纳消费税。

（2）委托加工环节受托方履行代收代缴义务。

①委托加工的应税消费品，除受托方为"个人"外，由受托方向委托方交货时代收代缴税款；

②委托"个人"加工的应税消费品，由委托方收回后缴纳消费税。

【思考】 对于委托加工应税消费品，消费税纳税人是"谁"，代收代缴义务人是"谁"，要不要区分受托方是"个人"和"非个人"？非常重要。

【提示】 受托方是法定的代收代缴义务人，但受托方为个人（含个体工商户）的除外。

（3）收回委托加工应税消费品后的应税规定。

①委托加工的应税消费品，委托方用于连续生产应税消费品的，（在委托加工环节）所纳税款准予按规定（在后续销售环节）抵扣；

②（委托加工收回后）直接出售的，不再缴纳消费税。

---

* 编者注：初级考试中对应纳税额部分会做更为详细的介绍。

【解释】 委托方将收回的应税消费品，以不高于受托方的计税价格出售的，为直接出售，不再缴纳消费税；委托方以高于受托方的计税价格出售的，不属于直接出售，需按照规定申报缴纳消费税，在计税时准予扣除受托方已代收代缴的消费税。怎么样才被认定为"直接出售"?

【提示】 上述规定的目的，一是避免重复征税，二是防止借此避税。

【思考】 收回委托加工应税消费品后如何计算缴纳消费税？要分不同情况，非常重要，注意理解。

3. 进口应税消费品

单位和个人进口应税消费品，于报关进口时由海关代征消费税。

4. 批发销售卷烟

自 2015 年 5 月 10 日起，将卷烟批发环节从价税税率由 5% 提高至 11%，并按 0.005 元/支加征从量税。

【解释 1】 烟草批发企业将卷烟销售给"零售单位"的，要再征一道税。烟草批发企业将卷烟销售给其他烟草"批发企业"的，不缴纳消费税。批发企业在计算应纳税额时，不得扣除卷烟中已含的生产环节的消费税税款。

【解释 2】 消费税属于价内税，一般情况下只征收一次，只有"卷烟"例外。卷烟在生产环节、批发环节征收两次消费税，但这两个环节一般不是同一个纳税人，卷烟生产企业是生产环节的纳税人，批发企业是批发环节的纳税人。

5. 零售应税消费品

（1）商业零售金银首饰。自 1995 年 1 月 1 日起，金银首饰消费税由生产销售环节征收改为零售环节征收。改在零售环节征收消费税的金银首饰仅限于金基、银基合金首饰以及金、银和金基、银基合金的镶嵌首饰，适用税率为 5%。自 2002 年 1 月 1 日起，对钻石及钻石饰品消费税的纳税环节由生产环节、进口环节后移至零售环节。自 2003 年 5 月 1 日起，铂金首饰消费税改为零售环节征税。

①金银首饰与其他产品组成成套消费品销售的，应按销售额全额征收消费税。

②金银首饰连同包装物一起销售的，无论包装物是否单独计价，也无论会计上如何核算，均应并入金银首饰的销售额，计征消费税。

③纳税人采用以旧换新（含翻新改制）方式销售的金银首饰，应按实际收取的不含增值税的全部价款确定计税依据征收消费税。

【提示】 上述以旧换新（含翻新改制）方式销售金银首饰计税依据的规定其实质是抵减了旧的部分的价值。

（2）零售超豪华小汽车。自 2016 年 12 月 1 日起，对超豪华小汽车，在生产（进口）环节按现行税率征收消费税基础上，在零售环节加征消费税。

【解释】 超豪华小汽车在生产（或者进口）环节、零售环节两次征收消费税，在其他环节不再征收消费税。

【小结】 消费税的征收环节有生产、委托加工、进口、批发、零售等。

（三）消费税纳税人

消费税纳税人是指在中华人民共和国境内（起运地或者所在地在境内）生产、委托加工和进口《消费税暂行条例》规定的消费品的单位和个人，以及国务院确定的销售《消费税暂行条例》规定的消费品的其他单位和个人。

（四）消费税的税目与税率

1. 消费税税目

我国消费税的税目共有15个，分别是：①烟；②酒；③高档化妆品；④贵重首饰及珠宝玉石；⑤鞭炮、焰火；⑥成品油；⑦摩托车；⑧小汽车；⑨高尔夫球及球具；⑩高档手表；⑪游艇；⑫木制一次性筷子；⑬实木地板；⑭电池；⑮涂料。其中，有些还包括若干子目。

【提示】 从消费税税目可以看出，开征消费税的目的是体现国家产业政策，调节生产和消费结构，抑制奢侈品、高能耗产品的生产，正确引导消费，保证国家财政收入。

【点拨】 对15个基本税目要熟悉，要会判断哪些货物要征收消费税。

2. 消费税税率

消费税的税率包括比例税率和定额税率两种形式。根据不同的税目或子目，应税消费品的税率不同（见表3-8）。

表3-8 消费税税目税率表

税　目	税　率
一、烟	
1. 卷烟	
（1）甲类卷烟	56%加0.003元/支（生产环节）
（2）乙类卷烟	36%加0.003元/支（生产环节）
（3）批发环节	11%加0.005元/支
2. 雪茄烟	36%
3. 烟丝	30%
二、酒	
1. 白酒	20%加0.5元/500克（或者500毫升）
2. 黄酒	240元/吨
3. 啤酒	
（1）甲类啤酒	250元/吨
（2）乙类啤酒	220元/吨
4. 其他酒	10%
三、高档化妆品	15%
四、贵重首饰及珠宝玉石	
1. 金银首饰、铂金首饰和钻石及钻石饰品	5%
2. 其他贵重首饰和珠宝玉石	10%
五、鞭炮、焰火	15%
六、成品油	
1. 汽油	1.52元/升
2. 柴油	1.20元/升

续表

税目	税率
3. 航空煤油	1.20 元/升
4. 石脑油	1.52 元/升
5. 溶剂油	1.52 元/升
6. 润滑油	1.52 元/升
7. 燃料油	1.20 元/升
七、摩托车	
1. 气缸容量（排气量，下同）在250毫升的	3%
2. 气缸容量在250毫升（不含）以上的	10%
八、小汽车	
1. 乘用车	
（1）气缸容量（排气量，下同）在1.0升（含1.0升）以下的	1%
（2）气缸容量在1.0升以上至1.5升（含1.5升）的	3%
（3）气缸容量在1.5升以上至2.0升（含2.0升）的	5%
（4）气缸容量在2.0升以上至2.5升（含2.5升）的	9%
（5）气缸容量在2.5升以上至3.0升（含3.0升）的	12%
（6）气缸容量在3.0升以上至4.0升（含4.0升）的	25%
（7）气缸容量在4.0升以上的	40%
2. 中轻型商用客车	5%
3. 超豪华小汽车	10%（零售环节）
九、高尔夫球及球具	10%
十、高档手表	20%
十一、游艇	10%
十二、木制一次性筷子	5%
十三、实木地板	5%
十四、电池	4%
十五、涂料	4%

【提示】 15个税目中黄酒、啤酒、成品油实行的是单一的定额税率，大多数应税消费品为单一的比例税率，特别要注意的是卷烟、白酒实行复合征收（同时采用比例税率与定额税率）。

【解释】 纳税人兼营不同税率的应税消费品，应当分别核算不同税率应税消费品的销售额、销售数量。未分别核算销售额、销售数量的，或者将不同税率的应税消费品组成成套消费品销售的，"从高"适用税率。

（五）消费税应纳税额的计算

1. 从价定率征收

从价定率征收是根据不同的应税消费品确定不同的比例税率，其计算公式为：

应纳税额＝应税消费品的销售额×比例税率。

【提示】 在从价定率计算方法下，应纳税额计算取决于应纳消费税的销售额和适用税率两个因素，此处的“销售额”与增值税法中的“销售额”基本一致（除特殊情况外），销售额为纳税人销售应税消费品向购买方收取的全部价款和价外费用，“销售额”都是不含增值税（价外税），但含消费税（价内税）的销售额。如果销售额为含增值税的销售额时，必须换算成不含增值税的销售额。

【解释1】 纳税人用于换取生产资料和消费资料、投资入股和抵偿债务等方面的应税消费品，应当以纳税人同类应税消费品的“最高”销售价格作为计税依据计算征收消费税。纳税人将自己生产的应税消费品用于其他方面的（如无偿赠送他人），按照纳税人最近时期同类货物的“平均”销售价格作为计税依据计算征收消费税。非常重要。注意哪些情况按“最高”销售价格，哪些情况按“平均”销售价格。

【解释2】 纳税人通过自设非独立核算门市部销售的自产应税消费品，应按门市部“对外销售额或者销售数量”征收消费税。

【举例3－34】 某木地板厂为增值税一般纳税人，2019年6月25日向某建材商场销售实木地板一批，取得含增值税销售额101.7万元。已知实木地板适用的增值税税率为13%，消费税税率为5%。则该厂当月应纳消费税税额计算如下：

- 不含增值税销售额＝101.7÷（1＋13%）＝90（万元）
- 应纳消费税税额＝90×5%＝4.5（万元）

2. 从量定额征收

从量定额征收是根据不同的应税消费品确定不同的单位税额，其计算公式为：

应纳税额＝应税消费品的销售数量×单位税额。

【提示】 在从量定额计算方法下，应纳税额计算取决于消费品的应税数量和单位税额两个因素。

销售数量是指纳税人生产、加工和进口应税消费品的数量。具体规定为：

（1）销售自产应税消费品的，为应税消费品的销售数量。

（2）自产自用应税消费品的，为应税消费品的移送使用数量。

（3）委托加工应税消费品的，为纳税人收回的应税消费品的数量。

（4）进口的应税消费品，为海关核定的应税消费品进口数量。

【点拨】 不同纳税环节销售数量的确定依据不同，应注意辨析。

【举例3－35】 某石化公司2018年12月，销售汽油1 000吨，柴油500吨。已知汽油1吨＝1 388升，柴油1吨＝1 176升；汽油的定额税率为1.52元/升，柴油的定额税率为1.2元/升。则该公司当月应纳消费税税额计算如下：

- 销售汽油应纳税额＝1 000×1 388×1.52÷10 000＝210.976（万元）
- 销售柴油应纳税额＝500×1 176×1.2÷10 000＝70.56（万元）
- 应纳消费税税额合计＝210.976＋70.56＝281.536（万元）

3. 从价定率和从量定额复合征收

从价定率和从量定额复合征收是以两种方法计算的应纳税额之和为该应税消费品的应纳税额。其计算公式为：

应纳税额 = 应税消费品的销售额 × 比例税率 + 应税消费品的销售数量 × 单位税额

【提示】 我国目前只对卷烟和白酒采用复合征收方法。

【举例 3－36】 某卷烟生产企业为增值税一般纳税人，2019 年 6 月销售乙类卷烟 1500 标准条，取得含增值税销售额 84 750 元。已知乙类卷烟消费税比例税率为 36%，定额税率为 0.003 元/支，1 标准条有 200 支；增值税税率为 13%。计算该企业当月应纳消费税税额。则该卷烟生产企业 2 月应纳消费税税额计算如下：

- 不含增值税销售额 = 84 750 ÷ （1 + 13%） = 75 000（元）
- 从价定率应纳税额 = 75 000 × 36% = 27000（元）
- 从量定额应纳税额 = 1 500 × 200 × 0.003 = 900（元）
- 应纳消费税税额合计 = 27 000 + 900 = 27 900（元）

4. 应税消费品已纳税款的扣除

应税消费品若是用外购已缴纳消费税的应税消费品连续生产出来的，在对这些连续生产出来的应税消费品征税时，按当期生产领用数量计算准予扣除的外购应税消费品已缴纳的消费税税款。

【点拨】 在计算增值税一般纳税人的当期增值税应纳税额时，如果取得了增值税专用发票并通过认证的，可以全额抵扣，与当期“生产领用数量”无关，增值税采用的是“购进扣税法”；而消费税实行“领用扣税法”，与当期“生产领用数量”有关，强调配比。消费税抵扣的目的也是避免重复征税。

【链接】 根据消费税法规定，委托加工收回的应税消费品如果用于连续生产应税消费品的，也同样准予从消费税应纳税额中扣除按当期生产领用数量计算的委托加工环节已缴纳的消费税税款。

【举例 3－37】 ①如果甲卷烟厂将“自己生产”的烟丝连续生产卷烟，对烟丝移送时未征消费税，因此，在计算卷烟的消费税时，谈不上抵扣的问题；②如果甲卷烟厂将“外购（或委托加工收回）”的烟丝连续生产卷烟，由于外购（或委托加工收回）的烟丝已经缴纳过消费税，因此，在计算卷烟的消费税时，会有消费税抵扣的问题。

5. 自产自用应税消费品应纳税额

纳税人自产自用应税消费品用于连续生产应税消费品的，不纳税；凡用于其他方面的，应按照纳税人生产的同类消费品的销售价格计算纳税，没有同类消费品销售价格的，按照组成计税价格计算纳税。

（1）实行从价定率办法计算纳税的组成计税价格计算公式：

组成计税价格 = （成本 + 利润） ÷ （1 − 比例税率）

应纳税额 = 组成计税价格 × 比例税率

（2）实行复合计税办法计算纳税的组成计税价格计算公式：

组成计税价格 = （成本 + 利润 + 自产自用数量 × 定额税率） ÷ （1 − 比例税率）

应纳税额 = 组成计税价格 × 比例税率 + 自产自用数量 × 定额税率

【解释】 用于连续生产的应税消费品，是指作为生产最终应税消费品的直接材料，并构成最终产品实体的应税消费品，如卷烟厂生产的烟丝用于本厂连续生产卷烟等。因为最终产品卷烟也是应税消费品，需要缴纳消费税，所以在领用烟丝环节就没必要纳税（外购烟丝或委托加工烟丝用于连续生产卷烟则可以按规定扣除已纳税款的），避免重复征税（消费税一般只征一次）。

【点拨】 对于自产自用应税消费品消费税的组成计税价格公式要识记。

6. 委托加工应税消费品应纳税额

委托加工的应税消费品，按照受托方（不是“委托方”）的同类消费品的销售价格计算纳税；没有同类消费品销售价格的，按照组成计税价格计算纳税。

（1）实行从价定率办法计算纳税的组成计税价格计算公式：

组成计税价格 =（材料成本 + 加工费）÷（1 - 比例税率）

应纳税额 = 组成计税价格 × 比例税率

（2）实行复合计税办法计算纳税的组成计税价格计算公式：

组成计税价格 =（材料成本 + 加工费 + 委托加工数量 × 定额税率）÷（1 - 比例税率）

应纳税额 = 组成计税价格 × 比例税率 + 委托加工数量 × 定额税率

【点拨】 对于委托加工应税消费品消费税的组成计税价格公式要识记。与自产自用应税消费品消费税的组成计税价格公式有区别。

7. 进口应税消费品应纳税额

进口的应税消费品按照组成计税价格计算纳税。

（1）实行从价定率办法计算纳税的组成计税价格计算公式：

组成计税价格 =（关税完税价格 + 关税）÷（1 - 比例税率）

应纳税额 = 组成计税价格 × 比例税率

（2）实行复合计税办法计算纳税的组成计税价格计算公式：

组成计税价格 =（关税完税价格 + 关税 + 进口数量 × 定额税率）÷（1 - 比例税率）

应纳税额 = 组成计税价格 × 比例税率 + 进口数量 × 定额税率

【技巧】 消费税自产自用、委托加工、进口三种情况下组成计税价格有个共同特点，即都除以（1 - 比例税率），这是因为分子中本身不含消费税，而消费税属于价内税，其计税依据应包括消费税本身，除以（1 - 比例税率）相当于加上了消费税税额。要注意三种情况下消费税组成计税价格计算公式的异同。

（六）消费税征收管理

1. 纳税义务发生时间

（1）纳税人销售应税消费品的，按不同的销售结算方式分别为：

①采取赊销和分期收款结算方式的，为书面合同约定的收款日期的当天，书面合同没有约定收款日期或者无书面合同的，为发出应税消费品的当天；

②采取预收货款结算方式的，为发出应税消费品的当天；

③采取托收承付和委托银行收款方式的，为发出应税消费品并办妥托收手续的当天；

④采取其他结算方式的，为收讫销售款或者取得索取销售款凭据的当天。

（2）纳税人自产自用应税消费品的，为移送使用的当天。

（3）纳税人委托加工应税消费品的，为纳税人提货的当天。

（4）纳税人进口应税消费品的，为报关进口的当天。

【点拨】　货款结算方式或行为发生时间不同，其消费税纳税义务发生时间也不同，注意掌握。

2. 消费税纳税期限

消费税纳税期限分别为1日、3日、5日、10日、15日、1个月或者1个季度。

（1）纳税人以1个月或者1个季度为一期纳税的，自期满之日起15日内申报纳税；

（2）纳税人以1日、3日、5日、10日、15日为一期的，自期满之日起5日内预缴税款，于次月1日起15日内申报纳税并结清上月应纳税款；

（3）进口货物自海关填发海关进口消费税专用缴款书之日起15日内缴纳。

【点拨】　消费税纳税义务发生时间与纳税期限的规定与增值税一致，可以一并掌握。

3. 消费税纳税地点

（1）纳税人销售的应税消费品，以及自产自用的应税消费品，除国务院财政、税务主管部门另有规定外，应当向纳税人机构所在地或者居住地的主管税务机关申报纳税。

（2）委托加工的应税消费品，除受托方为个人外，由受托方向机构所在地或居住地主管税务机关解缴消费税税款；委托个人加工的应税消费品，由委托方向其机构所在地或者居住地主管税务机关申报纳税。

【提示】　特别注意受托方是“个人”的，由“委托方自己”申报纳税；受托方是“一般单位”的，由“受托方”代收代缴。

（3）进口的应税消费品，由进口人或者其代理人向报关地海关申报纳税。

（4）纳税人到外县（市）销售或者委托外县（市）代销自产应税消费品的，于应税消费品销售后，向机构所在地或居住地主管税务机关申报纳税。总机构和分支机构不在同一县（市）的，应当分别向各自所在地的主管税务机关申报纳税；总机构和分支机构不在同一县（市），但在同一省（自治区、直辖市）范围内，经（自治区、直辖市）财政厅（局）、税务局审批同意，可以由总机构汇总向总机构所在地的税务机关申报纳税。

（5）纳税销售的应税消费品，如因质量等原因由购买者退回时，经机构所在地或者居住地税务机关审核批准后，可退还已缴纳的消费税税款。

【点拨】　注意消费税纳税地点的不同情况，非常重要。特别注意纳税人到外县（市）销售或者委托外县（市）代销自产应税消费品的，其纳税申报的具体要求，和增值税的规定不一样。

经典例题讲解

例题3－42·单选题　根据消费税法律制度的规定，（　　）属于应征收消费税的行为。

A. 零售金银首饰　　　　B. 佩戴金银首饰

C. 批发金银首饰　　　　D. 生产销售金银首饰

【答案解析】　A　自1995年1月1日起，金银首饰消费税由生产销售环节征收改为零售环节征收。

例题 3-43·多选题 根据消费税法律制度的规定，下列货物中，应征收消费税的有（ ）。

A. 啤酒　　B. 木制一次性筷子

C. 保健品　　D. 汽车轮胎

【答案解析】 AB 消费税的征收范围有：烟；酒；鞭炮、焰火；化妆品；贵重首饰及珠宝玉石；高尔夫球及球具；高档手表；游艇；木制一次性筷子；实木地板；成品油；汽车轮胎；摩托车；小汽车、电池、涂料等。

例题 3-44·多选题 根据《消费税暂行条例》的规定，生产应税消费品不应在（ ）时征税。

A. 验收入库　　B. 生产销售

C. 投入生产　　D. 生产完工

【答案解析】 ACD 纳税人生产应税消费品，于纳税人销售时纳税。

例题 3-45·单选题 将自产高档化妆品用于（ ），不视同销售，不征收消费税。

A. 推销员推销时的试用品　　B. 连续生产高档化妆品

C. 用做样品　　D. 发放职工福利

【答案解析】 B 纳税人自产自用应税消费品用于连续生产应税消费品的，不纳税。

例题 3-46·多选题 根据增值税和消费税法律制度的规定，下列各项中，应同时征收增值税和消费税的有（ ）。

A. 批发环节销售的卷烟　　B. 生产销售小汽车

C. 零售环节销售的金银首饰　　D. 进口的高档化妆品

【答案解析】 ABCD 在卷烟的批发环节，纳税人应缴纳增值税和消费税；生产销售的小汽车，在销售环节既要缴纳增值税也要缴纳消费税；金银首饰在零售环节征收增值税和消费税；高档化妆品在进口环节征收关税、增值税和消费税。ABCD 四个选项都正确。

例题 3-47·判断题 委托方将委托加工收回的应税消费品出售的，不再缴纳消费税。（ ）

【答案解析】 × 委托方将收回的应税消费品，以不高于受托方的计税价格出售的，为直接出售，不再缴纳消费税；但委托方以高于受托方的计税价格出售的，不属于直接出售，需按照规定申报缴纳消费税，在计税时准予扣除受托方已代收代缴的消费税。

例题 3-48·多选题 下列应税消费品中，实行从价定率与从量定额相结合的复合计税方法的有（ ）。

A. 烟丝　　B. 卷烟

C. 白酒　　D. 酒精

【答案解析】 BC 卷烟、白酒实行复合计税方法。

例题 3-49·单选题 某卷烟厂将成本为 30 000 元的烟叶运往烟丝厂加工成烟丝，取得烟丝厂开具的增值税专用发票，注明支付加工费 5000 元，增值税 650 元。已知烟丝适用的消费税税率为 30%。该项业务中烟丝厂应代扣代缴的消费税税额为（ ）。

A. 10 500 元　　B. 9 000 元

C. 15 000 元　　D. 15 274.29 元

【答案解析】 C 烟丝厂应代扣代缴的消费税税额 =（30 000 + 5 000）÷（1 - 30%）× 30% = 15 000 元。

例题 3-50·判断题　纳税人将自产应税消费品用于换取生产资料，消费资料，投资入股和抵偿债务的，应按同类消费品的加权平均销售价格计算纳税。（　　）

【答案解析】　×　用于换取生产资料、消费资料、投资入股和抵偿债务的应税消费品，应按同类应税消费品的最高售价计算纳税。

例题 3-51·判断题　应税消费品在计征消费税时，其销售额不包括增值税税额；在计征增值税时，则应包括消费税税额。（　　）

【答案解析】　√　表述正确。不含税销售额是指不含增值税，但如果是应税消费品则含消费税。消费税是价内税，增值税是价外税。

例题 3-52·多选题　根据消费税法律制度的规定，关于消费税纳税义务发生时间的下列表述中，正确的有（　　）。

A. 纳税人采取预收货款结算方式销售应税消费品的，为收到预收款的当天

B. 纳税人自产自用应税消费品的，为移送使用的当天

C. 纳税人委托加工应税消费品的，为纳税人提货的当天

D. 纳税人进口应税消费品的，为报关进口的当天

【答案解析】　BCD　纳税人采取预收货款结算方式的，消费税纳税义务发生时间为发出应税消费品的当天，选项 A 错误。

三、企业所得税*

（一）企业所得税的概念

企业所得税是对我国企业和其他组织（以下统称企业）的生产经营所得和其他所得征收的一种税。企业所得税采取收入来源地管辖权和居民管辖权相结合的双重管辖权，把企业分为居民企业和非居民企业，分别确定不同的纳税义务。

【解释】　居民企业是指依法在中国境内成立，或者依照外国（地区）法律成立但实际管理机构在中国境内的企业；非居民企业是指依照外国（地区）法律成立且实际管理机构不在中国境内，但在中国境内设立机构、场所的，或者在中国境内未设立机构、场所，但有来源于中国境内所得的企业。

【提示 1】　个人独资企业和合伙企业不适用《企业所得税法》，不作为企业所得税的纳税人。对个人独资企业和合伙企业的投资人征收个人所得税。

【提示 2】　根据登记注册地和实际管理机构标准，企业分为居民企业和非居民企业。

（二）企业所得税的征税对象

企业所得税的征税对象，是指企业的生产经营所得、其他所得和清算所得。

（1）居民企业应就其来源于中国境内、境外的全部所得在我国纳税。

（2）在中国境内设立机构、场所的非居民企业，应当就其所设机构、场所取得的来源于

* 编者注：初级考试会进一步介绍企业所得税应纳税所得额的计算、资产的税务处理、企业所得税应纳税额的计算、企业所得税税收优惠及特别纳税调整等内容。

中国境内的所得，以及发生在中国境外但与其所设机构、场所有实际联系的所得，在我国纳税。

（3）在中国境内未设立机构、场所，或者虽设立机构、场所，但取得的所得与所设立机构、场所没有实际联系的非居民企业，就其来源于中国境内的所得在我国纳税。

【提示】居民企业承担无限纳税义务，就其来源于中国境内、外的全部所得纳税；非居民企业承担有限纳税义务，一般只就其来源于我国境内的所得纳税。应掌握“居民企业”和“非居民企业”分类标准及不同的纳税义务。

（三）企业所得税的税率

1. 基本税率（25%）

适用于居民企业和在中国境内设有机构、场所且所得与机构、场所有关联的非居民企业。

2. 优惠税率

（1）对符合条件的小型微利企业，减按20%税率征收企业所得税；

（2）对国家需要重点扶持的高新技术企业，减按15%税率征收企业所得税；

（3）对经认定的技术先进型服务企业（服务贸易类），减按15%税率征收企业所得税；

（4）非居民企业在中国境内未设立机构、场所的，或虽设立机构、场所但取得的所得与其所设机构、场所没有实际联系的，其在中国境内取得的所得，减按20%税率征收企业所得税，以支付人为扣缴义务人。

【补充】上述第（4）项所得的法定税率是20%，但在实际征税时享受税收优惠减按10%征收。按这一税率计算的所得税，通常称为“预提所得税”。

【小结】企业所得税纳税人判定标准及其征税对象、适用税率见表3－9。

表3－9　企业所得税纳税人判定标准及其征税对象、适用税率一览表

纳税人	判定标准	征税对象	税　率
居民企业	1. 依法在中国境内成立的企业 2. 依照外国（地区）法律成立但实际管理机构在中国境内的企业	来源于中国境内、境外的全部所得	25% （优惠税率20%、15%）
非居民企业	依照外国（地区）法律成立且实际管理机构不在中国境内，但在中国境内设立机构、场所的企业	在中国境内设立机构、场所的，来源于中国境内的所得，以及发生在中国境外但与其所设机构、场所有实际联系的所得	25%
		在中国境内虽设立机构、场所但与其所设机构、场所没有实际联系的所得	
	在中国境内未设立机构、场所，但有来源于中国境内所得的企业	在中国境内未设立机构、场所的，来源于中国境内的所得	20% （优惠税率10%）

【思考1】非居民企业只就来源于我国境内的所得纳税，对吗？

【思考2】非居民企业全部适用20%的税率，对吗？

【点拨】企业所得税的税率非常重要，特别是各项优惠税率。

（四）企业所得税应纳税所得额

企业所得税应纳税所得额是企业所得税的计税依据。应纳税所得额为企业每一个纳税年度的收入总额减去不征税收入、免税收入、各项扣除，以及弥补以前年度的亏损之后的余额，应纳税所得额有两种计算方法：

直接计算法：应纳税所得额＝收入总额－不征税收入额－免税收入额－各项扣除额－准予弥补的以前年度亏损额

间接计算法：应纳税所得额＝利润总额±纳税调整项目金额

【解释】 由于我国税务会计不需单独设置一套账表，因此对于税法与会计规定不一致的内容，应当在会计利润（会计收益）的基础上，再按税法规定对其进行纳税调整，以求得税法口径的应纳税所得额（税收收益）。

【提示】 会计利润与应纳税所得额是两个不同计算口径的所得，一个反映会计收益，一个反映税收收益，计算应纳税额的依据是税收收益，注意其联系与区别。

1. 收入总额

企业以货币形式和非货币形式从各种来源取得的收入，为收入总额。

【解释】 收入总额包括销售货物收入，提供劳务收入，转让财产收入，股息、红利等权益性投资收益，利息收入，租金收入，特许权使用费收入，接受捐赠收入，其他收入。

2. 不征税收入

不征税收入是指从性质和根源上不属于企业营利性活动带来的经济利益、不负有纳税义务并不作为应纳税所得额组成部分的收入。

【解释】 不征税收入包括财政拨款，依法收取并纳入财政管理的行政事业性收费、政府性基金，以及国务院规定的其他不征税收入。

3. 免税收入

免税收入是指属于企业的应税所得但按照税法规定免予征收企业所得税的收入。

【解释】 免税收入包括国债利息收入，符合条件的居民企业之间的股息、红利收入，在中国境内设立机构、场所的非居民企业从居民企业取得与该机构、场所有实际联系的股息、红利收入，符合条件的非营利组织的收入等。

【提示】 不征税收入和免税收入都是企业“收入”，但不征税收入属于“非营利性活动”带来的经济收益，理论上不应列为应税所得范畴、不负有纳税义务；而免税收入属于应税收入的组成部分，是国家为了实现某些经济和社会目标，在特定时期对特定项目取得的经济利益给予的税收优惠。要注意不征税收入与免税收入性质、范围的区别。

4. 准予扣除项目

企业实际发生的与取得收入有关的、合理的支出，包括成本、费用、税金、损失和其他支出等，准予在计算应纳税所得额时扣除。

【提示】 可以扣除的“税金”指是指税金及附加，包括消费税、城市维护建设税、资源税、土地增值税、关税、教育费附加及房产税、车船税、城镇土地使用税、印花税等，但缴纳的企业所得税和增值税不得扣除。

5. 不得扣除项目

（1）向投资者支付的股息、红利等权益性投资收益款项。

（2）企业所得税税款。

（3）税收滞纳金。

（4）罚金、罚款和被没收财物的损失。

【解释】 合同违约金、银行罚息、罚款（经营性罚款）和诉讼费可以在税前扣除。行政性罚款不得税前扣除。

（5）企业发生的公益性捐赠支出以外的捐赠支出。企业发生的公益性捐赠支出，在“年度利润总额”12%内的部分，准予在计算应纳税所得额时扣除（超出部分不得扣除）；其他捐赠性支出一律不得在税前扣除。

【解释1】 年度利润总额，是指企业依照国家统一会计制度的规定计算的年度会计利润。

【解释2】 公益性捐赠，是指企业通过公益性社会团体或者县级以上人民政府及其部门，用于《公益事业捐赠法》规定的公益事业的捐赠。

【解释3】 纳税人“直接”向受赠人的捐赠不允许税前扣除。

【小结】 非公益性捐赠支出全额不得税前扣除；纳税人“直接”向受赠人的捐赠不允许税前扣除；公益性捐赠支出在年度利润总额12%内的部分准予税前扣除。

（6）赞助支出。是指企业发生的与生产经营活动无关的各种非广告性支出。

（7）未经核定的准备金支出。是指不符合国务院财政、税务主管部门规定的各项资产减值准备、风险准备等准备金支出。

（8）与取得收入无关的其他支出。如企业之间支付的管理费、企业内营业机构之间支付的租金和特许权使用费，以及非银行企业内营业机构之间支付的利息，均不得在税前扣除。

【点拨】 哪些项目不得在税前扣除非常重要。

6. 职工福利费、工会经费和职工教育经费支出的税前扣除

（1）企业发生的职工福利费支出，不超过工资薪金总额14%部分，准予扣除。

（2）企业拨缴的工会经费，不超过工资薪金总额2%部分，准予扣除。

（3）企业发生的职工教育经费支出，不超过工资薪金总额8%部分，准予扣除；超过部分，准予在以后纳税年度结转扣除。

【提醒】 上述三项经费中只有“职工教育经费支出”可以结转以后纳税年度扣除，其他两项没有此“待遇”。

7. 业务招待费、广告费和业务宣传费支出的税前扣除

（1）企业发生的与生产经营活动有关的业务招待费支出，按照发生额的60%扣除，但最高不得超过当年销售（营业）收入的5‰。

（2）企业发生的符合条件的广告费和业务宣传费支出，除国务院财政、税务主管部门另有规定外，不超过当年销售（营业）收入15%的部分，准予扣除；超过部分，准予在以后纳税年度结转扣除。

【解释】 在计算业务招待费、广告费和业务宣传费的扣除限额时，销售（营业）收入包括销售货物收入、提供劳务收入、租金收入、视同销售收入等，即包括会计核算中的“主营业务收入”“其他业务收入”和会计上不确认收入、但税法上确认的“视同销售收入”，但不包括“营业外收入”，同时销售收入为不含增值税的收入。

8. 亏损弥补

纳税人发生年度亏损的，可以用下一纳税年度的所得弥补；下一纳税年度的所得不足弥补

的，可以逐年延续弥补，但是延续弥补期最长不得超过5年。

【解释】 亏损是企业财务报表中的亏损额经税务机关按税法规定核实调整后的金额（一般指应纳税所得额小于零）；5年内无论盈亏，都作为实际弥补期限。

【点拨】 企业所得税的计算相对比较复杂，但只要注意哪些不得税前扣除、哪些限额扣除、哪些是不征税收入、哪些是免税收入，按照其计算公式还是较容易得出结果的，特别注意从“会计利润”到“应纳税所得额”的推导（间接法）。

【举例3－38】 某居民企业2018年度生产经营情况如下：

（1）销售收入4 500万元；销售成本2 000万元；实际缴纳的增值税700万元，税金及附加80万元。

（2）其他业务收入300万元。

（3）销售费用1 500万元，其中包括广告费800万元、业务宣传费20万元。

（4）管理费用500万元，其中包括业务招待费50万元。

（5）财务费用80万元。

（6）营业外支出30万元，其中包括向供货商支付违约金5万元，接受工商局罚款1万元，通过市民政部门向灾区捐赠20万元。

（7）投资收益18万元，其中包括从直接投资的外地居民企业分回的税后利润17万元（该居民企业适用的企业所得税税率为15%）和国债利息收入1万元。

已知：该企业账面会计利润628万元，该企业适用的企业所得税税率为25%，已预缴企业所得税157万元。则该企业2018年度应（退）补的企业所得税税额计算如下：

- 广告费和业务宣传费扣除限额＝（4500＋300）×15%＝720（万元）

广告费和业务宣传费应调增的应纳税所得额＝800＋20－720＝100（万元）

- 销售（营业）收入×5‰＝（4500＋300）×5‰＝24（万元）

业务招待费实际发生额×60%＝50×60%＝30（万元）

业务招待费扣除限额为24万元，应调增的应纳税所得额＝50－24＝26（万元）

- 向供货商支付的违约金5万元可以在税前扣除，无需进行纳税调整。
- 工商局罚款1万元属于行政性罚款，不得税前扣除，应调增应纳税所得额1万元。
- 公益性捐赠扣除限额＝628×12%＝75.36（万元），该企业实际捐赠额为20万元，无需进行纳税调整。
- 居民企业直接投资于其他居民企业的投资收益17万元属于免税收入，国债利息收入1万元属于免税收入，共应调减应纳税所得额18万元。
- 该企业2018年度应纳税所得额＝628＋100＋26＋1－18＝737（万元）
- 该企业2018年度应纳企业所得税＝737×25%＝184.25（万元）
- 该企业2018年度实际应补缴的企业所得税税额＝184.25－157＝27.25（万元）

（五）企业所得税征收管理

1. 纳税地点

（1）居民企业一般以企业登记注册地为纳税地点，但登记注册地在境外的，以企业实际管理机构所在地为纳税地点。

【提示】 居民企业在中国境内设立的不具有法人资格的分支或营业机构，由该居民企业汇总计算并缴纳企业所得税。

（2）非居民企业在中国境内设立机构、场所的，其所设机构、场所取得的来源于中国境内的所得，以及发生在中国境外但与其在中国境内所设机构、场所有实际联系的所得，以机构、场所所在地为纳税地点；非居民企业在中国境内未设立机构、场所，或者虽设立机构、场所但取得与其所设机构、场所没有实际联系的所得，以扣缴义务人所在地为纳税地点。

（3）除国务院另有规定外，企业之间不得合并缴纳企业所得税。

【点拨】 注意企业所得税的纳税地点。

2. 纳税期限

企业所得税实行按年（自公历1月1日起到12月31日止）计算，分月或分季预缴，年终汇算清缴（年终后5个月内进行）、多退少补的征纳方法。

【解释】 纳税人在一个年度中间开业，或者由于合并、关闭等原因，使该纳税年度的实际经营期不足12个月的，应当以其实际经营期为一个纳税年度（自实际终止日起60内，进行企业所得税汇算清缴）。

【补充】 企业依法清算时，应当以清算期间作为一个纳税年度。

【点拨】 注意企业所得税纳税期限的不同情况，尤其注意年终汇算清缴的时限（5个月内）。

3. 纳税申报

（1）按月或按季预缴的，应当自月份或季度终了之日起15日内，向税务机关报送预缴企业所得税纳税申报表，预缴税款；

（2）自年度终了之日起5个月内，向税务机关报送年度企业所得税纳税申报表，并汇算清缴，结清应缴应退税款。

【提示】 纳税人在纳税年度无论盈利或亏损，均应按照规定的期限申报和报送会计资料。

经典例题讲解

例题3－53·多选题 不能作为企业所得税纳税人的有（ ）。

A. 股份制企业　　B. 合伙企业

C. 个人独资企业　　D. 外商投资企业

【答案解析】 BC 个人独资企业和合伙企业不适用《企业所得税法》，不作为企业所得税的纳税人。

例题3－54·单选题 根据企业所得税法律制度的规定，下列关于非居民企业的表述中，正确的是（ ）。

A. 在境外成立的企业均属于非居民企业

B. 在境内成立但有来源于境外所得的企业属于非居民企业

C. 依照外国法律成立，实际管理机构在中国境内的企业属于非居民企业

D. 依照外国法律成立，实际管理机构不在中国境内但在中国境内设立机构、场所的企业属于非居民企业

【答案解析】 D 非居民企业是指依照外国（地区）法律成立且实际管理机构不在中国境内，但在中国境内设立机构、场所的，或者在中国境内未设立机构、场所，但有来源于中国境

内所得的企业。

例题3－55·多选题　以下各类企业适用25%企业所得税税率的是(　　)。

A. 居民企业

B. 在中国境内设立机构、场所的非居民企业

C. 在中国境内未设立机构场所但有来自中国境内所得的非居民企业

D. 在中国境内设立机构、场所且取得的所得与该机构、场所有实际联系的非居民企业

【答案解析】　AD　企业所得税税率25%的适用对象为居民企业和在中国境内设立机构、场所且所得与机构、场所有关联的非居民企业。

例题3－56·单选题　根据企业所得税法律制度的规定，企业的下列收入中，属于不征税收入范围的是(　　)。

A. 财政拨款　　B. 租金收入

C. 产品销售收入　　D. 国债利息收入

【答案解析】　A　选项BC属于征税收入；选项D属于免税收入。

例题3－57·判断题　从性质和根源上不属于企业营利性活动带来的经济利益、不负有纳税义务并不作为应纳税所得额组成部分的收入，称之为免税收入。(　　)

【答案解析】　×　这是不征税收入。免税收入是指属于企业的应税所得但按照税法规定免予征收企业所得税的收入。

例题3－58·多选题　根据企业所得税法律制度的规定，下列各项中，在计算企业所得税应纳税所得额时不得扣除的有(　　)。

A. 向投资者支付的红利

B. 企业内部营业机构之间支付的租金

C. 企业内部营业机构之间支付的特许权使用费

D. 未经核定的准备金支出

【答案解析】　ABCD　企业所得税法律制度规定：向投资者支付的股息、红利等权益性投资收益款项，企业内营业机构之间支付的租金和特许权使用费、未经核定的准备金支出，在计算企业所得税应纳税所得额时不得扣除。

例题3－59·单选题　甲企业2018年发生合理的工资薪金支出100万元，发生职工福利费18万元，职工教育经费1.5万元。已知，在计算企业所得税应纳税所得额时，职工福利费支出、职工教育经费支出的扣除比例分别为不超过工资、薪金总额的14%和8%。根据企业所得税法律制度的规定，甲企业计算2018年企业所得税应纳税所得额时，准予扣除的职工福利费和职工教育经费金额合计为(　　)。

A. $100\times14\%+1.5=15.5$（万元）　　B. $100\times14\%+100\times8\%=22$（万元）

C. $18+1.5=19.5$（万元）　　D. $18+100\times8\%=26$（万元）

【答案解析】　A　职工福利费税前扣除限额$=100\times14\%=14$（万元），实际发生18万元，超过扣除限额，税前准予扣除14万元；职工教育经费税前扣除限额$=100\times8\%=8$（万元），实际发生1.5万元，未超过扣除限额，准予全额税前扣除；准予扣除的的职工福利费和职工教育经费金额合计$=14+1.5=15.5$（万元），故A选项正确。

例题3－60·单选题　计算应纳税所得额时，企业发生的公益性捐赠支出，不超过(　　)12%的部分，准予扣除。

A. 年度营业收入总额　　B. 年度收入总额
C. 年度利润总额　　D. 年度净利润额

【答案解析】 C　企业发生的公益性捐赠支出，在年度利润总额12%内的部分，准予在计算应纳税所得额时扣除

例题3-61·单选题　企业发生的符合条件的广告费和业务宣传费支出，除国务院财政、税务主管部门另有规定外，不超过当年销售（营业）收入（　）的部分，准予扣除。

A. 12%　B. 15%　C. 0.5%　D. 20%

【答案解析】 B　企业发生的符合条件的广告费和业务宣传费支出，除国务院财政、税务主管部门另有规定外，不超过当年销售（营业）收入15%的部分，准予扣除。

例题3-62·单选题　某国有企业2008年度发生亏损，根据《企业所得税暂行条例》的规定，该亏损额可以用以后纳税年度的所得逐年弥补，但延续弥补的期限最长不得超过(　)。

A. 2011年　B. 2012年　C. 2013年　D. 2014年

【答案解析】 C　纳税人发生年度亏损的，可以用下一纳税年度的所得弥补；下一纳税年度的所得不足弥补的，可以逐年延续弥补，但是延续弥补期最长不得超过5年。

例题3-63·单选题　居民企业在中国境内设立的不具有法人资格的分支或营业机构，由(　)计算并缴纳企业所得税。

A. 该居民企业汇总　　B. 各分支或营业机构分别
C. 该居民企业分别　　D. 各分支或营业机构汇总

【答案解析】 A　居民企业在中国境内设立的不具有法人资格的分支或营业机构，由该居民企业汇总计算并缴纳企业所得税。

例题3-64·单选题　纳税人自年度终了之日起(　)个月内向税务机关报送年度企业所得税纳税申报表。

A. 5　B. 4　C. 3　D. 2

【答案解析】 A　自年度终了之日起5个月内，向税务机关报送年度企业所得税纳税申报表，并汇算清缴，结清应缴应退税款。

四、个人所得税*

（一）个人所得税的概念

个人所得税是以个人（自然人）取得的各项应税所得为征税对象所征收的一种税。

（二）个人所得税的纳税义务人

个人所得税的纳税义务人，以住所和居住时间为标准分为居民纳税义务人和非居民纳税义务人。

1. 居民纳税义务人

居民纳税义务人是指在中国境内有住所，或者无住所但在中国境内居住满183天的个人。居

* 编者注：初级考试需掌握更多种类收入来源的税收计算方式及个人所得税税收优惠等内容。

民纳税义务人负有无限纳税义务，其从中国境内和境外取得的所得，都要在中国缴纳个人所得税。

2. 非居民纳税义务人

非居民纳税义务人是指在中国境内无住所又不居住，或者无住所而在中国境内居住不满183天的个人。非居民纳税义务人承担有限纳税义务，仅就其从中国境内取得的所得，在中国缴纳个人所得税。

【解释】 "中国境内有住所"是指因户籍、家庭、经济利益关系而在中国境内习惯性居住的个人。

【思考】 个人所得税居民纳税义务人和非居民纳税义务人的划分标准是什么，其纳税义务的区别又是什么？注意分辨。

（三）个人所得税的应税项目和税率

1. 个人所得税的应税项目

个人所得税共有9个应税项目：①工资、薪金所得；②劳务报酬所得；③稿酬所得；④特许权使用费所得；⑤经营所得；⑥利息、股息、红利所得；⑦财产租赁所得；⑧财产转让所得（指个人转让有价证券、股票、建筑物、土地使用权、机器设备、车船以及其他财产取得的所得）；⑨偶然所得（指个人得奖、中奖、中彩以及其他偶然性质的所得）。

【解释1】 工资、薪金所得是指个人因任职或者受雇而取得的工资、薪金、奖金、年终加薪、劳动分红、津贴、补贴以及与任职或者受雇有关的其他所得。

【解释2】 劳务报酬所得是指个人独立从事非雇佣的各种劳务所取得的所得。内容包括：设计、装潢、安装、制图、化验、测试、医疗、法律、会计、咨询、讲学、新闻、广播、翻译、审稿、书画、雕刻、影视、录音、录像、演出、表演、广告、展览、技术服务、介绍服务、经纪服务、代办服务、其他劳务。

【提示】 居民个人取得第①至②项所得（以下称为"综合所得"），按纳税年度合并计算个人所得税；非居民个人取得第①至④项所得，按月或者按次分项计算个人所得税。纳税人取得第⑤至⑨项所得，依照规定分别计算个人所得税。

2. 个人所得税税率

个人所得税税率根据个人取得的所得项目不同分别制定，采用超额累进税率和比例税率两种形式。

（1）综合所得，适用3%～45%的七级超额累进税率（见表3-10）。

表3-10

级　数	全年应纳税所得额	税率（%）
1	不超过36000元的	3
2	超过36000元至144000元的部分	10
3	超过144000元至300000元的部分	20
4	超过300000元至420000元的部分	25
5	超过420000元至660000元的部分	30
6	超过660000元至960000元的部分	35
7	超过960000元的部分	45

（2）经营所得，适用5% ~35%的五级超额累进税率（见表3-11）。

表3-11

级　数	全年应纳税所得额	税率（%）
1	不超过30 000元的	5
2	超过30 000元至90 000元的部分	10
3	超过90 000元至300 000元的部分	20
4	超过300 000元至500 000元的部分	30
5	超过500 000元的部分	35

（4）利息、股息、红利所得，财产租赁所得，财产转让所得，偶然所得，适用比例税率，税率为20%。

【提示】 从2001年1月1日起，对个人出租住房取得的所得暂减按10%的税率征收个人所得税。

【点拨】 各类所得的税率要掌握。对于采用超额累进税额的两类所得，掌握其税率区间（3% ~45%的七级超额累进税率、5% ~35%的五级超额累进税率）。

（四）个人所得税应纳税额的计算

1. 居民个人的综合所得

以每一纳税年度的收入额减除费用6万元以及专项扣除、专项附加扣除和依法确定的其他扣除后的余额，为应纳税所得额。其计算公式为：

应纳税额 =（每年综合所得收入额 -60 000元 - 专项扣除额 - 专项附加扣除额 - 其他扣除额）×适用税率 - 速算扣除数。

【提示】 综合所得中的劳务报酬所得、稿酬所得、特许权使用费所得以收入减除20%的费用后的余额为收入额；稿酬所得的收入额减按70%计算。即①工资、薪金所得：居民年度收入额 = 工资、薪金所得；②劳务报酬所得、特许权使用费所得：居民年度收入额 = 所得额 ×（1-20%）；③稿酬所得：居民年度收入额 = 所得额 ×（1-20%）×70%。

（1）专项扣除，包括居民个人按照国家规定的范围和标准缴纳的基本养老保险、基本医疗保险、失业保险等社会保险费和住房公积金等；

（2）专项附加扣除，是指个人所得税法规定的子女教育、继续教育、大病医疗、住房贷款利息，住房租金和赡养老人6项专项附加扣除。

①子女教育专项附加扣除。

纳税人的子女接受学前教育和学历教育的相关支出，按照每个子女每年12 000元（每月1 000元）的标准定额扣除。

②继续教育专项附加扣除。

纳税人接受学历继续教育的支出，在学历教育期间按照每年4 800元（每月400元）定额扣除；纳税人接受技能人员职业资格继续教育、专业技术人员职业资格继续教育支出，在取得相关证书的年度，按照每年3 600元定额扣除。

③大病医疗专项附加扣除。

一个纳税年度内，在社会医疗保险管理信息系统记录的由个人负担超过15 000元的医药费用支出部分，为大病医疗支出，可以按照每年60 000元标准限额据实扣除。

④住房贷款利息专项附加扣除。

纳税人本人或配偶使用商业银行或住房公积金个人住房贷款为本人或其配偶购买住房，发生的首套住房贷款利息支出，在偿还贷款期间，可以按照每年12 000元（每月1 000元）标准定额扣除。

【提示】 非首套住房贷款利息支出，纳税人不得扣除。纳税人只能享受一套首套住房贷款利息扣除。

⑤住房租金专项附加扣除。

纳税人本人及配偶在纳税人的主要工作城市没有住房，而在主要工作城市租赁住房发生的租金支出，可以按照以下标准定额扣除：

A. 承租的住房位于直辖市、省会城市、计划单列市以及国务院确定的其他城市，扣除标准为每年14 400元（每月1200元）；

B. 承租的住房位于其他城市的，市辖区户籍人口超过100万的，扣除标准为每年12 000元（每月1 000元）。

C. 承租的住房位于其他城市的，市辖区户籍人口不超过100万（含）的，扣除标准每年9 600元（每月800元）。

⑥赡养老人专项附加扣除。

纳税人赡养60岁（含）以上父母以及其他法定赡养人的赡养支出，可以按照以下标准定额扣除；

A. 纳税人为独生子女的，按照每年24 000元（每月2 000元）的标准定额扣除。

B. 纳税人为非独生子女的，应当与其兄弟姐妹分摊每年24 000元（每月2 000元）的扣除额度，分摊方式包括平均分摊、被赡养人指定分摊或者赡养人约定分摊，具体分摊方式在一个纳税年度内不得变更。

（3）其他扣除，包括个人缴付符合国家规定的企业年金、职业年金，个人购买符合国家规定的商业健康保险、税收递延型商业养老保险的支出，以及国务院规定可以扣除的其他项目。

【补充】 非居民个人的工资、薪金所得，以每月收入额减除费用5 000元后的余额为应纳税所得额；劳务报酬所得、稿酬所得、特许权使用费所得，以每次收入额为应纳税所得额。

2. 非居民个人的工资、薪金所得

以每月收入额减除费用5 000元后的余额为应纳税所得额；劳务报酬所得、稿酬所得、特许权使用费所得，以每次收入额为应纳税所得额。

3. 经营所得

以每一纳税年度的收入总额减除成本、费用以及损失后的余额，为应纳税所得额。其计算公式为：

应纳税额 =（全年收入总额 − 成本、费用、税金、损失、其他支出等）× 适用税率 − 速算扣除数

4. 财产租赁所得

每次收入不超过4 000元的，减除费用800元；4 000元以上的，减除20%的费用，其余额为应纳税所得额。

每次（月）收入不足4 000元的：

应纳税额 =［每次（月）收入额 - 财产租赁过程中缴纳的税费 - 由纳税人负担的租赁财产实际开支的修缮费用（800元为限）- 800元］×20%；

每次（月）收入在4 000元以上的：

应纳税额 =［每次（月）收入额 - 财产租赁过程中缴纳的税费 - 由纳税人负担的租赁财产实际开支的修缮费用（800元为限）］×（1 - 20%）×20%

5. 财产转让所得

以转让财产的收入额减除财产原值和合理费用后的余额，为应纳税所得额。其计算公式为：

应纳税额 =（收入总额 - 财产原值 - 合理费用）×20%

【举例3 - 39】 张某2018年将自己2年前购买的原价200 000元的一套住房出售，售价280 000元，支付相关税费共5 000元（均取得合法票据），则相关应纳个人所得税税额计算如下：

应纳税额 =（280 000 - 200 000 - 5 000）×20% = 15 000（元）。

【提示1】 对个人出售自有住房取得的所得按照"财产转让所得"税目征收个人所得税，但对个人转让自用5年以上并且是家庭唯一生活用房取得的所得，免征个人所得税。

【提示2】 对股票转让所得，暂不征收个人所得税。

6. 利息、股息、红利所得，偶然所得

以每次收入额（全额）为应纳税所得额。其计算公式为：

应纳税额 = 每次收入额 ×20%

【提示】 利息、股息、红利所得，偶然所得，注意它们的应纳税所得额就是收入全额，不扣除任何费用。

【举例3 - 40】 张某2019年4月取得非上市公司红利300元，应缴纳个人所得税 = 300 × 20% = 60（元）。

【补充】 个人将其所得对教育、扶贫、济困等公益慈善事业进行捐赠，捐赠额未超过纳税人申报的应纳税所得额30%的部分，可以从其应纳税所得额中扣除；国务院规定对公益慈善事业捐赠实行全额税前扣除的，从其规定。

【点拨】 个人所得税应纳税额的计算各类题型都会有，分类掌握，注意典型例子及其计算规则。

（五）个人所得税征收管理

（1）个人所得税以所得人为纳税人，以支付所得的单位或者个人为扣缴义务人。

【解释】 扣缴义务人向个人支付应税款项时，应当依照个人所得税法规定预扣或代扣税款，按时缴库，并专项记载备查。

（2）有下列情形之一的，纳税人应当依法办理纳税申报：

①取得综合所得需要办理汇算清缴。

需要办理汇算清缴的情形包括：

- 在两处或者两处以上取得综合所得，且综合所得年收入额减去专项扣除的余额超过6万元；

• 取得劳务报酬所得、稿酬所得、特许权使用费所得中一项或者多项所得，且综合所得年收入额减去专项扣除的余额超过6万元；

• 纳税年度内预缴税额低于应纳税额的。

【提示】 纳税人需要退税的，应当办理汇算清缴，申报退税。

②取得应税所得没有扣缴义务人。

③取得应税所得，扣缴义务人未扣缴税款。

④取得境外所得。

⑤因移居境外注销中国户籍。

⑥非居民个人在中国境内从两处以上取得工资、薪金所得。

⑦国务院规定的其他情形。

（3）居民个人取得工资、薪金所得时，可以向扣缴义务人提供专项附加扣除有关信息，由扣缴义务人扣缴税款时办理专项附加扣除；居民个人取得劳务报酬所得、稿酬所得、特许权使用费所得，应当在汇算清缴时向税务机关提供有关信息，办理专项附加扣除。

（4）对年收入超过国务院税务主管部门规定数额的个体工商户、个人独资企业、合伙企业，税务机关不得采取定期定额、事先核定应税所得率等方式征收个人所得税。

（5）纳税人可以委托扣缴义务人或者其他单位和个人办理汇算清缴。

（6）纳税人有下列情形之一的，税务机关可以不予办理退税：

①纳税申报或者提供的汇算清缴信息，经税务机关核实为虚假信息，并拒不改正的；

②法定汇算清缴期结束后申报退税的。

（二）纳税期限

（1）居民个人取得综合所得，按年计算个人所得税；有扣缴义务人的，由扣缴义务人按月或者按次预扣预缴税款；需要办理汇算清缴的，应当在取得所得的次年3月1日至6月30日内办理汇算清缴。

（2）纳税人取得经营所得，按年计算个人所得税，由纳税人在月度或者季度终了后十五日内向税务机关报送纳税申报表，并预缴税款在取得所得的次年3月31日前办理汇算清缴。

经典例题讲解

例题3-65·多选题 根据《个人所得税法》规定，下列各项中，不属于个人所得税居民纳税人的有(　　)。

A. 在中国境内无住所且不居住的个人

B. 在中国境内有住所的个人

C. 在中国境内无住所，且在一个纳税年度内在中国境内居住累计超过6个月不满183天的个人

D. 在中国境内无住所，但一个纳税年度中在中国境内居住满183天的个人

【答案解析】 AC 居民纳税人是指在中国境内有住所，或者无住所而一个纳税年度内在中国境内居住累计满183天的个人。

例题 3－66·判断题 根据《个人所得税法》规定，在中国境内无住所而一个纳税年度内在中国境内居住累计不满 183 天的个人，不属于个人所得税的纳税义务人。（ ）

【答案解析】 × 属于个人所得税的非居民纳税义务人。

例题 3－67·多选题 下列各项中，属于个人所得税劳务报酬所得的有（ ）。

A. 笔译翻译收入　　B. 审稿收入

C. 现场书画收入　　D. 雕刻收入

【答案解析】 ABCD 上述项目都属于独立从事某种技艺取得的收入。注意审稿和书画收入不属于稿酬所得。

例题 3－68·多选题 个人所得税的税率形式有（ ）。

A. 比例税率　　B. 超额累进税率

C. 定额税率　　D. 超率累进税率

【答案解析】 AB 现行个人所得税税率根据个人取得的所得项目不同分别制定，采用超额累进税率和比例税率两种形式。

例题 3－69·判断题 对个人独资企业投资者取得的生产经营所得应征收企业所得税，不征收个人所得税。（ ）

【答案解析】 × 个人独资企业和合伙企业不缴纳企业所得税，其个人投资者取得的生产经营所得按照“经营所得”税目缴纳个人所得税。

例题 3－70·多选题 根据个人所得税法律制度的规定，下列所得中，属于综合所得的有（ ）。

A. 工资、薪金所得　　B. 稿酬所得

C. 特许权使用费所得　　D. 财产转让所得

【答案解析】 ABC 综合所得包括工资薪金所得、稿酬所得、劳务报酬所得和特许权使用费所得。

例题 3－71·多选题 对个人所得征收个人所得税时，不得扣减费用而以每次收入额为应纳税所得额的有（ ）。

A. 偶然所得　　B. 稿酬所得

C. 利息、股息、红利所得　　D. 财产转让所得

【答案解析】 AC 利息、股息、红利所得，偶然所得和其他所得，以每次收入额（全额）为应纳税所得额。

例题 3－72·判断题 特许权使用费、财产租赁所得、财产转让所得以每次收入不超过 4 000元的，减除费用 800 元；4 000 元以上的，减除 20% 费用后的余额，为应纳税所得额。（ ）。

【答案解析】 × 财产转让所得，以转让财产的收入额减除财产原值和合理费用后的余额，为应纳税所得额。

第三节｜税收征收管理

税收征收管理是税务机关代表国家行使征税权，对日常税收活动进行组织、指挥、控制和

监督的活动，是对纳税人履行纳税义务的一种管理、征收和检查行为，是实现税收职能的必要手段。

【提示】 税收征管主要包括税务登记、账簿和凭证管理、发票管理、纳税申报、税款征收、涉税专业服务、税务检查和法律责任等环节。

一、税务登记

税务登记是整个税收征收管理的起点。

（一）税务登记申请人

（1）企业，企业在外地设立的分支机构和从事生产、经营的场所，个体工商户和从事生产、经营的事业单位，都应当办理税务登记。

（2）前述规定以外的纳税人，除国家机关、个人和无固定生产经营场所的流动性农村小商贩外，也应当办理税务登记。

（3）根据税收法律、行政法规的规定，负有扣缴税款义务的扣缴义务人（国家机关除外），应当办理扣缴税款登记。

（二）税务登记主管机关

县以上（含本级）税务局（分局）是税务登记的主管机关。

【解释】 随着"多证合一"登记制度改革的实施，企业和其他组织在领取（或换领）加载了统一社会信用代码的营业执照后，无须再次进行税务登记，不再领取税务登记证。

（三）"多证合一"登记制度改革

（1）自2015年10月1日起，"三证合一（工商营业执照、组织机构代码证、税务登记证）、一照一码"的登记制度改革在全国推行。

（2）2016年6月30日国务院办公厅发布《关于加快推进"五证合一、一照一码"登记制度改革的通知》（国办发〔2016〕53号），在全面实施工商营业执照、组织机构代码证、税务登记证"三证合一"登记制度改革的基础上，再整合社会保险登记证和统计登记证，实现"五证合一、一照一码"。

（3）目前，在全面实施"五证合一、一照一码"的基础上，又进一步将涉及登记、备案等有关事项和各类证照整合到营业执照上，实现"多证合一、一照一码"。

【小结】 "五证"：工商营业执照、组织机构代码证、税务登记证、社会保险登记证和统计登记证；"一码"：统一社会信用代码。

经典例题讲解

例题3－73·多选题 根据企业登记制度改革相关规定，下列执照和证件中，属于"五证合一，一照一码"登记制度改革范围的有（　　）。

A. 安全生产许可证　　B. 组织机构代码证
C. 税务登记证　　D. 工商营业执照

【答案解析】 BCD “五证”：工商营业执照、组织机构代码证、税务登记证、社会保险登记证和统计登记证；“一码”：统一社会信用代码。

二、账簿和凭证管理

账簿和凭证是税务机关对纳税人进行征税、管理、核查的重要依据，是税收管理的基础性工作。

（一）账簿的设置

（1）从事生产、经营的纳税人应当自领取营业执照或者发生纳税义务之日起15日内，按照国家有关规定设置账簿。

（2）生产、经营规模小又确无建账能力的纳税人，可以聘请经批准从事会计代理记账业务的专业机构或者经税务机关认可的财会人员代为建账和办理账务。

（3）扣缴义务人应当自税收法律、行政法规规定的扣缴义务发生之日起10日内，按照所代扣、代收的税种，分别设置代扣代缴、代收代缴税款账簿。

（二）纳税人财务会计制度及其处理办法

（1）纳税人使用计算机记账的，纳税人建立的会计电算化系统应当符合国家有关规定，并能正确、完整核算其收入或者所得。

（2）纳税人、扣缴义务人的财务、会计制度或者财务、会计处理办法与国务院或者国务院财政、税务主管部门有关税收的规定抵触的，依照国务院或者国务院财政、税务主管部门有关税收的规定计算应纳税款、代扣代缴和代收代缴税款。

（3）账簿、会计凭证和报表，应当使用中文。民族自治地方可以同时使用当地通用的一种民族文字。外商投资企业和外国企业可以同时使用一种外国文字。

（三）账簿、凭证等涉税资料的保存

从事生产、经营的纳税人、扣缴义务人必须按照国务院财政、税务主管部门规定的保管期限保管账簿、记账凭证、完税凭证及其他有关资料。

【补充】 账簿、记账凭证、报表、完税凭证、发票、出口凭证以及其他有关涉税资料应当保存10年；但是法律、行政法规另有规定的除外。

【点拨】 重点掌握账簿的设置、涉税资料的保存等内容。

经典例题讲解

例题3－74·单选题 根据税收征收管理法律制度的规定，从事生产、经营的纳税人应当自领取营业执照或者发生纳税义务之日起一定期限内，按照国家有关规定设置账簿，该期限是

(　　)。

A. 10 日　　B. 15 日　　C. 7 日　　D. 30 日

【答案解析】 B　从事生产、经营的纳税人应当自领取营业执照或者发生纳税义务之日起 15 日内，按照国家有关规定设置账簿。

例题 3－75 · 单选题　扣缴义务人应当在法定扣缴义务发生之日起(　　)内，按所代扣、代收的税种，分别设置代扣代缴、代收代缴税款账簿。

A. 15 日　　B. 10 日　　C. 30 日　　D. 60 日

【答案解析】 B　扣缴义务人应当自税收法律、行政法规规定的扣缴义务发生之日起 10 日内，按照所代扣、代收的税种，分别设置代扣代缴、代收代缴税款账簿。

例题 3－76 · 单选题　根据税收征收管理法律制度的规定，除另有规定外，从事生产、经营的纳税人的账簿、记账凭证、报表、完税凭证、发票、出口凭证以及其他有关涉税资料应当保存一定期限，该期限为(　　)。

A. 30 年　　B. 10 年　　C. 15 年　　D. 20 年

【答案解析】 B　账簿、记账凭证、报表、完税凭证、发票、出口凭证以及其他有关涉税资料应当保存 10 年；但是法律、行政法规另有规定的除外。

三、发票开具与管理

发票是确定经济收支行为发生的法定凭证，是会计核算的原始依据。

（一）发票的类型和适用范围

1. 发票的类型

发票的类型主要是增值税专用发票和增值税普通发票，还有特定范围继续使用的其他发票。

【解释 1】　增值税专用发票包括增值税专用发票和机动车销售统一发票。

【解释 2】　增值税普通发票包括增值税普通发票（折叠票)、增值税电子普通发票和增值税普通发票（卷票)。

【解释 3】　其他发票包括农产品收购发票、农产品销售发票、门票、过路（过桥）费发票、定额发票、客运发票和二手车销售统一发票等。

2. 发票适用的范围

（1）增值税一般纳税人，开具增值税专用发票、增值税普通发票、机动车销售统一发票、增值税电子普通发票。

（2）增值税小规模纳税人月销售额超过 3 万元（按季纳税 9 万元)，开具增值税普通发票、机动车销售统一发票、增值税电子普通发票。

【补充】　自 2018 年 2 月 1 日起，月销售额超过 3 万元（或季销售额超过 9 万元）的工业以及信息传输、软件和信息技术服务业增值税小规模纳税人发生增值税应税行为，需要开具增值税专用发票的，可以自行开具。

（3）纳税人自愿选择使用增值税普通发票（卷票)。

【提示】　纳税人可依法申请开具印有本单位名称的增值税普通发票（折叠票）或增值税

普通发票（卷票）。

（4）门票、过路（过桥）费发票、定额发票、客运发票和二手车销售统一发票继续使用。

（5）餐饮行业增值税一般纳税人购进农业生产者自产农产品，可以使用农产品收购发票。

（6）税务机关使用新系统代开增值税专用发票和增值税普通发票。

（二）发票的开具和使用

1. 发票的开具

（1）销售商品、提供服务以及从事其他经营活动的单位和个人，对外发生经营业务收取款项，收款方应当向付款方开具发票；特殊情况下，“由付款方向收款方开具发票”（如收购单位收购货物和农副产品付款时）。

（2）所有单位和从事生产、经营活动的个人在购买商品、接受服务以及从事其他经营活动支付款项，应当向收款方取得发票。取得发票时，不得要求变更品名和金额。

（3）开具发票应当按照规定的时限、顺序、栏目，全部联次一次性如实开具，并加盖发票专用章。

（4）任何单位和个人不得有下列虚开发票行为：①为他人、为自己开具与实际经营业务情况不符的发票；②让他人为自己开具与实际经营业务情况不符的发票；③介绍他人开具与实际经营业务情况不符的发票。

2. 发票的使用和保管

任何单位和个人应当按照发票管理规定使用发票，不得有下列行为：

（1）转借、转让、介绍他人转让发票、发票监制章和发票防伪专用品；

（2）知道或者应当知道是私自印制、伪造、变造、非法取得或者废止的发票而受让、开具、存放、携带、邮寄、运输；

（3）拆本使用发票；

（4）扩大发票使用范围；

（5）以其他凭证代替发票使用。

【提示】 已开具的发票存根联和发票登记簿应当保存5年。保存期满，报经税务机关“查验后”销毁。而账簿、记账凭证、报表、完税凭证、发票、出口凭证以及其他涉税资料应当保存10年，另有规定除外。注意区别。

（三）增值税发票开具和使用的特别规定

（1）增值税纳税人应使用新系统选择相应的编码开具增值税发票。

（2）购买方为企业的，索取增值税普通发票时，应向销售方提供纳税人识别号或统一社会信用代码；销售方为其开具增值税普通发票时，应在“购买方纳税人识别号”栏填写购买方的纳税人识别号或统一社会信用代码。

（3）销售方开具增值税发票时，发票内容应按照实际销售情况如实开具，不得根据购买方要求填开与实际交易不符的内容。

（四）发票的检查

（1）检查印制、领购、开具、取得、保管和缴销发票的情况；

（2）调出发票查验；

（3）查阅、复制与发票有关的凭证、资料；

（4）向当事各方询问与发票有关的问题和情况；

（5）在查处发票案件时，对与案件有关的情况和资料，可以记录、录音、录像、照相和复制。

【提示1】 税务人员进行检查时，应当出示税务检查证。

【提示2】 税务机关需要将已开具的发票调出查验时，应当向被查验的单位和个人开具发票换票证。发票换票证与所调出查验的发票有同等的效力。

【提示3】 税务机关需要将空白发票调出查验时，应当开具“收据”（而非发票换票证），经查无问题的，应当及时返还。

【点拨】 重点掌握发票的类型、适用范围、开具和使用、检查等内容。

经典例题讲解

例题3－77·多选题 根据税收征收管理法律制度的规定，下列关于发票开具和保管的表述中，正确的有(　　)。

A. 不得为他人开具与实际经营业务不符的发票

B. 已经开具的发票存根联和发票登记簿应当保存3年

C. 取得发票时，不得要求变更品名和金额

D. 开具发票的单位和个人应当建立发票使用登记制度，设置发票登记簿

【答案解析】 ACD 已开具的发票存根联和发票登记簿应当保存5年，选项B错误。

例题3－78·单选题 根据税收征收管理法律制度的规定，关于发票开具和保管的下列表述中，正确的是(　　)。

A. 销售货物开具发票时，可按付款方要求变更品名和金额

B. 经单位财务负责人批准后，可拆本使用发票

C. 已经开具的发票存根联保存期满后，开具发票的单位可直接销毁

D. 收购单位向个人支付收购款项时，由付款方向收款方开具发票

【答案解析】 D 选项A属于虚开发票行为；禁止拆本使用发票，选项B错误；保存期满，应报经税务机关查验后才可以销毁，选项C错误。

例题3－79·多选题 根据税收征收管理法律制度的规定，下列行为中，属于未按照规定使用发票的有(　　)。

A. 扩大发票使用范围　　　　B. 拆本使用发票

C. 以其他凭证代替发票使用　　　　D. 转借发票

【答案解析】 ABCD 任何单位和个人应当按照发票管理规定使用发票，不得有下列行为：转借、转让、介绍他人转让发票、发票监制章和发票防伪专用品；知道或者应当知道是私自印制、伪造、变造、非法取得或者废止的发票而受让、开具、存放、携带、邮寄、运输；拆本使用发票；扩大发票使用范围；以其他凭证代替发票使用。

例题3－80·多选题 根据税收征收管理法律制度的规定，税务机关在发票管理中有权

（　　）。

A. 向当事各方询问与发票有关的问题与情况

B. 调出发票查验

C. 检查印制、领购、开具、取得、保管和缴销发票的情况

D. 查阅、复制与发票有关的凭证、资料

【答案解析】 ABCD 四个选项都属于税务机关在发票管理中有权进行的检查。

四、纳税申报

纳税申报是确定纳税人是否履行纳税义务，界定法律责任的主要依据。

（一）纳税申报的内容

纳税人、扣缴义务人的纳税申报或者代扣代缴、代收代缴税款报告表的主要内容包括税种、税目；应纳税项目或者应代扣代缴、代收代缴税款项目；计税依据；扣除项目及标准；适用税率或者单位税额；应退税项目及税额、应减免税项目及税额；应纳税额或者应代扣代缴、代收代缴税额；税款所属期限、延期缴纳税款、欠税、滞纳金等。

（二）纳税申报的方式

（1）自行申报（直接申报）。

【提示】 这是一种传统的申报方式。

（2）邮寄申报。

【提示】 邮寄申报以寄出的邮戳日期为实际申报日期。

（3）数据电文申报。

【提示】 申报日期以税务机关计算机网络系统收到该数据电文的时间为准。

（4）其他方式。

【解释】 实行定期定额缴纳税款的纳税人，可以实行简易申报、简并征期等方式申报纳税。

（三）纳税申报的其他要求

（1）纳税人在纳税期内没有应纳税款的，也应当按照规定办理纳税申报。

（2）纳税人享受减税、免税待遇的，在减税、免税期间应当按照规定办理纳税申报。

（3）纳税人、扣缴义务人按照规定的期限办理纳税申报或者报送代扣代缴、代收代缴税款报告表确有困难，需要延期的，应当在规定的期限内向税务机关提出书面延期申请，经税务机关核准，在核准的期限内办理。

（4）纳税人、扣缴义务人因不可抗力，不能按期办理纳税申报或者报送代扣代缴、代收代缴税款报告表的，可以延期办理（不用申请）；但是，应当在不可抗力情形消除后立即向税务机关报告。税务机关应当查明事实，予以核准。

【提示】 经核准延期办理纳税申报、报送事项的，应当在纳税期内按照上期实际缴纳的税额或者税务机关核定的税额预缴税款，并在核准的延期内办理税款结算。

【点拨】 重点掌握纳税申报的方式及申报要求。

经典例题讲解

例题3-81·单选题 根据税收征收管理法律制度的规定，下列关于纳税申报方式的表述中，不正确的是(　　)。

A. 邮寄申报以税务机关收到的日期为实际申报日期

B. 数据电文方式的申报日期以税务机关计算机网络系统收到该数据电文的时间为准

C. 实行定期定额缴纳税款的纳税人，可以实行简易申报、简并征期等方式申报纳税

D. 自行申报是指纳税人、扣缴义务人按照规定的期限自行直接到主管税务机关办理纳税申报手续

【答案解析】 A 邮寄申报以寄出的邮戳日期为实际申报日期。

例题3-82·判断题 甲企业按照国家规定享受3年内免缴企业所得税的优惠待遇，甲企业在这3年内不需办理企业所得税的纳税申报。(　　)

【答案解析】 × 纳税人享受减税、免税待遇的，在减税、免税期间应当按照规定办理纳税申报。

例题3-83·判断题 纳税人在纳税期内没有应纳税款的，不需办理纳税申报。(　　)

【答案解析】 × 纳税人在纳税期内没有应纳税款的，也应当按照规定办理纳税申报。

五、税款征收

税款征收是税收征收管理工作的中心环节，是全部税收征管工作的目的和归宿。

(一) 税款征收的方式 (见表3-12)

表3-12

税款征收方式	适用情形
查账征收	适用于财务会计制度健全，能够如实核算和提供生产经营情况，并能正确计算应纳税款和如实履行纳税义务的纳税人
查定征收	适用于生产经营规模较小、产品零星、税源分散、会计账册不健全，但能控制原材料或进销货的小型厂矿和作坊
查验征收	适用于纳税人财务制度不健全，生产经营不固定，零星分散、流动性大的税源
定期定额征收	适用于经主管税务机关认定和县以上税务机关（含县级）批准的生产、经营规模小，达不到《个体工商户建账管理暂行办法》规定设置账簿标准，难以查账征收，不能准确计算计税依据的个体工商户（包括个人独资企业，简称定期定额户）

【点拨】 重点掌握税款征收方式、含义及其适用情形。

经典例题讲解

例题3－84·单选题 甲公司为大型国有企业，财务会计制度健全，能够如实核算和提供生产经营情况，并能正确计算应纳税款和如实履行纳税义务，其适用的税款征收方式是（ ）。

A. 定期定额征收 B. 查账征收 C. 查定征收 D. 查验征收

【答案解析】 B 查账征收适用于财务会计制度健全，能够如实核算和提供生产经营情况，并能正确计算应纳税款和如实履行纳税义务的纳税人。

例题3－85·单选题 根据税收征收管理法律制度的规定，纳税人财务制度不健全，生产经营不固定，零星分散、流动性大，适合采用的征收方式是（ ）。

A. 查账征收 B. 查定征收 C. 查验征收 D. 定期定额征收

【答案解析】 C 查验征收适用于纳税人财务制度不健全，生产经营不固定，零星分散、流动性大的税源。

（二）应纳税额的核定与调整

1. 核定应纳税额的情形

纳税人有下列情形之一的，税务机关有权核定其应纳税额：

（1）依照法律、行政法规的规定可以不设置账簿的。

（2）依照法律、行政法规的规定应当设置但未设置账簿的。

（3）擅自销毁账簿或者拒不提供纳税资料的。

（4）虽设置账簿，但账目混乱或者成本资料、收入凭证、费用凭证残缺不全，难以查账的。

（5）发生纳税义务，未按照规定的期限办理纳税申报，经税务机关责令限期申报，逾期仍不申报的。

（6）纳税人申报的计税依据明显偏低，又无正当理由的。

【技巧】 第（1）－（4）条由于税务机关无法查账，只好核定；注意第（5）条只有“经税务机关责令限期申报，逾期仍不申报的”才核定。

2. 核定应纳税额的方法

税务机关有权采用下列任何一种方法核定应纳税额：

（1）参照当地同类行业或者类似行业中经营规模和收入水平相近的纳税人的税负水平核定。

（2）按照营业收入或者成本加合理的费用和利润的方法核定。

（3）按照耗用的原材料、燃料、动力等推算或者测算核定。

（4）按照其他合理方法核定。

【补充】 当其中一种方法不足以正确核定应纳税额时，可以同时采用两种以上的方法核定。纳税人对税务机关采取上述方法核定的应纳税额有异议的，应当提供相关证据，经税务机关认定后，调整应纳税额。

【点拨】 重点掌握税务机关有权核定纳税人应纳税额的情形有哪些。

经典例题讲解

例题 3－86·多选题 根据税收征收管理法律制度的规定，纳税人存在下列情形，税务机关有权核定其应纳税额的有（ ）。

A. 依照法律、行政法规的规定可以不设置账簿的

B. 依照法律、行政法规的规定应当设置但未设置账簿的

C. 擅自销毁账簿或者拒不提供纳税资料的

D. 纳税人申报的计税依据明显偏低，又无正当理由的

【答案解析】 ABCD 四个选项都属于税务机关有权核定其应纳税额的情形。

例题 3－87·单选题 某酒店 2018 年 12 月份取得餐饮收入 5 万元，客房出租收入 10 万元，该酒店未在规定期限内进行纳税申报，经税务机关责令限期申报，逾期仍不申报。根据税收征收管理法律制度的规定，税务机关有权对该酒店采取的税款征收措施是（ ）。

A. 采取税收保全措施

B. 责令提供纳税担保

C. 税务人员到酒店直接征收税款

D. 核定其应纳税额

【答案解析】 D 纳税人发生纳税义务，未按照规定的期限办理纳税申报，经税务机关责令限期申报，逾期仍不申报的，税务机关有权核定其应纳税额。

（三）税收保全措施

1. 适用税收保全的情形及措施

税务机关责令具有税法规定情形的纳税人提供纳税担保而纳税人拒绝提供纳税担保或无力提供纳税担保的，经县以上税务局（分局）局长批准，税务机关可以采取下列税收保全措施：

（1）书面通知纳税人开户银行或者其他金融机构冻结纳税人的金额相当于应纳税款的存款。

（2）扣押、查封纳税人的价值相当于应纳税款的商品、货物或者其他财产。

【解释】 税收保全措施的执行范围仅限于“应纳税款”，不包括“税收滞纳金”。

【提示】 税收保全措施仅适用于从事生产、经营的纳税人。

2. 不适用税收保全的财产

（1）个人及其所扶养家属维持生活必需的住房和用品。

【解释】 个人及其所扶养家属维持生活必需的住房和用品不包括机动车辆、金银饰品、古玩字画、豪华住宅或者一处以外的住房。

（2）单价 5000 元以下的其他生活用品。

【链接】 税务机关采取税收保全措施的期限一般不得超过 6 个月。重大案件需要延长的，应当报国家税务总局批准。

（四）税收强制执行措施

1. 适用强制执行的情形及措施

从事生产、经营的纳税人、扣缴义务人未按照规定的期限缴纳或者解缴税款，纳税担保人未按照规定的期限缴纳所担保的税款，由税务机关责令限期缴纳，逾期仍未缴纳的，经县以上税务局（分局）局长批准，税务机关可以采取下列强制执行措施：

（1）强制扣款，即书面通知其开户银行或者其他金融机构从其存款中扣缴税款。

（2）拍卖变卖，即扣押、查封、依法拍卖或者变卖其价值相当于应纳税款的商品、货物或者其他财产，以拍卖或者变卖所得抵缴税款。

【提示1】 税务机关采取强制执行措施时，对上述纳税人、扣缴义务人、纳税担保人未缴纳的滞纳金同时强制执行。

【提示2】 个人及其所扶养家属维持生活必需的住房和用品（不包括机动车辆、金银饰品、古玩字画、豪华住宅或者一处以外的住房）不在强制执行措施的范围之内。税务机关对单价5000元以下的其他生活用品，不采取强制执行措施。这一规定与税收保全措施相同。

2. 抵税财物的拍卖与变卖

适用拍卖、变卖的情形包括：

第一，采取税收保全措施后，限期期满仍未缴纳税款的。

第二，设置纳税担保后，限期期满仍未缴纳所担保的税款的。

第三，逾期不按规定履行税务处理决定的。

第四，逾期不按规定履行复议决定的。

第五，逾期不按规定履行税务行政处罚决定的。

第六，其他经责令限期缴纳，逾期仍未缴纳税款的。

【总结】 税收保全措施与税收强制执行措施的比较见表3-13。

表3-13

比较项目	税收保全措施	税收强制执行措施
执行对象	纳税人	纳税人、扣缴义务人、纳税担保人
执行范围	应纳税额	应纳税额、滞纳金
执行手段	冻结银行存款	从银行存款中扣缴税款
	查封、扣押财产	拍卖、变卖财产
执行程序	县以上税务局（分局）局长批准	
不适用（采取）税收保全、强制执行的财产	（1）个人及其所扶养家属维持生活必需的住房和用品（不包括机动车辆、金银饰品、古玩字画、豪华住宅或者一处以外的住房） （2）单价5000元以下的其他生活用品	

经典例题讲解

例题3-88·多选题 根据税收征收管理法律制度的规定，下列各项中，属于税收保全措施的有（　　）。

A. 要求纳税人以抵押的方式为其应当缴纳的税款及滞纳金提供担保

B. 书面通知纳税人开户银行或者其他金融机构冻结纳税人的金额相当于应纳税款的存款

C. 扣押、查封纳税人的价值相当于应纳税款的商品、货物或者其他财产

D. 依法拍卖纳税人的价值相当于应纳税款的商品，以拍卖所得抵缴税款

【答案解析】 BC　税务机关可以采取下列税收保全措施：书面通知纳税人开户银行或者其他金融机构冻结纳税人的金额相当于应纳税款的存款；扣押、查封纳税人的价值相当于应纳税款的商品、货物或者其他财产。

例题 3－89·多选题　根据税收征收管理法律制度的规定，下列关于税收保全措施的表述中，正确的有(　　)。

A. 税务机关可以对税收滞纳金一并采取税收保全措施

B. 税收保全措施仅适用于从事生产、经营的纳税人

C. 机动车辆、金银饰品、古玩字画、豪华住宅或者一处以外的住房，均在税收保全措施的范围之内

D. 税务机关对单价 5 000 元以下的其他生活用品，不采取税收保全措施

【答案解析】 BCD　税收保全措施的范围不包括税收滞纳金，选项 A 错误。

例题 3－90·单选题　税务机关采取税收保全措施的期限一般最长不得超过(　　)。

A. 3 个月　　B. 6 个月　　C. 1 年　　D. 3 年

【答案解析】 B　税务机关采取税收保全措施的期限一般不得超过 6 个月。重大案件需要延长的，应当报国家税务总局批准。

六、涉税专业服务

涉税专业服务是指涉税专业服务机构接受委托，利用专业知识和技能，就涉税事项向委托人提供的税务代理等服务。

（一）涉税专业服务机构

涉税专业服务机构是指税务师事务所和从事涉税专业服务的会计师事务所、律师事务所、代理记账机构、税务代理公司、财税类咨询公司等机构。

【提示 1】 税务机关对税务师事务所实施行政登记管理。未经行政登记不得使用“税务师事务所”名称，不能享有税务师事务所的合法权益。税务师事务所办理商事登记后，应当向省税务机关办理行政登记。

【提示 2】 从事涉税专业服务的会计师事务所和律师事务所，依法取得会计师事务所执业证书或律师事务所执业许可证，视同行政登记。

【补充】 税务师事务所合伙人或者股东由税务师、注册会计师、律师担任，税务师占比应高于 50%，国家税务总局另有规定的除外。

（二）涉税专业服务的业务范围

（1）纳税申报代理。

（2）一般税务咨询。

（3）专业税务顾问。

（4）税收策划。

（5）涉税鉴证。

（6）纳税情况审查。

（7）其他税务事项代理。

【解释】 其他税务事项代理包括接受纳税人、扣缴义务人的委托，代理建账记账、发票领用、减免退税申请等税务事项。

（8）其他涉税服务。

（三）涉税专业服务机构从事涉税专业服务的要求

1. 涉税专业服务的限制

前述列举涉税专业服务业务范围中的第（3）、（4）、（5）、（6）项涉税业务，应当由具有税务师事务所、会计师事务所、律师事务所资质的涉税专业服务机构从事，相关文书应由税务师、注册会计师、律师签字，并承担相应的责任。

2. 税务代理委托协议

委托人和涉税专业服务机构双方达成一致意见后，签订税务代理委托协议。税务代理委托协议自双方签字、盖章时起即具有法律效力。

【提示1】 税务代理委托协议中的当事人一方必须是涉税专业服务机构，税务代理执业人员不得以个人名义直接接受委托。

【提示2】 税务代理执业人员违反国家法律、法规进行代理或未按协议约定进行代理，给委托人造成损失的，由涉税专业服务机构和执业人员个人承担相应的赔偿责任。

3. 涉税报告和文书

（1）涉税专业服务机构为委托人出具的各类涉税报告和文书，由双方留存备查，其中，税收法律、法规及国家税务总局规定报送的，应当向税务机关报送。

（2）代理业务完成后，应及时将有关代理资料按要求整理归类、装订、立卷，保存归档。

【提示】 税务代理业务档案保存应不少于5年。

经典例题讲解

例题3－91·多选题 根据税收征收管理法律制度的规定，下列各项中，属于涉税专业服务机构可以接受委托从事的涉税业务有（　　）。

A. 纳税申报代理　　　　B. 专业税务顾问

C. 涉税鉴证　　　　D. 纳税情况审查

【答案解析】 ABCD 以上四项均属于涉税专业服务机构可以接受委托从事的涉税业务。

例题3－92·判断题 税务代理执业人员可以以个人名义直接接受委托，从事涉税专业服务。（　　）

【答案解析】 × 税务代理委托协议中的当事人一方必须是涉税专业服务机构，税务代理执业人员不得以个人名义直接接受委托。

例题3－93·单选题 根据税收征收管理法律制度的规定，税务代理业务档案保存应不少于( )。

A.1年 B.3年 C.5年 D.10年

【答案解析】 C 税务代理业务档案保存应不少于5年。

七、税务检查

税务检查是税收征收管理工作的一项重要内容，是确保国家财政收入和税收法律法规贯彻落实的重要手段。

(1) 税务机关有权进行下列税务检查：

①查账权。

②场地检查权（指纳税人的生产、经营场所和货物存放地，不包括生活场所）。

③责成提供资料权。

④询问权。

⑤交通邮政检查权（查有关单据、凭证和有关资料，不包括自带的物品）。

⑥存款账户核查权。

【解释】 ①经县以上税务局（分局）局长批准，凭全国统一格式的检查存款账户许可证明，查询从事生产、经营的纳税人、扣缴义务人在银行或者其他金融机构的存款账户；②经设区的市、自治州以上税务局（分局）局长批准，可以查询案件涉嫌人员的储蓄存款。

(2) 税务机关对从事生产、经营的纳税人以前纳税期的纳税情况依法进行税务检查时，发现纳税人有逃避纳税义务行为，并有明显的转移、隐匿其应纳税的商品、货物以及其他财产或者应纳税的收入的迹象的，可以按照规定的批准权限采取税收保全措施或者强制执行措施。

【解释】 税务机关采取税收保全措施的期限一般不得超过"6个月"；重大案件需要延长的，应当报国家税务总局批准。

(3) 税务机关调查税务违法案件时，对与案件有关的情况和资料，可以记录、录音、录像、照相和复制。

【链接】 在查处发票案件时，对与案件有关的情况和资料，可以记录、录音、录像、照相和复制。

(4) 税务机关派出的人员进行税务检查时，应当出示税务检查证和税务检查通知书，并有责任为被检查人保守秘密。

【点拨】 重点掌握税务机关在税务检查中的职权和职责。

经典例题讲解

例题3－94·多选题 根据税收征收管理法律制度的规定，下列各项中，属于税务机关纳税检查职权的有( )。

A. 检查扣缴义务人代扣代缴、代收代缴税款账簿、记账凭证和有关资料

B. 检查纳税人托运、邮寄应税商品、货物或者其他财产的有关单据

C. 检查纳税人存放在生产、经营场所的应纳税的货物

D. 检查纳税人的账簿、记账凭证、报表和有关资料

【答案解析】 ABCD 四个选项都属于税务机关在税务检查中的职权。

例题3-95·多选题 根据税收征收管理法律制度的规定，下列各项中，属于税务机关派出人员在税务检查中应履行的职责有（ ）。

A. 出示税务检查通知书

B. 出示税务机关组织机构代码证

C. 为被检查人保守秘密

D. 出示税务检查证

【答案解析】 ACD 税务机关派出的人员进行税务检查时，应当出示税务检查证和税务检查通知书，并有责任为被检查人保守秘密。

八、税收法律责任

（一）税务管理相对人实施税收违法行为的法律责任（包括但不限于）

1. 违反税务管理基本规定的法律责任

（1）纳税人有下列行为之一的，由税务机关责令限期改正，可以处2000元以下的罚款；情节严重的，处2000元以上1万元以下的罚款：

①未按照规定设置、保管账簿或者保管记账凭证和有关资料的。

②未按照规定将财务、会计制度或者财务、会计处理办法和会计核算软件报送税务机关备查的。

③未按照规定将其全部银行账号向税务机关报告的。

④未按照规定安装、使用税控装置，或者损毁或者擅自改动税控装置的。

（2）纳税人未按照规定的期限办理纳税申报和报送纳税资料的，或者扣缴义务人未按照规定的期限向税务机关报送代扣代缴、代收代缴税款报告表和有关资料的，由税务机关责令限期改正，可以处2 000元以下的罚款；情节严重的，处2 000元以上1万元以下的罚款。

（3）非法印制、转借、倒卖、变造或者伪造完税凭证的，由税务机关责令改正，处2 000元以上1万元以下的罚款；情节严重的，处1万元以上5万元以下的罚款；构成犯罪的，依法追究刑事责任。

（4）税务代理人违反税收法律、行政法规，造成纳税人未缴或者少缴税款的，除由纳税人缴纳或者补缴应纳税款、滞纳金外，对税务代理人处纳税人未缴或者少缴税款50%以上3倍以下的罚款。

2. 逃避税务机关追缴欠税行为的法律责任

逃避税务机关追缴欠税行为，是指纳税人欠缴应纳税款，采取转移或者隐匿财产的手段，妨碍税务机关追缴欠缴的税款行为。

【提示】 对逃税行为，由税务机关追缴欠缴的税款、滞纳金，并处罚款；构成犯罪的，依法追究刑事责任。

【补充】 扣缴义务人应扣未扣、应收而不收税款的，由税务机关向纳税人追缴税款，对扣缴义务人处以应扣未扣、应收而未收税款50%以上3倍以下的罚款。

3. 偷税行为的法律责任

偷税，是指纳税人采取伪造、变造、隐匿、擅自销毁账簿、记账凭证，或者在账簿上多列支出或者不列、少列收入，或者经税务机关通知申报而拒不申报或者进行虚假的纳税申报的手段，不缴或者少缴应纳税款的行为。

【提示】 纳税人偷税的，由税务机关追缴其不缴或者少缴的税款、滞纳金，并处罚款；构成犯罪的，依法追究刑事责任。

4. 抗税行为的法律责任

抗税，是指纳税人、扣缴义务人以暴力、威胁方法拒不缴纳税款的行为。

【提示】 对抗税行为，除由税务机关追缴其拒缴的税款、滞纳金外，依法追究刑事责任。情节轻微，未构成犯罪的，由税务机关追缴其拒缴的税款、滞纳金，并处罚款。

5. 骗税行为的法律责任

骗税行为，是指纳税人以假报出口或者其他欺骗手段，骗取国家出口退税款的行为。

【提示1】 纳税人有骗税行为，由税务机关追缴其骗取的退税款，并处骗取税款1倍以上5倍以下的罚款；构成犯罪的，依法追究刑事责任。对骗取国家出口退税款的，税务机关可以在规定期间内停止为其办理出口退税。

【提示2】 为纳税人、扣缴义务人非法提供银行账户、发票、证明或者其他方便，骗取国家出口退税款的，税务机关除没收其违法所得外，可以处未缴、少缴或者骗取的税款1倍以下的罚款。

6. 纳税人、扣缴义务人不配合税务机关进行税务检查的法律责任

税务检查期间，纳税人、扣缴义务人发生不配合税务机关进行税务检查的行为，由税务机关责令改正，可以处1万元以下罚款；情节严重的，处1万元以上5万元以下的罚款。

【点拨】 重点掌握逃税、偷税、抗税、骗税等行为的“判定”及其处罚；理解各类违法“行为”与“犯罪”的区别。

经典例题讲解

例题3-96·单选题 根据税收征收管理法律制度的规定，纳税人未按照规定的期限办理纳税申报和报送纳税资料的，税务机关可以对其采取的措施是(　　)。

A. 由税务机关责令限期改正，可以处2 000元以下的罚款；情节严重的，处2 000元以上1万元以下的罚款

B. 由税务机关责令限期改正，可以处5 000元以下的罚款；情节严重的，处5 000元以上1万元以下的罚款

C. 由税务机关责令限期改正，可以处1万元以下的罚款；情节严重的，处1万元以上10万元以下的罚款

D. 提请工商行政管理机关吊销其营业执照

【答案解析】 A 纳税人未按照规定的期限办理纳税申报和报送纳税资料的，或者扣缴义务

人未按照规定的期限向税务机关报送代扣代缴、代收代缴税款报告表和有关资料的，由税务机关责令限期改正，可以处2 000元以下的罚款；情节严重的，处2 000元以上1万元以下的罚款。

例题3－97·单选题 根据税收征收管理法律制度的规定，纳税人发生的下列行为中，属于偷税的是（ ）。

A. 以暴力、威胁方法，拒不缴纳税款的

B. 在账簿上多列支出、少列收入，少缴应纳税款的

C. 未按照规定的期限办理纳税申报和报送纳税资料的

D. 假报出口，骗取国家出口退税款的

【答案解析】 B 选项A属于抗税行为；选项C属于违反税务管理规定的行为；选项D属于骗税行为。

例题3－98·单选题 根据税收征收管理法律制度的规定，纳税人有骗税行为，由税务机关追缴其骗取的退税款，并处骗取税款一定倍数的罚款，该倍数为（ ）。

A. 5倍以上10倍以下　　B. 1倍以上5倍以下

C. 10倍　　D. 10倍以上15倍以下

【答案解析】 B 纳税人有骗税行为，由税务机关追缴其骗取的退税款，并处骗取税款1倍以上5倍以下的罚款；构成犯罪的，依法追究刑事责任。

例题3－99·多选题 根据税收征收管理法律制度的规定，纳税人发生偷税行为时，税务机关可以行使的权力有（ ）。

A. 追缴税款　　B. 加收滞纳金

C. 并处罚款　　D. 并处罚金

【答案解析】 ABC 纳税人偷税的，由税务机关追缴其不缴或者少缴的税款、滞纳金，并处罚款；构成犯罪的，依法追究刑事责任。

例题3－100·判断题 对骗取国家出口退税款的，税务机关可以在规定期间内停止为其办理出口退税。（ ）

【答案解析】 √ 表述正确。

九、税务行政复议

税务行政复议，是指纳税人和其他税务当事人对税务机关的税务行政行为不服，依法向上级税务机关提出申诉，请求上一级税务机关对原具体行政行为的合理性、合法性作出审议；复议机关依法对原行政行为的合理性、合法性作出裁决的行政司法活动。

【解释】 ①税务行政复议“申请人”：纳税人及其他当事人；②税务行政复议“被申请人”：税务机关；③税务行政“复议机关”：上级税务机关。

（一）税务行政复议范围

申请人对下列“具体行政行为”不服，可以提出行政复议申请：

（1）税务机关做出的征税行为。

【解释】 征税行为包括确认纳税主体、征税对象、征税范围、减税、免税、退税、抵扣税款、适用税率、计税依据、纳税环节、纳税期限、纳税地点和税款征收方式等具体行政行

为，征收税款、加收滞纳金，扣缴义务人、受税务机关委托的单位和个人做出的代扣代缴、代收代缴、代征行为等。

（2）行政许可、行政审批行为。

（3）发票管理行为，包括发售、收缴、代开发票等。

（4）税收保全措施、强制执行措施。

（5）税务机关做出的行政处罚行为：①罚款；②没收财物和违法所得；③停止出口退税权。

（6）税务机关不依法履行下列职责的行为：①开具、出具完税凭证、外出经营活动税收管理证明；②行政赔偿；③行政奖励；④其他不依法履行职责的行为。

（7）资格认定行为。

（8）不依法确认纳税担保行为。

（9）政府公开信息工作中的具体行政行为。

（10）纳税信用等级评定行为。

（11）税务机关通知出入境管理机关阻止出境行为。

（12）税务机关做出的其他具体行政行为。

【提示1】 申请人对上述第（1）项行为（即“税务机关作出的征税行为”）不服的，应当先向复议机关申请行政复议，对行政复议决定不服的，可以再向人民法院提起行政诉讼。

【提示2】 申请人对上述第（1）项以外的其他行为不服的，可以申请行政复议，也可以直接向人民法院提起行政诉讼。

【补充】 申请人对抽象行政行为（规章、规定等）不服，不属于行政复议的受理范围。

【点拨】 重点掌握“征税行为”具体是哪些，会判断哪些复议事项要“先议后诉”，哪些复议事项可“或议或诉”。

经典例题讲解

例题3－101·多选题 根据税收征收管理法律制度的规定，纳税人对税务机关的下列行政行为不服时，可以申请行政复议的有（　　）。

A. 罚款

B. 确认适用税率

C. 加收滞纳金

D. 制定具体贯彻落实税收法规的规定

【答案解析】 ABC　选项D属于抽象行政行为（规章、规定等），不属于行政复议的受理范围。

例题3－102·单选题 根据税收征收管理法律制度的规定，税务机关作出的下列具体行政行为中，纳税人不服时可以选择申请税务行政复议或者直接提起行政诉讼的是（　　）。

A. 征收税款　　B. 加收滞纳金

C. 确认纳税主体　　D. 没收财物和违法所得

【答案解析】 D　选项ABC属于税务机关作出的征税行为，必须先申请行政复议；选项D

当事人可以申请行政复议，也可以直接向人民法院提起行政诉讼。

例题3－103·单选题 根据税收征收管理法律制度的规定，税务机关作出的下列具体行政行为中，申请人不服，应当先向复议机关申请行政复议，对行政复议决定不服的，可以再向人民法院提起行政诉讼的是(　　)。

A. 征收税款行为　　B. 税收保全行为

C. 发票管理行为　　D. 行政处罚行为

【答案解析】 A 选项A属于税务机关作出的征税行为，必须先申请行政复议；选项BCD可以申请行政复议，也可以直接向人民法院提起行政诉讼。

例题3－104·多选题 根据税收征收管理法律制度的规定，税务机关的下列具体行政行为中，属于行政处罚的有(　　)。

A. 确认适用税率　　B. 确认纳税期限

C. 没收财物和违法所得　　D. 停止出口退税权

【答案解析】 CD 税务机关做出的行政处罚行为有：罚款；没收财物和违法所得；停止出口退税权。

（二）税务行政复议管辖

1. 复议管辖的一般规定（见表3－14）

表3－14

作出具体行政行为的税务机关	复议机关
各级税务局	上一级税务局
计划单列市税务局	国家税务总局
税务所（分局）、各级税务局的稽查局	其所属税务局
国家税务总局	国家税务总局 **【提示】** 对行政复议决定不服，申请人可以向人民法院提起行政诉讼，也可以向国务院申请裁决。国务院的裁决为最终裁决

2. 复议管辖的特殊规定（见表3－15）

表3－15

作出具体行政行为的税务机关	复议机关
两个以上税务机关共同作出	共同上一级税务机关
税务机关与其他行政机关共同作出	共同上一级行政机关
被撤销的税务机关	继续行使其职权的税务机关的上一级税务机关

【补充】 对税务机关做出逾期不缴纳罚款加处罚款的决定不服的，向做出行政处罚决定的税务机关申请行政复议。但是对已处罚款和加处罚款都不服的，一并向做出行政处罚决定的税务机关的上一级税务机关申请行政复议。

【点拨】 重点掌握税务行政复议管辖的具体规定。

经典例题讲解

例题 3－105 · 单选题　M 县地方税务局对甲企业作出罚款决定，甲企业不服，拟提出行政复议申请。下列关于甲企业申请行政复议的表述中，正确的是(　　)。

A. 可向 M 县人民法院申请行政复议

B. 可向 M 县地方税务局申请行政复议

C. 可向 M 县人民政府申请行政复议

D. 可向 M 县国家税务局申请行政复议

【答案解析】　C　对各级地方税务局的具体行政行为不服的，可以选择向其上一级地方税务局或者该税务局的本级人民政府申请行政复议。

例题 3－106 · 判断题　对国家税务总局作出的具体行政行为不服的，应向国务院申请行政复议。　(　　)

【答案解析】　×　对国家税务总局作出的具体行政行为不服的，向国家税务总局申请行政复议。

例题 3－107 · 单选题　设立于 M 省 Y 市（计划单列市）的甲公司对 Y 市国家税务局作出的行政处罚决定不服申请行政复议。下列机关中，有权受理该申请的是(　　)。

A. 国家税务总局

B. M 省人民政府

C. M 省国家税务局

D. Y 市人民政府

【答案解析】　A　对计划单列市国家税务局的具体行政行为不服的，向国家税务总局申请行政复议。

例题 3－108 · 单选题　某市国家税务局直属稽查局在税务检查中发现甲公司存在滞后确认产品销售收入的情况，遂作出要求甲公司补缴税款的税务处理决定。甲公司不服，申请行政复议。根据税收征收管理法律制度的规定，下列各项中，有权受理该申请的是(　　)。

A. 该市国家税务局

B. 该市人民政府

C. 所在省国家税务局

D. 所在省人民政府

【答案解析】　A　对税务所（分局）、各级税务局的稽查局的具体行政行为不服的，向其所属税务局申请行政复议。

例题 3－109 · 单选题　根据税收征收管理法律制度的规定，当纳税义务人对税务机关和其他行政机关共同作出的具体行政行为不服的，向(　　)申请行政复议。

A. 税务机关上一级

B. 行政机关上一级

C. 共同上一级的行政机关

D. 共同上一级的税务机关

【答案解析】 C 对税务机关与其他行政机关共同作出具体行政行为不服的，向其共同上一级行政机关申请行政复议。

（三）税务行政复议决定

（1）复议机关应当自受理申请之日起60日内做出行政复议决定。情况复杂，不能在规定期限内做出行政复议决定的，经复议机关负责人批准，可以适当延长，并告知申请人和被申请人；但延长期限最多不超过30日。

（2）行政复议决定的类型。

①具体行政行为认定事实清楚、证据确凿、适用依据正确、程序合法、内容适当的，决定维持。

②被申请人不履行法定职责的，决定其在一定期限内履行。

③具体行政行为有下列情形之一的，决定撤销、变更或者确认该具体行政行为违法：主要事实不清、证据不足的；适用依据错误的；违反法定程序的；超越或者滥用职权的；具体行政行为明显不当的。

（3）复议机关责令被申请人重新作出具体行政行为的，被申请人不得作出对申请人更为不利的决定；但是复议机关以原具体行政行为主要事实不清、证据不足或者适用依据错误决定撤销的，被申请人重新作出具体行政行为的除外。

（4）复议机关责令被申请人重新作出具体行政行为的，被申请人应当在60日内重新作出具体行政行为；情况复杂，不能在规定期限内重新作出具体行政行为的，经复议机关批准，可以适当延期，但是延期不得超过30日。

（5）申请人对被申请人重新作出的具体行政行为不服，可以依法申请行政复议或者提起行政诉讼。

（6）行政复议书一经送达，即发生法律效力。

经典例题讲解

例题3－110·单选题 根据税收征收管理法律制度的规定，行政复议机关自受理申请之日起60日内未作出行政复议决定的，特殊情况下，最多还能延长（ ）。

A. 10日 B. 30日 C. 20日 D. 60日

【答案解析】 B 复议机关应当自受理申请之日起60日内做出行政复议决定。情况复杂，不能在规定期限内做出行政复议决定的，经复议机关负责人批准，可以适当延长，并告知申请人和被申请人；但延长期限最多不超过30日。

例题3－111·单选题 根据税收征收管理法律制度的规定，下列关于税务行政复议决定的表述中，不正确的是（ ）。

A. 被申请人不履行法定职责的，决定其在一定期限内履行

B. 行政复议决定书一经行政复议机关负责人签字，即发生法律效力

C. 决定撤销原具体行政行为的，可以责令被申请人在一定期限内重新作出具体行政行为

D. 复议机关应当自受理申请之日起 60 日内作出行政复议决定，情况复杂的经批准可以适当延长

【答案解析】 B 行政复议书一经送达，即发生法律效力。

例题 3－112·单选题 根据税收征收管理法律制度的规定，下列关于税务行政复议决定的表述中，不正确的是(　　)。

A. 复议机关应当自受理申请之日起 180 日内作出行政复议决定

B. 具体行政行为认定事实清楚，证据确凿，适用依据正确，程序合法，内容适当的，行政复议机构作出维持的复议决定

C. 具体行政行为适用依据错误的，行政复议机构作出撤销、变更该具体行政行为或者确认该具体行政行为违法的复议决定

D. 被申请人不履行法定职责的，行政复议机构作出要求被申请人在一定期限内履行的复议决定

【答案解析】 A 选项 A：行政复议机关应当自受理申请之日起 60 日内作出行政复议决定；但是法律规定的行政复议期限少于 60 日的除外。

例题 3－113·多选题 根据税收征收管理法律制度的规定，行政复议机构决定撤销、变更或者确认被申请人具体行政行为违法的情形有(　　)。

A. 被申请人的具体行政行为明显不当的

B. 被申请人的具体行政行为证据不足的

C. 被申请人的具体行政行为超越职权的

D. 被申请人的具体行政行为适用依据错误的

【答案解析】 ABCD 被申请人具体行政行为有下列情形之一的，行政复议机构决定撤销、变更或者确认该具体行政行为违法：①主要事实不清、证据不足的；②适用依据错误的；③违反法定程序的；④超越或者滥用职权的；⑤具体行政行为明显不当的。

随章同步练习

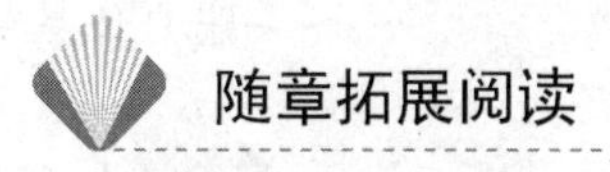

随章拓展阅读

说明：手机扫描上方二维码，根据提示下载安装客户端，安装后使用客户端中的扫码功能直接访问，亦可通过浏览器登录 pass. cfeph. cn 访问。

第四章 chapter 4 财政法律制度

课前导语

本章对读者来讲显得陌生，其内容也较“生涩难懂”。本章的内容由相对独立的三个部分构成，它们之间的前后联系并不多：(预算法律制度、政府采购法律制度、国库集中收付制度) 虽然有学习内容“陌生”“生涩”的困难，但本章有一个有利的因素，即没有需要“转弯”的地方，都是“直来直去”的考查。

基本要求

了解：预算法律制度的构成；国库集中支付制度的概念；政府采购法律制度的构成和原则

掌握：国家预算的级次划分和构成；预算管理的职权；预算组织的程序以及预决算的监督；政府采购的执行模式和方式；国库单一账户体系的构成及财政收支的方式

本章框架结构

财政法律制度

1. 预算法律制度（预算法律制度的构成、国家预算概述、预算管理的职权、预算收入与支出、预算组织程序、决算、预决算的监督）
2. 政府采购法律制度（政府采购法律制度的构成、政府采购的概念与原则、政府采购的功能与执行模式、政府采购当事人、政府采购方式、政府采购的监督检查）
3. 国库集中收付制度（国库集中收付制度的概念、国库单一账户体系、财政收支的方式和程序）

第一节 | 预算法律制度

一、预算法律制度的构成

预算法律制度是指国家经过法定程序制定的，用以调整国家预算关系的法律、行政法规和相关规章制度。

【解释】 我国预算法律制度由《中华人民共和国预算法》《中华人民共和国预算法实施条例》以及有关国家预算管理的其他法规制度构成。

1.《中华人民共和国预算法》

（1）相关时间：《中华人民共和国预算法》于1994年3月22日由第八届全国人民代表大会审议通过，1995年1月1日起施行。2014年8月31日第十二届全国人民代表大会常务委员会第十次会议通过了《关于修改〈中华人民共和国预算法〉的决定》，修正后的《中华人民共和国预算法》（以下简称《预算法》）自2015年1月1日施行。现行的《预算法》共11章101条。

（2）主要内容：预算管理职权、预算收支范围、预算编制、预算审查和批准、预算执行、预算调整、决算、监督和法律责任等。

【提示】《预算法》是我国第一部财政基本法律，是我国国家预算管理工作的根本性法律以及制定其他预算法规的基本依据。

2.《预算法实施条例》

（1）相关时间：国务院于1995年11月2日发布并实施了《中华人民共和国预算法实施条例》。

【链接】 随着《预算法》的修正，《中华人民共和国预算法实施条例》（以下简称《预算法实施条例》）的修订也已提上日程。2015年6月24日，《预算法实施条例（修订草案征求意见稿）》向社会公开征集意见。

（2）主要内容：对《预算法》中的有关法律概念，以及预算管理的方法和程序等做了具体规定。

经典例题讲解

例题4-1·单选题　经第十二届全国人民代表大会常务委员会第十次会议修正的《中华人民共和国预算法》自（　　）年1月1日起施行。

A. 2014　　B. 2016

C. 2015　　D. 2017

【答案解析】 C　经第十二届全国人民代表大会常务委员会第十次会议修正的《中华人民

共和国预算法》于2014年8月31日通过，2015年1月1日起施行。

例题4-2·单选题 修正后的《中华人民共和国预算法》于2014年8月31日第十二届全国人民代表大会常务委员会第十次会议通过，全文共（ ）章（ ）条。

A. 11，79　　B. 10，101

C. 11，101　　D. 10，79

【答案解析】 C 修正后的《中华人民共和国预算法》共有11章101条。

例题4-3·判断题 《预算法》是我国的财政基本法律，是我国国家预算管理工作的根本性法律以及制定其他预算法规的基本依据。（ ）

【答案解析】 √ 表述正确。

二、国家预算概述

（一）国家预算的概念

国家预算（也称“政府预算”“财政预算”），是政府的基本财政收支计划，即经法定程序批准的国家年度财政收支计划。

【解释】 国家预算是实现财政职能的基本手段，反映国家的施政方针和社会经济政策，规定政府活动的范围和方向。

（二）国家预算的作用

国家预算作为财政分配和宏观调控的主要手段，具有分配、调控和监督职能。其作用主要包括三个方面：

（1）财力保证作用。国家预算既是保障国家机器运转的物质条件，又是政府实施各项社会经济政策的有效保证。

（2）调节制约作用。国家预算的收支规模可调节社会总供给和总需求的平衡，预算支出的结构可调节国民经济结构。

（3）反映监督作用。通过国家预算的编制和执行便于监督和掌握国民经济的运行状况、发展趋势以及出现的问题，从而采取对策措施，促进国民经济稳定协调地发展。

（三）预算法的基本原则

（1）统筹兼顾、勤俭节约、量力而行原则。

（2）预算法定原则。

【提示】 《预算法》明确规定：经人民代表大会批准的预算，非经法定程序，不得调整。各级政府、各部门、各单位的支出必须以经批准的预算为依据，未列入预算的不得支出。

（3）绩效原则。

【解释】 绩效指政府支出应与有效公共服务的提供相匹配。绩效原则是指政府应当将绩效贯穿于预算全过程。

（4）跨年度预算平衡原则。

（5）公开原则。

【提示】 《预算法》规定，除涉及国家秘密的外，经本级人民代表大会或者本级人民代表大会常务委员会批准的预算、预算调整、决算、预算执行情况的报告及报表，应当在批准后20日内由本级政府财政部门向社会公开，并对本级政府财政转移支付安排、执行的情况以及举借债务的情况等重要事项做出说明；经本级政府财政部门批复的部门预算、决算及报表，应当在批复后20日内由各部门向社会公开，并对部门预算、决算中机关运行经费的安排、使用情况等重要事项做出说明；各级政府、各部门、各单位应当将政府采购的情况及时向社会公开。

(6) 完整性原则。

【解释】 完整性原则是指一切和政府有关的财政收支活动都应该纳入到预算当中，政府在预算活动外不许有任何其他的财政收支行为。

【提示】 《预算法》规定：预算由预算收入和预算支出组成。政府的全部收入和支出都应当纳入预算。

(7) 分税制原则。

【解释】 国家实行中央和地方分税制。

(四) 国家预算级次的划分

根据国家政权结构、行政区域划分和财政管理体制的要求，按照一级政府设立一级预算的原则，我国国家预算共分为五级预算，具体包括：

(1) 中央预算；

(2) 省级（省、自治区、直辖市）预算；

(3) 地市级（设区的市、自治州）预算；

(4) 县市级（县、自治县、不设区的市、市辖区）预算；

(5) 乡镇级（乡、民族乡、镇）预算。

【解释】 除中央预算外，其他四个级次的预算都称为“地方预算”。

(五) 国家预算的构成

1. 按照政府级次可分为中央预算和地方预算

(1) 中央预算。中央预算由中央各部门（含直属单位）的预算组成，包括地方向中央上解的收入数额和中央对地方返回或者给予补助的数额。

【补充】 中央预算包括了与财政部直接发生预算缴款、拨款关系的国家机关、军队、政党组织和社会团体的预算（中央各部门），也包括了与财政部直接发生预算缴款、拨款关系的企业和事业单位的预算（中央直属单位）。

【思考】 中央预算包括什么内容？请务必注意中央预算不包括地方预算。

(2) 地方预算。地方预算由各省、自治区、直辖市总预算构成，包括下级政府向上级政府上解的收入数额和上级政府对下级政府返还或者补助的数额。

【补充】 地方各级政府预算由本级各部门（含直属单位）的预算组成，包括了与本级政府财政部门直接发生预算缴款、拨款关系的地方国家机关、军队、政党组织和社会团体的预算（本级政府各部门），也包括了与本级政府财政部门直接发生预算缴款、拨款关系的企业和事业单位的预算（本级政府直属单位）。

【思考】 地方预算包括什么内容？

2. 按照收支管理范围可分为总预算和部门单位预算

（1）总预算。全国总预算由中央预算和地方预算组成。地方各级总预算由本级预算和汇总的下一级总预算组成。

【提示】 下一级只有本级预算的，下一级总预算即指下一级的本级预算；没有下一级预算的，总预算即指本级预算。

【技巧】 总预算 = 本级预算（本级政府所属职能部门的单位预算总和） + 本级政府行政隶属的下一级政府的总预算

【举例4-1】 某市总预算既包括市属各部门（含直属单位）的预算，又包括其下属各区县的总预算，即：①国家总预算 = 中央预算 + 省级总预算；②省级总预算 = 本级预算 + 市级总预算；以此类推。注意理解。

（2）部门单位预算。各部门预算由本部门所属各单位预算组成（既包括行政单位预算，又包括其下属的事业单位预算）；单位预算是指列入部门预算的国家机关、社会团体和其他单位的收支预算。

【解释】 部门预算由本部门所属各单位预算组成，单位预算是各级政府预算的基本构成要素。

【思考】 总预算是不是包含部门预算？部门预算是不是包含单位预算？

3. 按照收支的内容可分为一般公共预算、政府性基金预算、国有资本经营预算、社会保险基金预算（见表4-1）

表4-1 预算按照收支的内容分类

分类结果	基本含义及编制原则
（1）一般公共预算	一般公共预算是对以税收为主体的财政收入，安排用于保障和改善民生、推动经济社会发展、维护国家安全、维持国家机构正常运转等方面的收支预算
	中央一般公共预算包括中央各部门（含直属单位）的预算和中央对地方的税收返还、转移支付预算。中央一般公共预算收入包括中央本级收入和地方向中央的上解收入。中央一般公共预算支出包括中央本级支出、中央对地方的税收返还和转移支付
	地方各级一般公共预算包括本级各部门（含直属单位）的预算和税收返还、转移支付预算。地方各级一般公共预算收入包括地方本级收入、上级政府对本级政府的税收返还和转移支付、下级政府的上解收入。地方各级一般公共预算支出包括地方本级支出、对上级政府的上解支出、对下级政府的税收返还和转移支付
（2）政府性基金预算	政府性基金预算是对依照法律、行政法规的规定在一定期限内向特定对象征收、收取或者以其他方式筹集的资金，专项用于特定公共事业发展的收支预算
	应当根据基金项目收入情况和实际支出需要，按基金项目编制，做到以收定支
（3）国有资本经营预算	国有资本经营预算是对国有资本收益做出支出安排的收支预算
	应当按照收支平衡的原则编制，不列赤字，并安排资金调入一般公共预算
（4）社会保险基金预算	社会保险基金预算是对社会保险缴款、一般公共预算安排和其他方式筹集的资金，专项用于社会保险的收支预算
	应当按照统筹层次和社会保险项目分别编制，做到收支平衡

经典例题讲解

例题4－4·单选题　国家预算既是保障国家机器运转的物质条件，又是政府实施各项社会经济政策的有效保证，体现的是国家预算的（　）。

A. 制约作用　　B. 反映监督作用

C. 财力保证作用　　D. 调节作用

【答案解析】　C　财力保证作用是指国家预算既是保障国家机器运转的物质条件，又是政府实施各项社会经济政策的有效保证。

例题4－5·多选题　下列各项中，属于我国国家预算级次机构设计依据的有（　）。

A. 国家政权结构　　B. 经济发展区域规划

C. 行政区域划分　　D. 财政管理体制

【答案解析】　ACD　根据国家政权结构、行政区域划分和财政管理体制的要求，按照一级政府设立一级预算的原则，我国国家预算共分为五级预算。

例题4－6·判断题　我国国家预算的级次划分不是按照一级政府对应一级预算设立，而是根据各级政府需要进行划分。（　）

【答案解析】　×　我国的预算级次是按照一级政府设立一级预算的原则划分的。

例题4－7·单选题　下列选项中，不属于我国国家预算体系的是（　）。

A. 中央预算

B. 省级（省、自治区、直辖市）预算

C. 县市级（县、自治县、不设区的市、市辖区）预算

D. 县级以上地方政府的派出机关预算

【答案解析】　D　我国国家预算共分为五级，包括中央预算；省级（省、自治区、直辖市）预算；地市级（设区的市、自治州）预算；县市级（县、自治县、不设区的市、市辖区）预算；乡镇级（乡、民族乡、镇）预算。县级以上地方政府的派出机关，根据本级政府授权进行预算管理活动，但是不作为一级预算。

例题4－8·判断题　我国的预算分为中央预算和地方预算，而中央预算是由各地方预算组成。（　）

【答案解析】　×　中央预算由中央各部门（含直属单位）的预算组成，包括地方向中央上解的收入数额和中央对地方返回或者给予补助的数额。

例题4－9·多选题　下列关于中央预算的表述中，正确的有（　）。

A. 由中央各部门（含直属单位）的预算组成

B. 中央预算包括地方向中央上解的收入

C. 中央预算不包括中央对地方返还或者给予补助的数额

D. 中央预算不包括企业和事业单位的预算

【答案解析】　AB　中央预算由中央各部门（含直属单位）的预算组成，包括地方向中央上解的收入数额和中央对地方返回或者给予补助的数额。中央预算包括了中央直属企业和事业单位的预算。

例题 4－10·多选题 我国的国家预算包括（ ）。

A. 中央预算　　B. 地方预算

C. 总预算　　D. 部门单位预算

【答案解析】 ABCD 国家预算按照政府级次可分为中央预算和地方预算，按照收支管理范围可分为总预算和部门单位预算。

例题 4－11·多选题 下列关于地方预算的表述中，正确的有（ ）。

A. 地方预算由各省、自治区、直辖市总预算组成

B. 包括下级政府向上级政府上解的收入数额

C. 包括上级政府对下级政府返还或者给予补助的数额

D. 地方预算不包括政党组织的预算

【答案解析】 ABC 地方预算由各省、自治区、直辖市总预算构成，地方各级政府预算由本级各部门（含直属单位）的预算组成，包括下级政府向上级政府上解的收入数额和上级政府对下级政府返还或者补助的数额。其中，本级各部门是指与本级政府财政部门直接发生预算缴款、拨款关系的地方国家机关、军队、政党组织和社会团体。故选项 D 错误，其余三项正确。

例题 4－12·单选题 下列各项中，不符合《预算法》规定的是（ ）。

A. 下级政府只有本级预算的，下级政府总预算即指下级政府的本级预算

B. 中央预算是指中央政府预算，由中央部门的预算组成，但不含其直属单位的预算

C. 各部门预算由本部门所属各单位预算组成

D. 总预算是指政府的财政汇总预算

【答案解析】 B 中央预算由所属中央各部门（含直属单位）的预算组成，故选项 B 错误，其余三项正确。

三、预算管理的职权

根据统一领导、分级管理、权责结合的原则，《预算法》明确地规定了各级人大及其常委会、各级政府、各级财政部门和各部门、各单位的预算管理职权。

1. 各级人民代表大会及其常务委员会的预算管理职权

（1）全国人民代表大会及其常务委员会的预算管理职权见表 4－2。

表 4－2

组　织	预算管理职权
全国人民代表大会	①审查中央和地方预算草案及中央和地方预算执行情况的报告（审查权） ②批准中央预算和中央预算执行情况的报告（批准权） ③改变或者撤销全国人民代表大会常务委员会关于预算、决算的不适当的决议（改变、撤销权）
全国人民代表大会常务委员会	①监督中央和地方预算的执行（监督权） ②审查和批准中央预算的调整方案（审查和批准权） ③审查和批准中央决算（审查和批准权） ④撤销国务院制定的同宪法、法律相抵触的关于预算、决算的行政法规、决定和命令（撤销权） ⑤撤销省、自治区、直辖市人民代表大会及其常务委员会制定的同宪法、法律和行政法规相抵触的关于预算、决算的地方性法规和决议（撤销权）

（2）地方各级人民代表大会及其常务委员会的预算管理职权见表4－3。

表4－3

组　织	预算管理职权
县级以上地方各级人民代表大会	①审查本级总预算草案及本级总预算执行情况的报告（审查权） ②批准本级预算和本级预算执行情况的报告（批准权） ③改变或者撤销本级人民代表大会常务委员会关于预算、决算的不适当的决议（改变、撤销权） ④撤销本级政府关于预算、决算的不适当的决定和命令（改变、撤销权）
县级以上地方各级人民代表大会常务委员会	①监督本级总预算的执行（监督权） ②审查和批准本级预算的调整方案（审查和批准权） ③审查和批准本级政府决算（审查和批准权） ④撤销本级政府和下一级人民代表大会及其常务委员会关于预算、决算的不适当的决定、命令和决议（撤销权）
乡、民族乡、镇的人民代表大会	①审查和批准本级预算和本级预算执行情况的报告（审查和批准权） ②监督本级预算的执行（监督权） ③审查和批准本级预算的调整方案（审查和批准权） ④审查和批准本级决算（审查和批准权） ⑤撤销本级政府关于预算、决算的不适当的决定和命令（撤销权）

【解释1】 各级人民代表大会有审查、批准、改变或撤销的预算管理职权，各级人民代表大会常务委员会有监督、审查和批准、撤销的预算管理职权。

【解释2】 乡、民族乡、镇由于不设置人民代表大会常务委员会，由其行使的监督权由乡、民族乡、镇人民代表大会行使。

【技巧】 各级人民代表大会（简称“人大”）和各级人民代表大会常务委员会（简称“人大常委会”）预算管理职权的区别：其一，人大常委会有“监督权”，而人大没有；其二，“预算的调整方案”“决算”由人大常委会审批，“预算草案”由人大审批（由于乡、民族乡、镇不设人大常委会，人大常委会的权力由其人大行使）。

【小结1】 全国人大与地方人大预算管理职权的比较：①审查权：全国人大既可以审查中央预算草案和预算执行情况报告，也可以审查地方预算草案和预算执行情况报告；地方人大审查本级预算草案和预算执行情况报告。②批准权：全国人大批准中央预算和预算执行情况报告，地方人大批准地方预算和预算执行情况报告（即各级批准各级的）。③改变或撤销权：全国人大撤销全国人大常委会有关预算、决算的决议，地方人大撤销本级人大常委会有关预算、决算的决议及本级政府有关预算决算的决定和命令。

【小结2】 全国人大常委会与地方人大常委会预算管理职权的比较：①监督权：全国人大常委会既可以监督中央预算的执行，也可以监督地方预算的执行情况；地方人大常委会监督本级总预算的执行。②审查和批准权：全国人大常委会审查和批准中央预算的调整方案和中央决算；地方人大常委会审查和批准本级预算的调整方案和本级政府决算（即各级审查和批准各级的）。③撤销权：全国人大常委会撤销国务院的有关行政法规、决定和命令，及撤销省、自治区、直辖市人大及其常委会有关的地方性法规和决议；地方人大常委会撤销本级政府和下一级人大及常委会有关的决定、命令和决议。

2. 各级人民政府的预算管理职权

（1）国务院的预算管理职权见表4－4。

表4－4

组　织	预算管理职权
国务院的职权	①编制中央预算、决算草案（编制权） ②向全国人民代表大会作关于中央和地方预算草案的报告（报告权） ③将省、自治区、直辖市政府报送备案的预算汇总后报全国人民代表大会常务委员会备案（报告权） ④组织中央和地方预算的执行（执行权） ⑤决定中央预算预备费的动用（决定权） ⑥编制中央预算调整方案（编制权） ⑦监督中央各部门和地方政府的预算执行（监督权） ⑧改变或者撤销中央各部门和地方政府关于预算、决算的不适当的决定、命令（改变、撤销权） ⑨向全国人民代表大会、全国人民代表大会常务委员会报告中央和地方预算的执行情况（报告权）

（2）县级以上地方各级政府的预算管理职权见表4－5。

表4－5

组　织	预算管理职权
县级以上地方各级政府的职权	①编制本级预算、决算草案（编制权） ②向本级人民代表大会作关于本级总预算草案的报告（报告权） ③将下一级政府报送备案的预算汇总后报本级人民代表大会常务委员会备案（报告权） ④组织本级总预算的执行（执行权） ⑤决定本级预算预备费的动用（决定权） ⑥编制本级预算的调整方案（编制权） ⑦监督本级和下级政府的预算执行（监督权） ⑧改变或者撤销本级各部门和下级政府关于预算、决算的不适当的决定、命令（改变、撤销权） ⑨向本级人民代表大会、本级人民代表大会常务委员会报告本级总预算的执行情况（报告权）

（3）乡、民族乡、镇政府的预算管理职权见表4－6。

表4－6

组　织	预算管理职权
乡、民族乡、镇政府的职权	①编制本级预算、决算草案（编制权） ②向本级人民代表大会作关于本级预算草案的报告（报告权） ③组织本级预算的执行（执行权） ④决定本级预算预备费的动用（决定权） ⑤编制本级预算的调整方案（编制权） ⑥向本级人民代表大会报告本级预算的执行情况（报告权）

【提示】 各级人民政府有编制、报告、执行、决定、监督、改变或撤销的预算管理职权。

3. 各级财政部门的预算管理职权

（1）国务院财政部门的预算管理职权见表4－7。

表 4－7

组　织	预算管理职权
国务院财政部门的职权	①具体编制中央预算、决算草案（编制权） ②具体组织中央和地方预算的执行（执行权） ③提出中央预算预备费动用方案（提案权） ④具体编制中央预算的调整方案（编制权） ⑤定期向国务院报告中央和地方预算的执行情况（报告权）

（2）地方各级政府财政部门的预算管理职权见表 4－8。

表 4－8

组　织	预算管理职权
地方各级政府财政部门的职权	①具体编制本级预算、决算草案（编制权） ②具体组织本级总预算的执行（执行权） ③提出本级预算预备费动用方案（提案权） ④具体编制本级预算的调整方案（编制权） ⑤定期向本级政府和上一级政府财政部门报告本级总预算的执行情况（报告权）

【提示】 各级财政部门有编制、执行、提案、报告的预算管理职权。

4. 各部门、各单位的预算管理职权（见表 4－9）

表 4－9

组　织	预算管理职权
各部门的职权	①编制本部门预算、决算草案 ②组织和监督本部门预算的执行 ③定期向本级政府财政部门报告预算的执行情况
各单位的职权	①编制本单位预算、决算草案 ②按照国家规定上缴预算收入 ③安排预算支出 ④接受国家有关部门的监督

经典例题讲解

例题 4－13 · 单选题 根据《预算法》的规定，下列各项中，负责改变或者撤销全国人民代表大会常务委员会关于预算、决算的不适当决议的是（　　）。

A. 全国人民代表大会　　B. 全国人民代表大会常务委员会

C. 国务院审计部门　　D. 国务院财政部门

【答案解析】 A　全国人民代表大会有改变或者撤销全国人民代表大会常务委员会关于预

算、决算的不适当的决议的职权。

例题 4－14 · 多选题 全国人民代表大会的预算管理职权有（ ）。

A. 审查中央和地方预算草案及中央和地方预算执行情况的报告

B. 审查和批准中央决算

C. 撤销国务院制定的同宪法、法律相抵触的关于预算、决算的行政法规、决定和命令

D. 批准中央预算和中央预算执行情况的报告

【答案解析】 AD 审查和批准中央决算，撤销国务院制定的同宪法、法律相抵触的关于预算、决算的行政法规、决定和命令是人民代表大会常务委员会的预算职权。

例题 4－15 · 多选题 下列（ ）属于全国人民代表大会常务委员会的预算管理职权。

A. 监督中央和地方预算的执行

B. 审查和批准中央预算的调整方案

C. 撤销国务院制定的同宪法、法律相抵触的关于预算、决算的行政法规定、决定和命令

D. 撤销省、自治区、直辖市人民代表大会及其常务委员会制定的同宪法、法律和行政法规相抵触的关于预算、决算的地方性法规和决议

【答案解析】 ABCD 四个选项内容都属于全国人民代表大会常务委员会的预算管理职权。

例题 4－16 · 多选题 下列属于县级以上地方各级政府预算管理职权的是（ ）。

A. 编制本级预算、决算草案

B. 向本级人民代表大会作关于本级总预算草案的报告

C. 批准本级预算和本级预算的执行情况的报告

D. 组织本级总预算的执行

【答案解析】 ABD 县级以上地方各级政府编制本级预算、决算草案；向本级人民代表大会作关于本级总预算草案的报告；将下一级政府报送备案的预算汇总后报本级人民代表大会常务委员会备案；组织本级总预算的执行；决定本级预算预备费的动用；编制本级预算调整方案；监督本级各部门和下级政府的预算执行；改变或者撤销本级各部门和下级政府关于预算、决算的不适当的决定、命令；向本级人民代表大会、本级人民代表大会常务委员会报告本级总预算的执行情况。只有 C 项不属于县级以上地方各级政府预算管理职权。

例题 4－17 · 单选题 根据我国《预算法》的规定，不属于国务院财政部门预算职权的是（ ）。

A. 具体编制中央预算、决算草案　　B. 具体组织中央和地方预算的执行

C. 审查和批准中央预算的调整方案　　D. 具体编制中央预算的调整方案

【答案解析】 C 审查和批准中央预算的调整方案属于全国人民代表大会常务委员会的预算职权，不属于国务院财政部门预算职权。

例题 4－18 · 多选题 下列有关部门预算管理职权的表述中，不正确的有（ ）。

A. 编制本部门预算，决算草案

B. 组织和监督本部门预算的执行

C. 定期向上级政府财政部门报告预算的执行情况

D. 不定期向上级政府财政部门报告预算的执行情况

【答案解析】 CD 各部门的预算管理职权包括：①编制本部门预算、决算草案；②组织

和监督本部门预算的执行；③定期向本级政府财政部门报告预算的执行情况。故选项 CD 不正确。

四、预算收入与预算支出

预算由预算收入和预算支出组成。政府的全部收入和支出都应当纳入预算。

（一）预算收入

预算收入是指在预算年度内通过一定的形式和程序，有计划地筹措到的归国家支配的资金，是实现国家职能的财力保证。

1. 按来源划分

一般公共预算收入包括各项税收收入（最主要的部分，90% 以上）、行政事业性收费收入、国有资源（资产）有偿使用收入、转移性收入和其他收入（如各种规费收入、罚没收入、捐赠收入）等。

2. 按归属划分

（1）中央预算收入。是指按照分税制财政管理体制，纳入中央预算、地方不参与分享的收入，包括中央本级收入和地方按照规定向中央上解的收入。

（2）地方预算收入。是指按照分税制财政管理体制，纳入地方预算、中央不参与分享的收入，包括地方本级收入和中央按照规定返还或者补助地方的收入。

（3）中央和地方预算共享收入。是指按照分税制财政管理体制，中央预算和地方预算对同一税种的收入，按照一定划分标准或者比例分享的收入。

（二）预算支出

预算支出是指国家对集中的预算收入有计划地分配和使用而安排的支出。

1. 按功能划分

一般公共预算支出包括一般公共服务支出，外交、公共安全、国防支出，农业、环境保护支出，教育、科技、文化、卫生、体育支出，社会保障及就业支出和其他支出。

2. 按经济性质划分

一般公共预算支出包括工资福利支出、商品和服务支出、资本性支出和其他支出。

【提示】 上级政府不得在预算之外调用下级政府预算的资金。下级政府不得挤占或者截留属于上级政府预算的资金。

经典例题讲解

例题 4－19 · 多选题 按照预算法律制度的规定，下列各项中，属于一般公共预算收入的有（　　）。

A. 税收收入　　B. 国有资源（资产）有偿使用收入

C. 转移性收入　　D. 其他行政事业性收费收入

【答案解析】 ABCD 一般公共预算收入包括税收收入、行政事业性收费收入、国有资源（资产）有偿使用收入、转移性收入和其他收入。

例题4－20·多选题 按功能划分，我国《预算法》规定的一般公共预算支出形式包括（ ）。

A. 一般公共服务支出

B. 农业、环境保护支出

C. 教育、科技、文化、卫生、体育支出，社会保障及就业支出

D. 外交、公共安全、国防支出

【答案解析】 ABCD 一般公共预算支出包括一般公共服务支出，外交、公共安全、国防支出，农业、环境保护支出，教育、科技、文化、卫生、体育支出，社会保障及就业支出和其他支出。

例题4－21·单选题 根据《预算法》的规定，下列各项中，属于中央预算收入的是（ ）。

A. 中央本级收入和地方按照规定向中央上解的收入

B. 中央按照规定补助地方的收入

C. 地方本级收入

D. 中央按照规定返还地方的收入

【答案解析】 A 中央预算收入是指按照分税制财政管理体制，纳入中央预算、地方不参与分享的收入，包括中央本级收入和地方按照规定向中央上解的收入。

例题4－22·单选题 根据《预算法》的规定，用于确定中央和地方预算收入范围的管理体制是（ ）。

A. 部门预算管理体制　　B. 国家政权管理体制

C. 国家行政管理体制　　D. 分税制财政管理体制

【答案解析】 D 确定中央和地方预算收入范围的管理体制是分税制财政管理体制。

五、预算组织程序

预算组织程序包括预算的编制、审批、执行和调整。

（一）预算的编制

【解释】 预算草案是指各级政府、各部门、各单位编制的未经法定程序审查和批准的预算收支计划。

1. 预算年度（也称财政年度）

我国国家预算年度采用公历年制：自公历1月1日起至12月31日止。

2. 预算编制的时间

国务院应当及时下达关于编制下一年预算草案的通知。编制预算草案的具体事项由国务院财政部门部署。各级政府、各部门、各单位应当按照国务院规定的时间编制预算草案。

3. 预算编制的基础和具体要求

（1）各级预算应当根据年度经济社会发展目标、国家宏观调控总体要求和跨年度预算平

衡的需要，参考上一年预算执行情况、有关支出绩效评价结果和和本年度收支预测，按照规定程序征求各方面意见后，进行编制。

（2）各级预算收入的编制，应当与经济社会发展水平相适应，与财政政策相衔接。各级政府、各部门、各单位应当依照《预算法》的规定，将所有政府收入全部列入预算，不得隐瞒、少列。

（3）各级预算支出应当依照《预算法》的规定，按其功能和经济性质分类编制。各级预算支出的编制应当贯彻勤俭节约的原则，严格控制各部门、各单位的机关运行经费和楼堂馆所等基本建设支出。各级一般公共预算支出的编制应当统筹兼顾，在保证基本公共服务合理需要的前提下，优先安排国家确定的重点支出。

（4）中央预算和有关地方预算中应当安排必要的资金用于扶助革命老区、民族地区、边疆地区、贫困地区发展经济社会建设事业。

（5）各级一般公共预算应当按照本级一般公共预算支出额的1%至3%设置预备费，用于当年预算执行中自然灾害等突发事件处理增加的支出及其他难以预见的开支。

（6）各级一般公共预算按照国务院的规定可以设置预算周转金，用于本级政府调剂预算年度内季节性收支差额。

（7）各级一般公共预算按照国务院的规定可以设置预算稳定调节基金，用于弥补以后年度预算资金的不足。

（二）预算的审查和批准

1. 预算草案的初审

（1）国务院财政部门应当在每年全国人民代表大会会议举行的45日前，将中央预算草案的初步方案提交全国人民代表大会财政经济委员会进行初步审查。

（2）省、自治区、直辖市政府财政部门应当在本级人民代表大会会议举行的30日前，将本级预算草案的初步方案提交本级人民代表大会有关专门委员会进行初步审查。

（3）设区的市、自治州政府财政部门应当在本级人民代表大会会议举行的30日前，将本级预算草案的初步方案提交本级人民代表大会有关专门委员会进行初步审查，或者送交本级人民代表大会常务委员会有关工作机构征求意见。

（4）县、自治县、不设区的市、市辖区政府应当在本级人民代表大会会议举行的30日前，将本级预算草案的初步方案提交本级人民代表大会常务委员会进行初步审查。

2. 预算审查和批准

（1）国务院在全国人民代表大会举行会议时，向大会做关于中央和地方预算草案以及中央和地方预算执行情况的报告。地方各级政府在本级人民代表大会举行会议时，向大会做关于总预算草案和总预算执行情况的报告。

全国人民代表大会和地方各级人民代表大会对预算草案及其报告、预算执行情况的报告重点审查下列内容：上一年预算执行情况是否符合本级人民代表大会预算决议的要求；预算安排是否符合本法的规定；预算安排是否贯彻国民经济和社会发展的方针政策，收支政策是否切实可行；重点支出和重大投资项目的预算安排是否适当；预算的编制是否完整，是否细化；对下级政府的转移性支出预算是否规范、适当；预算安排举借的债务是否合法、合理，是否有偿还计划和稳定的偿还资金来源；与预算有关重要事项的说明是否清晰。

【点拨】 注意全国人民代表大会和地方各级人民代表大会对预算草案及其报告、预算执行情况的报告重点审查的内容。

（2）中央预算由全国人民代表大会审查和批准。地方各级预算由本级人民代表大会审查和批准。

3. 预算备案

（1）乡、民族乡、镇政府应当及时将经本级人民代表大会批准的本级预算报上一级政府备案。

（2）县级以上地方各级政府应当及时将经本级人民代表大会批准的本级预算及下一级政府报送备案的预算汇总，报上一级政府备案。县级以上地方各级政府将下一级政府依照前述规定报送备案的预算汇总后，报本级人民代表大会常务委员会备案。

（3）国务院将省、自治区、直辖市政府依照前述规定报送备案的预算汇总后，报全国人民代表大会常务委员会备案。

【技巧】 总的备案原则：自下而上逐级备案。

4. 预算批复

各级预算经本级人民代表大会批准后，本级政府财政部门应当在20日内向本级各部门批复预算。各部门应当在接到本级政府财政部门批复的本部门预算后15日内向所属各单位批复预算。

【技巧】 关于预算批复的时限有规律：财政部门批复各部门是在20日内、各部门批复各所属单位是在15日内。

【点拨】 预算的审批、备案和批复是不同的概念，注意区别。

（三）预算的执行

（1）各级预算由本级政府组织执行，具体工作由本级政府财政部门负责。

【思考】 各级预算由“谁”组织执行？

（2）各部门、各单位是本部门、本单位的预算执行主体，负责本部门、本单位的预算执行，并对执行结果负责。

（3）预算收入征收部门和单位必须依照法律、行政法规的规定，及时、足额征收应征的预算收入。不得违反法律、行政法规规定，多征、提前征收或者减征、免征、缓征应征的预算收入，不得截留、占用或者挪用预算收入。各级政府不得向预算收入征收部门和单位下达收入指标。

（4）政府的全部收入应当上缴国家金库（以下简称国库），任何部门、单位和个人不得截留、占用、挪用或者拖欠。对于法律有明确规定或者经国务院批准的特定专用资金，可以依照国务院的规定设立财政专户。

（5）各级政府财政部门必须依照法律、行政法规和国务院财政部门的规定，及时、足额地拨付预算支出资金，加强对预算支出的管理和监督。各级政府、各部门、各单位的支出必须按照预算执行，不得虚假列支。各级政府、各部门、各单位应当对预算支出情况开展绩效评价。

（四）预算的调整

预算调整是因特殊情况而在执行过程中对原来的预算做部分调整和变更。

1. 预算调整的情形

（1）需要增加或者减少预算总支出的；

（2）需要调入预算稳定调节基金的；

（3）需要调减预算安排的重点支出数额的；

（4）需要增加举借债务数额的。

【提示】 不属于预算调整的情形：在预算执行中，地方各级政府因上级政府增加不需要本级政府提供配套资金的专项转移支付而引起的预算支出变化。此外，接受增加专项转移支付的县级以上地方各级政府应当向本级人民代表大会常务委员会报告有关情况；接受增加专项转移支付的乡、民族乡、镇政府应当向本级人民代表大会报告有关情况。

2. 预算调整的程序

（1）编制预算调整方案。

①在预算执行中，各级政府对于必须进行的预算调整，应当编制预算调整方案。预算调整方案应当说明预算调整的理由、项目和数额。

②在预算执行中，由于发生自然灾害等突发事件，必须及时增加预算支出的，应当先动支预备费。

【提示】 预备费不足支出的，各级政府可以先安排支出，属于预算调整的，列入预算调整方案。

（2）预算调整方案的初步审查。

①国务院财政部门应当在全国人民代表大会常务委员会举行会议审查和批准预算调整方案的30日前，将预算调整初步方案送交全国人民代表大会财政经济委员会进行初步审查。

②省、自治区、直辖市政府财政部门应当在本级人民代表大会常务委员会举行会议审查和批准预算调整方案的30日前，将预算调整初步方案送交本级人民代表大会有关专门委员会进行初步审查。

③设区的市、自治州政府财政部门应当在本级人民代表大会常务委员会举行会议审查和批准预算调整方案的30日前，将预算调整初步方案送交本级人民代表大会有关专门委员会进行初步审查，或者送交本级人民代表大会常务委员会有关工作机构征求意见。

④县、自治县、不设区的市、市辖区政府财政部门应当在本级人民代表大会常务委员会举行会议审查和批准预算调整方案的30日前，将预算调整初步方案送交本级人民代表大会常务委员会有关工作机构征求意见。

（3）预算调整方案的审批。

①中央预算的调整方案应当提请全国人民代表大会常务委员会审查和批准。

②县级以上地方各级预算的调整方案应当提请本级人民代表大会常务委员会审查和批准。

③乡、民族乡、镇预算的调整方案应当提请本级人民代表大会审查和批准（因乡、民族乡、镇一级不设人民代表大会常委会）。

④未经批准，不得调整预算。

【思考】 中央与县级以上地方各级预算调整方案由“谁”审批（本级人民代表大会常务委员会）？乡、民族乡、镇预算的调整方案由“谁”审批（本级人民代表大会）？为什么会有这样的区别？

（4）预算调整方案的备案。地方各级预算的调整方案经批准后，由本级政府报上一级政府备案。

经典例题讲解

例题 4－23 · 多选题 根据预算法的规定，预算组织程序的环节包括（ ）。

A. 预算的编制　　B. 预算的审批

C. 预算的执行　　D. 预算的调整

【答案解析】 ABCD 预算组织程序包括预算的编制、审批、执行和调整。

例题 4－24 · 多选题 我国的预算年度为（ ）。

A. 本年的 4 月 1 日至次年的 3 月 31 日　　B. 本年的 10 月 1 日至次年的 9 月 30 日

C. 公历 1 月 1 日起至 12 月 31 日　　D. 公历 5 月 1 日至次年的 4 月 30 日

【答案解析】 C 我国预算年度自公历 1 月 1 日起至 12 月 31 日止。

例题 4－25 · 单选题 地方各级预算由（ ）审查和批准。

A. 上级人民政府　　B. 本级人民政府

C. 本级人民代表大会　　D. 本级人民代表大会常委会

【答案解析】 C 地方各级预算由本级人民代表大会审查和批准。

例题 4－26 · 单选题 根据《预算法》的规定，各级预算经本级人民代表大会批准后，特定主体应当在 20 日内向本级各部门批复预算。该特定主体为（ ）。

A. 本级人民代表大会　　B. 本级人民代表大会常委会

C. 本级人民政府　　D. 本级人民政府财政部门

【答案解析】 D 根据《预算法》，各级预算经本级人民代表大会批准后，本级政府财政部门应当在 20 日内向本级各部门批复预算。

例题 4－27 · 多选题 关于预算的执行，下列说法正确的有（ ）。

A. 各级预算由本级政府组织执行，具体工作由上级政府财政部门负责

B. 预算收入征收部门，必须依照法律、行政法规的规定，及时、足额征收应征的预算收入

C. 政府的全部收入应当上缴国家金库

D. 各级政府财政部门必须依照法律、行政法规和国务院财政部门的规定，及时、足额地拨付预算支出资金，加强对预算支出的管理和监督

【答案解析】 BCD 各级预算由本级政府组织执行，具体工作由本级政府财政部门负责。选项 A 错误，其余三项表述正确。

例题 4－28 · 多选题 根据《预算法》的规定，下列关于预备费的表述中，正确的有（ ）。

A. 各级一般公共预算应当按照本级一般公共预算支出额的 1% 至 3% 设置预备费

B. 预备费可以用于当年预算执行中的自然灾害等突发事件处理增加的支出

C. 各级预算预备费的动用方案，由本级政府财政部门提出，报本级政府决定

D. 预备费可以用于冲减赤字

【答案解析】 ABC 根据《预算法》的规定，各级一般公共预算应当按照本级一般公共

预算支出额的1%至3%设置预备费，用于当年预算执行中的自然灾害等突发事件处理增加的支出及其他难以预见的开支。各级预算预备费的动用方案，由本级政府财政部门提出，报本级政府决定。选项D错误。

例题4－29·单选题 中央预算的调整方案应当提请（ ）审查和批准。

A. 全国人民代表大会　　B. 国务院

C. 财政部　　D. 全国人民代表大会常务委员会

【答案解析】 D 中央预算的调整方案应当提请全国人民代表大会常务委员会审查和批准。

例题4－30·判断题 乡、民族乡、镇预算的调整方案应当提请本级人民代表大会审查和批准。（ ）

【答案解析】 √ 表述正确。中央与县级以上地方各级预算调整方案的审批权由其对应的本级人民代表大会常务委员会行使。乡、民族乡、镇因未设人民代表大会常务委员会，其预算的调整方案由本级人民代表大会审批。

例题4－31·多选题 下列关于预算的调整，说法正确的有（ ）。

A. 中央预算的调整方案应当提请全国人民代表大会常务委员会审查和批准

B. 县级以上地方各级预算的调整方案应当提请本级人民代表大会常务委员会审批和批准

C. 地方各级政府因上级政府增加不需要本级政府提供配套资金的专项转移支付而引起的预算支出变化，不属于预算调整

D. 地方各级预算的调整方案经批准后，由本级政府报上一级政府备案。

【答案解析】 ABCD 四个选项的说法都正确。

例题4－32·多选题 下列各项中，属于各级政府编制的预算调整方案应当列明的事项有（ ）。

A. 调整的数额　　B. 调整的项目

C. 调整的理由　　D. 调整的措施

【答案解析】 ABC 在预算执行中，各级政府对于必须进行的预算调整，应当编制预算调整方案。预算调整方案应当说明预算调整的理由、项目和数额。

例题4－33·单选题 根据《预算法》的规定，下列各项中，负责接受县级以上地方各级政府接受增加专项转移支付有关情况报告的是（ ）。

A. 本级人民代表大会　　B. 本级人民代表大会常委会

C. 本级审计部门　　D. 本级财政部门

【答案解析】 B 根据规定，接受增加专项转移支付的县级以上地方各级政府应当向本级人民代表大会常务委员会报告有关情况；接受增加专项转移支付的乡、民族乡、镇政府应当向本级人民代表大会报告有关情况。

六、决算

决算是预算执行的总结，它反映年度国家预算收支的最终结果，是国家经济活动在财政上的集中反映。

【补充】 决算是预算管理程序中的的最后一个程序，包括决算报表和文字说明两部分。

（一）决算草案的编制

决算草案由各级政府、各部门、各单位，在每一预算年度终了后按国务院规定的时间编制。

编制决算草案，必须符合法律、行政法规，做到收支真实、数额准确、内容完整、报送及时。决算草案应当与预算相对应，按预算数、调整预算数、决算数分别列出。一般公共预算支出应当按其功能分类编列到项，按其经济性质分类编列到款。

（二）决算草案的审批

（1）国务院财政部门编制中央决算草案，经国务院审计部门审计后，报国务院审定，由国务院提请全国人民代表大会常务委员会审查和批准。

（2）县级以上地方各级政府财政部门编制本级决算草案，经本级政府审计部门审计后，报本级政府审定，由本级政府提请本级人民代表大会常务委员会审查和批准。

（3）乡、民族乡、镇政府编制本级决算草案，提请本级人民代表大会审查和批准。

【小结】 注意，除了乡、民族乡、镇政府之外（由本级人民代表大会审批），中央和县级以上地方各级政府的决算草案都由本级人民代表大会常委会审批。此外，还要注意决算草案由"谁"编制，经过"谁"审计，报"谁"审定。

（三）决算的批复和备案

各级决算经批准后，财政部门应当在20日内向本级各部门批复决算。

各部门应当在接到本级政府财政部门批复的本部门决算后15日内向所属单位批复决算。

【补充】 地方各级政府应当将经批准的决算及下一级政府上报备案的决算汇总，报上一级政府备案。县级以上各级政府应当将下一级政府报送备案的决算汇总后，报本级人民代表大会常务委员会备案。

经典例题讲解

例题4－34·单选题 决算是国家经济活动在（　　）上的集中反映。

A. 预算执行　　B. 国家民主

C. 财政　　D. 经济调控

【答案解析】 C 决算是国家经济活动在财政上的集中反映。

例题4－35·多选题 决算草案的编制原则有（　　）。

A. 合法原则　　B. 准确完整原则

C. 报送及时原则　　D. 合理原则

【答案解析】 ABC 编制决算草案，必须符合法律、行政法规，做到收支真实、数额准确、内容完整、报送及时。

例题4－36·多选题 下列有关决算草案表述正确的有（　　）。

A. 由国务院财政部门编制的中央决算草案，经国务院审定后，由国务院提请全国人民代表大会批准

B. 由国务院财政部门编制的中央决算草案，由国务院提请全国人民代表大会常务委员会审批

C. 由县级以上地方各级政府财政部门编制的本级决算草案，经本级政府审定后，由本级人民代表大会常务委员会审批

D. 由乡级政府编制的决算草案，由本级人民代表大会审批

【答案解析】 BCD 国务院财政部门编制中央决算草案，经国务院审计部门审计后，报国务院审定，由国务院提请全国人民代表大会常务委员会审查和批准。选项A说法错误，其余三项说法正确。

例题4-37·单选题 根据《预算法》的规定，下列各项中，负责对本级各部门决算草案进行审核的是（ ）。

A. 本级人民代表大会　　B. 本级人民代表大会常务委员会

C. 本级政府审计部门　　D. 本级政府财政部门

【答案解析】 D 各部门对所属各单位的决算草案，应当审核并汇总编制本部门的决算草案，在规定的期限内报本级政府财政部门审核。

七、预决算的监督

预决算的监督包括：国家权力机关的监督、各级政府的监督、各级政府财政部门的监督、各级政府审计部门的监督和社会监督等。

（一）国家权力机关的监督

（1）全国人民代表大会及其常务委员会监督：中央和地方预算、决算；

（2）县级以上人民代表大会及其常务委员会监督：本级和下级预算、决算；

（3）乡、民族乡、镇人民代表大会监督：本级预算、决算。

（二）各级政府的监督

各级政府监督下级政府的预算执行，下级政府应当定期向上级政府报告预算执行情况。

【提示】 国务院和县级以上地方各级政府应当在每年6—9月期间向本级人民代表大会常务委员会报告预算执行情况。

（三）各级政府财政部门的监督

各级政府财政部门负责监督检查本级各部门及其所属各单位预算的编制、执行，并向本级政府和上一级政府财政部门报告预算执行情况。

（四）各级政府审计部门的监督

县级以上政府审计部门依法对预算执行、决算实行审计监督。对预算执行和其他财政收支的审计工作报告应当向社会公开。

（五）社会监督

（1）公民、法人或者其他组织发现有违反预算法的行为，可以依法向有关国家机关进行

检举、控告。

（2）接受检举、控告的国家机关应当依法进行处理，并为检举人、控告人保密。任何单位或者个人不得压制和打击报复检举人、控告人。

经典例题讲解

例题 4－38·单选题 对预算执行、决算实施审计监督的部门是（　　）。

A. 各级政府财政部门　　B. 各级政府

C. 县级以上政府审计部门　　D. 上一级政府财政部门

【答案解析】 C　县级以上政府审计部门依法对预算执行、决算实行审计监督。

例题 4－39·多选题 以下属于预、决算监督主体的有（　　）。

A. 各级人民代表大会及其常务委员会

B. 县级以上政府审计部门

C. 各级政府财政部门

D. 各级政府

【答案解析】 ABCD　各级国家权力机关、政府及政府组成部门、社会公众依法履行法律赋予的对预决算监督职责。

例题 4－40·多选题 根据《预算法》规定，下列有关预决算监督的表述中，正确的有（　　）。

A. 全国人民代表大会及其常务委员会对中央和地方预算、决算进行监督

B. 县级以上地方各级人民代表大会及其常务委员会对本级和下级政府预算、决算进行监督

C. 乡、民族乡、镇人民代表大会对本级预算、决算进行监督

D. 县级以上政府审计部门依法对预算执行、决算实行审计监督。

【答案解析】 ABCD　四个选项的表述均正确。

例题 4－41·判断题 国务院和县级以上地方各级政府应当在每年 1—5 月期间向本级人民代表大会常务委员会报告预算执行情况。（　　）

【答案解析】 ×　国务院和县级以上地方各级政府应当在每年 6—9 月期间向本级人民代表大会常务委员会报告预算执行情况。

第二节　政府采购法律制度

一、政府采购法律制度的构成

我国的政府采购法律制度由《中华人民共和国政府采购法》、政府采购行政法规、国务院各部门特别是财政部颁布的一系列部门规章以及地方性法规和政府规章组成。

表 4－10

类　型	内　容
政府采购法	《中华人民共和国政府采购法》于2002年6月29日审议通过，自2003年1月1日起施行，共分9章88条。它是我国政府采购法律制度中效力最高的法律文件，是制定其他政府采购规范性文件的依据 【提示】注意《采购法》的地位，和《预算法》相区分
政府采购行政法规	《中华人民共和国政府采购法实施条例》于2014年12月31日国务院第75次常务会议通过，2015年3月1日起施行。该条例共9章79条
政府采购部门规章	如《政府采购货物和服务招标投标管理办法》《政府采购信息公告管理办法》等（注：主要指国务院财政部门制定的规章）
政府采购地方性法规和政府规章	地方性法规：省、自治区、直辖市的人民代表大会及其常务委员会制定，如《云南省政府采购条例》《广东省实施〈政府采购法〉办法》 政府规章：省、自治区、直辖市的人民政府制定，如《北京市政府采购办法》

经典例题讲解

例题 4－42·判断题　我国的政府采购法律制度由《中华人民共和国政府采购法》、政府采购行政法规、国务院各部门特别是财政部颁布的一系列部门规章以及地方性法规和政府规章组成。（　　）

【答案解析】　√　表述正确。

例题 4－43·判断题　《中华人民共和国政府采购法》于2002年1月1日起施行。（　　）

【答案解析】　×　《中华人民共和国政府采购法》于2003年1月1日起施行。

例题 4－44·单选题　《政府采购信息公告管理办法》属于政府采购法律制度中的（　　）。

A. 政府采购法　　B. 部门规章

C. 政府采购地方性法规　　D. 政府规章

【答案解析】　B　《政府采购信息公告管理办法》属于政府采购部门规章。

二、政府采购的概念与原则

（一）政府采购的概念

政府采购，是指各级国家机关、事业单位和团体组织，使用财政性资金采购依法制定的集中采购目录以内的或者采购限额标准以上的货物、工程和服务的行为。

1. 政府采购的主体范围

政府采购的主体是依靠国家财政资金运作的政府机关、事业单位和社会团体等。

【提醒】　政府采购的主体很显然不包括个人、私营企业和公司。国有企业也不属于政府采购的主体范围。

2. 政府采购的资金来源

政府采购资金为财政性资金和需要财政偿还的公共借款。

【解释】 最终来源为纳税人的税收和政府对公共服务的收费。

3. 政府采购的对象范围

政府采购的对象包括货物、工程和服务。

【解释】 货物是指各种形态和种类的物品；工程是指建设工程，包括新建、改建、扩建、装修、拆除、修缮等；服务是指除货物和工程以外的其他政府的采购对象。

4. 政府集中采购目录和政府采购限额标准

（1）属于中央预算的政府采购项目，其集中采购目录和政府采购限额标准由国务院（注意不是"国务院财政部门"）确定并公布；

（2）属于地方预算的政府采购项目，其集中采购目录和政府采购限额标准由省、自治区、直辖市人民政府或者其授权的机构确定并公布。

【链接】 纳入集中采购目录的政府采购项目，应当实行集中采购。

【总结】 政府集中采购目录和采购限额标准由各省级以上人民政府确定并公布。是"省级以上人民政府"，不是"县级以上人民政府"。

【点拨】 属于中央预算和地方预算的政府采购项目，其采购目录、采购限额标准分别由"谁"来确定（"国务院""省、自治区、直辖市人民政府或者其授权的机构"）？注意区分。

（二）政府采购的原则

政府采购应当遵循四条原则：公开透明、公平竞争、公正和诚实信用原则。

【技巧】 简记为"三公一诚"原则。

1. 公开透明原则

公开透明原则是指政府采购所进行的有关活动必须公开进行。

【解释】 公开的内容：采购信息，如采购数量、质量、规格、要求等；政府采购目录和限额标准；采购的合同条件、采购过程、采购结果等。

【补充】 公开透明原则应当贯穿于政府采购全过程。政府采购被誉为"阳光下的交易"，即是公开透明原则的体现。

2. 公平竞争原则

公平竞争原则是指政府采购要通过公平竞争选择最优的供应商，取得最好的采购效果，所有参与竞争的供应商机会均等并受到同等待遇（即"机会"均等、"待遇"均等），不得有任何歧视行为。任何单位和个人不得采用任何方式，阻挠和限制供应商自由进入本地区和本行业的政府采购市场。

3. 公正原则

公正原则是指公开、公平原则上所取得的结果的公正和整个操作程序和过程的公正。如回避制度。

4. 诚实信用原则

诚实信用原则是指要求政府采购各方都要诚实守信，不得有欺骗背信的行为，以善意的方式行使权力，尊重他人和公共利益，忠实履行约定义务。

经典例题讲解

例题 4－45 · 单选题 下列采购活动中，适用《政府采购法》调整的是（ ）。

A. 某事业单位使用财政性资金采购汽车 B. 某国有企业构建厂房

C. 某国有独资公司采购大型机械设备 D. 某合伙企业采购办公用品

【答案解析】 A 国有企业、私营企业、集体企业都不属于政府采购的主体范围，不适用《政府采购法》调整。因此某国有企业构建厂房、某国有独资公司采购大型机械设备、某合伙企业采购办公用品不适用《政府采购法》调整。

例题 4－46 · 判断题 国有企业的采购，不属于政府采购的主体范围。（ ）

【答案解析】 √ 表述正确。政府采购的主体不包括个人、私营企业和公司。国有企业也不属于政府采购的主体范围。

例题 4－47 · 多选题 下列各项中，属于政府采购对象范围的有（ ）。

A. 办公设备 B. 修缮工程

C. 车辆维修 D. 会议

【答案解析】 ABCD 政府采购的对象包括货物、工程和服务。选项 A 属于货物、B 属于工程、选项 CD 属于服务。

例题 4－48 · 判断题 政府集中采购目录和采购限额标准由县级以上人民政府确定并公布。（ ）

【答案解析】 × 政府集中采购目录和采购限额标准由各省级以上人民政府确定并公布。

例题 4－49 · 单选题 中央预算的政府采购项目，其集中采购目录由（ ）确定并公布。

A. 国务院财政部门 B. 国务院

C. 全国人民代表大会 D. 全国人民代表大会常务委员会

【答案解析】 B 属于中央预算的政府采购项目，其集中采购目录由国务院确定并公布。

例题 4－50 · 多选题 我国政府采购的原则包括（ ）。

A. 公正原则 B. 公平竞争原则

C. 公开透明原则 D. 诚实信用原则

【答案解析】 ABCD 我国政府采购的原则包括公开透明、公平竞争、公正和诚实信用原则。

例题 4－51 · 多选题 下列各项中，体现政府采购中“公开透明”原则的有（ ）。

A. 政府采购各方都要诚实守信，不得有欺骗背信的行为，以善意的方式行使权力，尊重他人和公共利益，忠实履行约定义务

B. 所有参加竞争的供应商机会均等并受到同等待遇，不得有任何歧视行为

C. 政府采购的数量、质量、规格、要求等要公开

D. 政府采购的合同条件、采购过程、采购结果等采购信息要公开

【答案解析】 CD 选项 A 是指诚实信用原则，选项 B 是指公平竞争原则。

三、政府采购的功能与执行模式

（一）政府采购的功能

（1）节约财政支出，提高采购资金的使用效益。

（2）强化宏观调控。

（3）活跃市场经济。

（4）推进反腐倡廉。

（5）保护民族产业。

【解释】 政府采购原则上应该采购本国产品，担负起保护民族产业的重要职责，但有下列情形之一的除外：需要采购的货物、工程或者服务在中国境内无法获取或者无法以合理的商业条件获取的；为在中国境外使用而进行采购的；其他法律、行政法规另有规定的。

（二）政府采购的执行模式

政府采购的执行模式有集中采购和分散采购两种模式（即"两种模式相结合"）。

1. 集中采购

集中采购是指由政府设立的职能机构统一为其他政府机构提供采购服务的一种采购组织实施形式。

（1）集中采购的相关规定：

①纳入集中采购目录的政府采购项目，应当实行集中采购；

②集中采购，采购单位必须委托集中采购机构代理采购，不得自行组织采购；

③按集中程度不同，集中采购分为政府集中采购和部门集中采购。

【解释】 ①政府集中采购是指采购单位委托政府集中采购机构（政府采购中心）组织实施的，纳入集中采购目录以内的属于通用性的项目采购活动。②部门集中采购是指由采购单位主管部门统一负责组织实施的，纳入集中采购目录以内的属于本部门或本系统有专业技术等特殊要求的项目采购活动。

（2）集中采购的适用范围：

①列入集中采购的项目往往是一些大宗的、通用性的项目；

②一些社会关注程度较高、影响较大的特定商品、大型工程和重要服务类项目。

（3）集中采购的优缺点：

①优点：采购成本低，操作相对规范和社会影响大，可以发挥规模优势和政策作用，体现政府采购的效益性和公共性原则，有利于集中监管和对分散采购的良好示范作用；

②缺点：难以适应紧急情况采购的需要，难以满足用户多样性需求，采购程序复杂，采购周期较长等。

2. 分散采购

分散采购是指各预算单位自行开展采购活动的一种采购组织实施形式。

（1）分散采购的相关规定。采购单位采购未纳入集中采购目录的政府采购项目，可以自行组织实施采购，也可以委托集中采购机构或其他具有政府采购代理资格的社会中介机构代理采购（注：委托集中采购机构采购的，采购单位不需支付任何采购代理费用；而如果委托社会中介代理机构采购的，则需要支付一定的采购代理费用）。

（2）分散采购的适用范围。列入分散采购的项目往往是一些专业化程度较高或单位有特定需求的项目，一般不具有通用性的特征。

（3）分散采购的优缺点：

①优点：可以借助受托单位的技术优势和社会中介代理机构的专业优势，可充分调动单位的积极性和主动性，有利于满足采购及时性和多样性的需求，手续简单，提高采购效率，同时也有利于实现政府采购不断“扩面增量、稳步渐进”的工作目标；

②缺点：不能形成规模效益，加大了采购成本，运作不规范，不便于监督管理等。

经典例题讲解

例题 4－52·单选题 政府采购不仅可以得到物美价廉的商品和劳务，大幅度节约支出，降低行政成本，而且可以强化预算约束，减少资金的流通环节，提高资金使用效率。这体现了政府采购（ ）的功能。

A. 活跃市场经济

B. 强化宏观调控

C. 节约财政支出、提高采购资金的使用效益

D. 保护民族产业

【答案解析】 C 政府采购可以节约财政支出、提高采购资金的使用效益。

例题 4－53·单选题 我国的政府采购实行的是（ ）的执行模式。

A. 集中采购 B. 分散采购

C. 集中采购与分散采购相结合 D. 分批采购

【答案解析】 C 《政府采购法》规定，我国政府采购实行集中采购和分散采购相结合。

例题 4－54·多选题 下列关于实行分散采购的优点，说法正确的有（ ）。

A. 灵活性 B. 降低采购成本

C. 取得规模效益 D. 满足采购及时性

【答案解析】 AD 选项 BC 属于集中采购的优点。

例题 4－55·多选题 下列关于实行集中采购的特点，说法正确的有（ ）。

A. 操作相对规范 B. 采购成本低

C. 社会影响大 D. 便于满足用户多样性需求

【答案解析】 ABC 选项 D 属于分散采购的优点。

例题 4－56·判断题 集中采购采购单位必须委托集中采购机构代理采购，不得自行组织采购。 （ ）

【答案解析】 √ 表述正确。

四、政府采购当事人

政府采购当事人是指在政府采购活动中享有权利和承担义务的各类主体，包括采购人、供

应商和采购代理机构等。

（一）采购人

采购人指依法利用国家财政性资金和政府借款购买货物、工程或服务的国家机关、事业单位、团体组织。

【点拨】 个人、私营企业和公司、国有企业都不属于政府采购的采购人。

1. 采购人的权利

采购人的权利主要包括：①自行选择采购代理机构的权利；②要求采购代理机构遵守委托协议约定的权利；③审查政府采购供应商的资格的权利；④依法确定中标供应商的权利；⑤签订采购合同并参与对供应商履约验收的权利；⑥特殊情况下提出特殊要求的权利；⑦其他合法权利。

2. 采购人的义务

采购人的义务主要包括：①遵守政府采购的各项法律、法规和规章制度；②接受和配合政府采购监督管理部门的监督检查，同时还要接受和配合审计机关的审计监督以及检察机关的检察；③尊重供应商的正当合法权益；④遵守采购代理机构的工作秩序；⑤在规定时间内与中标供应商签订政府采购合同；⑥在指定媒体及时向社会发布政府采购信息、招标结果；⑦依法答复供应商的询问和质疑；⑧妥善保存反映每项采购活动的采购文件；⑨其他法定义务。

（二）供应商

供应商是指向采购人提供货物、工程或服务的法人、其他组织或自然人。

供应商参加政府采购活动应具备下列条件：①具有独立承担民事责任的能力、具有良好的商业信誉和健全的财务会计制度；②具有履行合同所必需的设备和专业技术能力；③有依法缴纳税收和社会保障资金的良好记录；④参加政府采购活动前三年内，在经营活动中没有重大违法记录；⑤法律、行政法规规定的其他条件。

1. 供应商的权利

供应商的权利主要包括：①平等地取得政府采购供应商资格的权利；②平等地获得政府采购信息的权利；③自主、平等地参加政府采购竞争的权利；④就政府采购活动事项提出询问、质疑和投诉的权利；⑤自主、平等地签订政府采购合同的权利；⑥要求采购人或集中采购机构保守其商业秘密的权利；⑦监督政府采购依法公开、公正进行的权利；⑧其他合法权益。

2. 供应商的义务

供应商的义务主要包括：①遵守政府采购的各项法律、法规和规章制度；②按规定接受政府采购供应商资格审查，并在资格审查中客观真实地反映自身情况；③在政府采购活动中，满足采购人或者采购代理机构的正当要求；④投标中标后，按规定程序签订政府采购合同并严格履行合同义务；⑤其他法定义务。

（三）采购代理机构

采购代理机构是指具备一定条件，经政府有关部门批准而依法拥有政府采购代理资格的社会中介机构。

【解释】 采购代理机构分为集中采购机构和一般采购代理机构。

1. 集中采购机构

设区的市、自治州以上人民政府根据本级政府采购项目组织集中采购的需要设立集中采购机构。它不是政府机关，而是非营利性的事业法人，如政府采购中心。

【提示】 集中采购机构的采购资格不需政府特别认定。

【小结】 采购人采购纳入集中采购目录的政府采购项目，必须委托集中采购机构代理采购；采购未纳入集中采购目录的政府采购项目，可以自行采购，也可以委托集中采购机构在委托的范围内代理采购。

【思考】 集中采购目录由谁确定？

【补充】 纳入集中采购目录属于通用的政府采购项目的，应当委托集中采购机构代理采购；属于本部门、本系统有特殊要求的项目，应当实行部门集中采购；属于本单位有特殊要求的项目，经省级以上人民政府批准，可以自行采购。

2. 一般采购代理机构

一般采购代理机构是指依法成立并具有法人资格，承担政府采购业务代理工作的社会中介机构。

【解释1】 一般采购代理机构的资格由国务院有关部门或省级人民政府有关部门认定，主要负责分散采购的代理业务。集中采购代理机构的资格需要政府特别认定吗？

【解释2】 一般采购代理机构要向委托人或中标人收取一定的服务费。集中采购代理机构收费吗？

3. 采购代理机构的义务和责任

采购代理机构的义务和责任主要包括：①依法开展代理采购活动并提供良好服务；②依法发布采购信息；③依法接受监督管理；④不得向采购人行贿或者采取其他不正当手段谋取非法利益；⑤其他法定义务和责任。

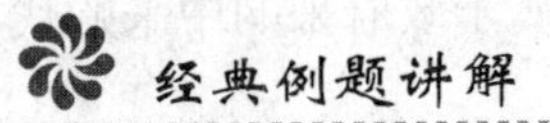

例题 4－57·多选题 下列选项中，可以作为政府采购当事人中采购人的有（ ）。

A. 商务部　　B. 中国红十字会

C. 财政部　　D. 个人独资企业

【答案解析】 ABC 采购人指依法利用国家财政性资金和政府借款购买货物、工程或服务的国家机关、事业单位、团体组织。商务部是国家机关，中国红十字会是团体组织，财政部是国家机关。

例题 4－58·多选题 某省属医院需要采购医疗器具，依照法律规定以下可以成为本次政府采购当事人的是（ ）。

A. 某省属的医院　　B. 某医疗器具的生产厂家

C. 某招标代理有限公司　　D. 某省属医院的院长

【答案解析】 ABC 政府采购当事人包括采购人、供应商和采购代理机构等。选项 A 是采购人，选项 B 是供应商，选项 C 是采购代理机构。

例题 4－59·单选题 下列各项中，不属于政府采购中采购人权利的是（ ）。

A. 依法确定中标供应商的权利

B. 审查政府采购供应商资格的权利

C. 自行选择采购代理机构的权利

D. 限制外地供应商进入本地区政府采购市场的权利

【答案解析】 D 限制外地供应商进入本地区政府采购市场不属于采购人的权利。

例题 4-60·单选题 各项中，不属于政府采购中供应商权利的是（ ）。

A. 排斥其他供应商参与竞争的权利　　B. 平等地取得政府采购供应商资格的权利

C. 要求采购人保守其商业秘密的权利　　D. 平等地获得政府采购信息

【答案解析】 A 排斥其他供应商参与竞争不属于供应商的权利。

例题 4-61·单选题 下列关于参加政府采购活动的供应商在经济活动中不能有重大违法记录的说法中，正确的是（ ）。

A. 参加政府采购活动前三年里不能有重大违法记录

B. 参加政府采购活动前四年里不能有重大违法记录

C. 参加政府采购活动前二年里不能有重大违法记录

D. 参加政府采购活动前一年里不能有重大违法记录

【答案解析】 A 供应商参加政府采购活动应具备下列条件：①具有独立承担民事责任的能力、具有良好的商业信誉和健全的财务会计制度；②具有履行合同所必需的设备和专业技术能力；③有依法缴纳税收和社会保障资金的良好记录；④参加政府采购活动前三年内，在经营活动中没有重大违法记录；⑤法律、行政法规规定的其他条件。

例题 4-62·判断题 政府采购中，采购代理机构具有确定中标供应商的权利。（ ）

【答案解析】 × 依法确定中标供应商是采购人的权利。

例题 4-63·判断题 政府采购当事人包括采购人、供应商和采购代理机构。（ ）

【答案解析】 √ 表述正确。

例题 4-64·多选题 根据《政府采购法》的规定，下列各项中，属于政府采购中采购代理机构责任的是（ ）。

A. 发布采购消息　　B. 接受监督管理

C. 开发代理采购活动　　D. 确定中标供应商

【答案解析】 ABC 依法确定中标供应商是采购人的权利。其余三项都属于采购代理机构的义务和责任。

五、政府采购方式

政府采购方式有：公开招标、邀请招标、竞争性谈判、单一来源采购、询价和国务院政府采购监督管理部门认定的其他采购方式。

（一）公开招标

公开招标是指招标采购人按照法定程序，通过发布招标公告，邀请所有潜在的不特定的供应商参加投标，采购人通过某种事先确定的标准，从所有投标供应商中择优评选出中标供应商，并与之签订政府采购合同的一种采购方式。

【提示】 公开招标是政府采购的主要采购方式。

【解释1】 货物服务采购项目达到公开招标数额标准的，必须采用公开招标的方式；公开招标的具体数额标准，属于中央预算的政府采购项目，由国务院规定；属于地方预算的政府采购项目，由省、自治区、直辖市人民政府规定。若因特殊情况需要采用公开招标以外的采购方式的，应当在采购活动开始前获得设区的市、自治州以上人民政府采购监督管理部门的批准。

【解释2】 采购人不得将应当以公开招标方式采购的货物或者服务化整为零或者以其他任何方式规避公开招标采购。

【解释3】 采用公开招标方式采购的，自招标文件开始发出之日起至投标人提交投标文件截至之日止，不得少于20日。

（二）邀请招标

邀请招标（也称选择性招标），是由采购人根据供应商或承包商的资信和业绩，选择一定数目的法人或其他组织（不能少于3家），向其发出招标邀请书，邀请他们参加投标竞争，从中选定中标供应商的一种采购方式。

符合下列情形之一的货物或者服务，可以采用邀请招标方式采购：

（1）具有特殊性，只能从有限范围的供应商处采购的；

（2）采用公开招标方式的费用占政府采购项目总价值的比例过大的。

（三）竞争性谈判

竞争性谈判是指采购人或者代理机构通过与多家供应商（不少于3家）进行谈判，最后从中确定中标供应商一种采购方式。

符合下列情形之一的货物或者服务，可以采用竞争性谈判方式采购：

（1）招标后没有供应商投标或者没有合格标的或者重新招标未能成立的；

（2）技术复杂或者性质特殊，不能确定详细规格或者具体要求的；

（3）采用招标所需时间不能满足用户紧急需要的；

（4）不能事先计算出价格总额的。

（四）单一来源采购

单一来源采购（也称为直接采购），是指采购人向唯一供应商进行采购的方式。它最主要的特点是没有竞争性。

符合下列情形之一的货物或者服务，可以依法采用单一来源方式采购：

（1）只能从唯一供应商处采购的；

（2）发生了不可预见的紧急情况，不能从其他供应商处采购的；

（3）必须保证原有采购项目一致性或者服务配套的要求，需要继续从原供应商处添购，且添购资金总额不超过原合同采购金额10%的。

（五）询价采购

询价是指采购人向有关供货商发出询价单让其报价，在报价基础上进行比较并确定最优供应商的一种采购方式。

采取询价方式采购的，应遵循下列程序：

（1）成立询价小组。询价小组由采购人代表和有关专家共3人以上单数组成，专家人数不得少于成员总数的2/3。

（2）确定被询价的供应商名单。询价小组从符合相关资格条件的供应商名单中确定不少于3家的供应商，并向其发出询价通知书让其报价。

（3）询价。询价小组要求被询价的供应商一次报出不得更改的价格（注意“一次报出不得更改”）。

（4）确定成交供应商。采购人根据符合采购需求、质量和服务相等且报价最低的原则确定成交供应商，并将结果通知所有被询价的未成交的供应商（注意要履行“通知”的义务）。

经典例题讲解

例题4－65·判断题 政府采购方式包括公开招标、邀请招标、竞争性谈判、单一来源、询价以及国务院政府采购监督管理部门认定的其他采购方式。（ ）

【答案解析】 √ 表述正确。

例题4－66·单选题 根据《政府采购法》的规定，对于具有特殊性，只能从有限范围的供应商处采购的货物，其适用的政府采购方式是（ ）。

A. 公开招标方式　　B. 邀请招标方式

C. 竞争性谈判方式　　D. 单一来源方式

【答案解析】 B 符合下列情形之一的货物或者服务，可以采用邀请招标方式采购：①具有特殊性，只能从有限范围的供应商处采购的；②采用公开招标方式的费用占政府采购项目总价值的比例过大的。

例题4－67·判断题 邀请招标应作为政府采购的主要采购方式。（ ）

【答案解析】 × 公开招标是政府采购的主要采购方式。

例题4－68·单选题 根据《政府采购法》的有关规定，招标后没有供应商投标或者没有合格标的以及重新招标未能成立的，其适用的政府采购方式是（ ）。

A. 询价方式　　B. 邀请招标方式

C. 公开招标方式　　D. 竞争性谈判方式

【答案解析】 D 符合下列情形之一的货物或者服务，可以采用竞争性谈判方式采购：①招标后没有供应商投标或者没有合格标的或者重新招标未能成立的；②技术复杂或者性质特殊，不能确定详细规格或者具体要求的；③采用招标所需时间不能满足用户紧急需要的；④不能事先计算出价格总额的。

例题4－69·单选题 在不可预见的紧急情况发生时，对于不能从其他供应商处采购的货物或服务，可以采用的采购方式是（ ）。

A. 公开招标　　B. 邀请招标

C. 单一来源采购　　D. 竞争性谈判

【答案解析】 C 符合下列情形之一的货物或者服务，可以依法采用单一来源方式采购：

（1）只能从唯一供应商处采购的；（2）发生了不可预见的紧急情况，不能从其他供应商处采购的；（3）必须保证原有采购项目一致性或者服务配套的要求，需要继续从原供应商处添购，且添购资金总额不超过原合同采购金额10%的。

例题4－70·判断题　某学校曾于2015年通过政府采购方式向乙公司购买实验室的专用设备，价值为20万元，2016年1月该学校实验室拟继续通过政府采购方式添置一台与专用设备配套的分析仪器，价值为1.5万元。该学校可以不采用公开招标方式，只向乙公司采购所需的分析仪器。（　）

【答案解析】　√　政府采购时，如必须保证原有采购项目一致性或者服务配套的要求，需要继续从原供应商处添购，且添购资金总额不超过原合同采购金额10%的，可以采用单一来源采购方式。该学校为了保证和原来采购项目相配套，而且拟采购的分析仪器价值未超过原采购合同的10%（7.5%），则该学校可以不采用公开招标方式，只向乙公司采购所需的分析仪器。

例题4－71·单选题　根据《政府采购法》的规定，采购人可以采用询价方式采购货物或者服务，主要包括的情况有（　）。

A. 只能从唯一供应商处采购的

B. 发生了不可预见的紧急情况不能从其他供应商处采购的

C. 采用招标所需时间不能满足用户紧急需要的

D. 采购的货物规格、标准统一、现货货源充足且价格变化幅度小的政府采购项目

【答案解析】　D　询价采购方式适用于采购货物规格、标准统一、现货货源充足而且价格变动幅度比较小的采购项目。

例题4－72·多选题　根据《预算法》的规定，下列各项关于政府采购的表述中，正确的有（　）。

A. 邀请招标是政府采购的主要采购方式

B. 政府采购中采购人具有审查政府采购供应商资格权利

C. 政府采购中采购代理机构具有中介性

D. 政府采购具有保护民族产业的功能

【答案解析】　BCD　公开招标是政府采购的主要采购方式，选项A错误。其余三项表述正确。

六、政府采购的监督检查

各级人民政府财政部门是负责政府采购监督管理的部门，各级人民政府其他有关部门依法履行与政府采购有关的监督管理职责。

【提示】　政府采购监督管理的部门是财政部门（其他部门配合）。

（一）政府采购监督管理部门的监督

1. 监督检查的主要内容

（1）有关政府采购法律、行政法规和规章的执行情况；

（2）采购范围、采购方式和采购程序的执行情况；

（3）政府采购人员的职业素质和专业技能。

2. 相关要求

政府采购监督管理部门不得设置集中采购机构，不得参与政府采购项目的采购活动。采购代理机构与行政机关不得存在隶属关系或者其他利益关系。

（二）集中采购机构的内部监督

（1）集中采购机构应当建立健全内部监督管理制度。采购活动的决策和执行程序应当明确，并相互监督、相互制约。

（2）集中采购机构的采购人员应当具有相关职业素质和专业技能，符合专业岗位任职要求。

【补充】 政府采购监督管理部门对集中采购机构的采购价格、节约资金效果、服务质量、信誉状况、有无违法行为等事项进行考核，并定期如实公布考核结果。

（三）采购人的内部监督

（1）采购人必须按照《政府采购法》规定的采购方式和采购程序进行采购。

（2）政府采购项目的采购标准和采购结果应当公开。

（四）政府其他有关部门的监督

（1）审计机关对政府采购进行审计监督。

（2）监察机关对参与政府采购活动的国家机关、国家公务员和国家行政机关任命的其他人员实施监察。

（五）政府采购活动的社会监督

任何单位和个人对政府采购活动中的违法行为，有权控告和检举，有关部门、机关依照各自职责及时处理。

经典例题讲解

例题 4－73 · 单选题 根据《政府采购法》的规定，下列各项关于政府采购的表述中，正确的是（ ）。

A. 政府采购只能由集中采购机构代理　　B. 各级财政部门是政府采购监督管理部门

C. 政府采购的对象只包括货物和工程　　D. 政府采购只能采用公开招标的方式

【答案解析】 B 采购未纳入集中采购目录的政府采购项目，可以自行采购，也可以委托集中采购机构或其他具有政府采购代理资格的社会中介机构代理采购，选项 A 错误；政府采购的对象包括货物、工程和服务，选项 C 错误；公开招标是政府采购的主要采购方式，但不是唯一方式，选项 D 错误。

例题 4－74 · 多选题 下列各项中，属于各级人民政府财政部门对政府采购进行监督检查的内容有（ ）。

A. 采购范围、采购方式和采购程序的执行情况

B. 政府采购人员的职业素质和专业技能

C. 有关政府采购的法律、行政法规和规章的执行情况

D. 采购产品的质量鉴定

【答案解析】 ABC 政府采购监督管理部门的监督检查内容主要包括：①有关政府采购法律、行政法规和规章的执行情况；②采购范围、采购方式和采购程序的执行情况；③政府采购人员的职业素质和专业技能。

例题 4－75·判断题 政府采购监督管理部门可以设置集中采购机构。 （ ）

【答案解析】 × 政府采购监督管理部门不得设置集中采购机构。

例题 4－76·单选题 下列各项中，有权对参与政府采购活动的国家机关、国家公务员和其他人员进行监察的是（ ）。

A. 审计机关　　B. 检察院

C. 监察机关　　D. 财政部门

【答案解析】 C 监察机关对参与政府采购活动的国家机关、国家公务员和国家行政机关任命的其他人员实施监察。

第三节 国库集中收付制度

一、国库集中收付制度的概念

国库集中收付制度（也称为“国库单一账户制度”），包括国库集中支付制度和收入收缴管理制度，是指由财政部门代表政府设置国库单一账户体系，所有的财政性资金均纳入国库单一账户体系收缴、支付和管理的制度。

【解释】 通过国库单一账户体系，财政收入直接缴入国库或财政专户，财政支出以财政直接支付和财政授权支出的方式，将资金支付到供应者或用款单位，未用的资金保留在国库单一账户上，预算单位使用资金但见不到资金。注意理解。

经典例题讲解

例题 4－77·多选题 下列关于国库集中收付的表述中，正确的有（ ）。

A. 以国库单一账户体系为基础

B. 将所有财政性资金都纳入国库单一账户体系管理

C. 收入直接缴入国库和财政专户

D. 支出通过国库单一账户体系支付到商品和劳务供应者或用款单位

【答案解析】 ABCD 四个选项的表述都正确。

例题 4－78·单选题 下列各项中，代表政府设置国库单一账户体系的是（ ）。

A. 中国人民银行　　B. 国有商业银行

C. 政府机关　　D. 财政部门

【答案解析】 D　由财政部门代表政府设置国库单一账户体系。

二、国库单一账户体系

（一）国库单一账户体系的概念

国库单一账户体系是指以财政国库存款账户为核心的各类财政性资金账户的集合。所有财政性资金的收入、支付、存储及资金清算活动均在该账户体系运行。

（二）国库单一账户体系的组成

国库单一账户体系包括：国库单一账户、财政部门零余额账户、预算单位零余额账户、预算外资金财政专户和特设专户。

1. 国库单一账户

财政部门在中国人民银行开设的国库存款账户（简称“国库单一账户”）。该账户用于记录、核算、反映财政预算资金和纳入预算管理的政府性基金的收入和支出活动，并用于与财政部门在商业银行开设的零余额账户的支付清算，实现支付。

2. 财政部门零余额账户

财政部门在商业银行开设的零余额账户（简称“财政部门零余额账户”）。该账户用于财政直接支付和与国库单一账户进行支付清算。

3. 预算单位零余额账户

财政部门在商业银行为预算单位开设的零余额账户（简称“预算单位零余额账户”）。该账户用于财政授权支付和与国库单一账户清算。

【补充】 预算单位零余额账户可以办理转账、提取现金等结算业务，可以向本单位按账户管理规定保留的相应账户划拨工会经费、住房公积金及提租补贴，以及经财政部门批准的特殊款项，不得违反规定向本单位其他账户和上级主管单位、所属下级单位账户划拨资金。

4. 预算外资金财政专户

财政部门在商业银行开设的预算外资金财政专户（简称“预算外资金专户”）。该账户用于记录、核算和反映预算外资金的收入支出活动，并用于预算外资金的日常收支清算。

5. 特设专户

经国务院和国务院授权财政部门批准的预算单位在商业银行开设的特殊专户（简称“特设专户”）。该账户用于记录、核算和反映预算单位的特殊专项支出活动，并用于与国库单一账户清算。

【补充】 财政部门是代表政府管理国库单一账户体系的职能部门。

【小结】 国库单一账户体系中各种账户的比较见表4－11。

表4-11 国库单一账户体系中各种账户的比较

账户类型	设置地点	功 能
国库单一账户	中国人民银行	用于记录、核算和反映财政预算资金和纳入预算管理的政府性基金的收入和支出活动，并用于与财政部门在商业银行开设的零余额账户的支付清算，实现支付
财政部门零余额账户	商业银行	用于财政直接支付和与国库单一账户清算
预算单位零余额账户	商业银行	用于财政授权支付和与国库单一账户清算
预算外资金财政专户	商业银行	用于记录、核算和反映预算外资金的收入和支出活动，并用于预算外资金的日常收支清算
特设专户	商业银行	用于记录、核算和反映预算单位特殊专项支出活动，并用于与国库单一账户清算

经典例题讲解

例题4-79·多选题 下列关于国库单一账户体系的表述中，正确的有（ ）。

A. 所有财政性资金的收入和支付均在该账户体系中运行

B. 该体系以财政国库存款账户为核心

C. 所有财政性资金的存储和资金清算活动均在该账户体系中运行

D. 该体系是各类财政性资金账户的集合

【答案解析】 ABCD 国库单一账户体系是指以财政国库存款账户为核心的各类财政性资金账户的集合。所有财政性资金的收入、支付、存储及资金清算活动均在该账户体系运行。四个选项的表述均正确。

例题4-80·多选题 国库单一账户体系由（ ）构成。

A. 国库单一账户　　B. 特设专户

C. 预算外资金专户　　D. 预算单位零余额账户

【答案解析】 ABCD 国库单一账户体系由国库单一账户、财政部门零余额账户、预算单位零余额账户、预算外资金专户、特设专户等账户构成。

例题4-81·判断题 财政部门零余额账户是财政部门按资金使用性质在中国人民银行开设的零余额账户。（ ）

【答案解析】 × 财政部门零余额账户是财政部门按资金使用性质在商业银行开设的零余额账户。

例题4-82·单选题 下列国库单一账户体系中的银行账户中，可以办理预算单位转账、提取现金等结算业务并可向本单位相应账户划拨工会经费、住房公积金及提租补贴的账户是（ ）。

A. 预算外资金财政专户　　B. 国库单一账户

C. 预算单位零余额账户　　D. 财政部门零余额账户

【答案解析】 C 预算单位零余额账户可以办理转账、提取现金等结算业务，可以向本单位按账户管理规定保留的相应账户划拨工会经费、住房公积金及提租补贴，以及经财政部门批准的特殊款项。

例题 4－83·单选题 根据国库集中收付制度的规定，用于财政直接支付的账户是（ ）。

A. 预算单位零余额账户　　B. 财政部门零余额账户

C. 预算外财政资金专户　　D. 特设专户

【答案解析】 B 财政部门零余额账户用于财政直接支付和与国库单一账户清算。

例题 4－84·判断题 预算外资金专户用于记录、核算和反映预算单位的特殊专项支出活动，并用于与国库单一账户清算。（ ）

【答案解析】 × 预算外资金专户用于记录、核算和反映预算外资金的收入支出活动，并用于预算外资金的日常收支清算。

三、财政收支的方式

（一）财政收入收缴方式——直接缴库和集中汇缴（见表 4－12）

表 4－12

财政收入收缴方式	基本含义	收缴程序
直接缴库	是指由缴款单位或缴款人按有关法律法规规定，直接将应缴收入缴入“国库单一账户”或“预算外资金财政专户”	直接缴库的税收收入，由纳税人或税务代理人提出纳税申报，经征收计算审核无误后，由纳税人通过开户银行将税款缴入国库单一账户
集中汇缴	是指由征收机关（有关法定单位）按有关法律规定，将所收的应缴收入汇总缴入“国库单一账户”或“预算外资金财政专户”	小额零散税收和法律另有规定的应缴收入（如非税收入中的现金缴款），经征收计算于收缴收入的当日汇总缴入国库单一账户

【提示】 不管是“直接缴库”还是“集中汇缴”方式，收入的缴入账户都是“国库单一账户”或“预算外资金财政专户”。

（二）财政支出支付方式——财政直接支付和财政授权支付（见表 4－13）

表 4－13

财政支出支付方式	基本含义	适用情形	支付程序
财政直接支付	是指财政部门向中国人民银行和代理银行签发支付指令，代理银行根据支付指令通过国库单一账户体系将资金支付到收款人（即商品或劳务的供应商等）或用款单位（即具体申请和使用财政资金的预算单位）账户	财政统一发放的工资支出、工程采购和物品服务采购等购买支出的集中采购部分和转移支出	预算单位按照批复的部门预算和财政直接支付用款计划，向财政国库支付执行机构提出支付申请，财政国库支付执行机构根据批复的部门预算和用款计划及相关要求对支付申请审核无误后，向代理银行发出支付令，并通知中国人民银行国库部门。代理银行据此通过财政零余额账户，将财政性资金直接支付到收款人或用款单位的账户，并与国库单一账户清算

续表

财政支出支付方式	基本含义	适用情形	支付程序
财政授权支付	是指预算单位按照财政部门的授权，自行向代理银行签发支付指令，代理银行根据支付指令，在财政部门批准的预算单位的额度内，通过国库单一账户将资金支付到收款人账户	暂未实行财政直接支付的专项支出和公用支出中的零星支出及小额现金的提取	预算单位按照批复的部门预算和财政授权支付用款计划，向财政国库支付执行机构申请授权支付的月度用款额度，财政国库支付执行机构将批准后的月度用款额度通知代理银行和预算单位。预算单位按照财政部门授权，在批准的月度用款额度内，自行开具支付令，交由代理银行通过单位零余额账户将资金支付到收款人账户。代理银行办理清算事宜，并与国库单一账户清算

【小结】 财政直接支付和财政授权支付的程序看起来非常“啰嗦”，抓住主要区别就可以：财政直接支付是由“财政部门”签发支付令，代理银行根据支付令支付相关款项；财政授权支付是由“预算单位自行”签发支付令，代理银行根据支付令支付相关款项。

经典例题讲解

例题 4-85·多选题 下列各项中，属于财政收入收缴方式的有（　　）。

A. 间接缴库　　B. 直接缴库

C. 授权汇缴　　D. 集中汇缴

【答案解析】 BD 财政收入的收缴方式分为直接缴库和集中汇缴两种方式。

例题 4-86·单选题 财政收入收缴方式中，下列由征收机关（有关法定单位）按有关法律法规规定，将所有收入汇总缴入国库单一账户或预算外资金财政专户的方式是（　　）。

A. 分次汇缴　　B. 直接缴库

C. 集中汇缴　　D. 汇总缴纳

【答案解析】 C 集中汇缴是指由征收机关（有关法定单位）按有关法律规定，将所收的应缴收入汇总缴入国库单一账户或预算外资金财政专户。

例题 4-87·多选题 下列各项中，属于国库集中支付方式的有（　　）。

A. 财政直接支付　　B. 财政授权支付

C. 财政直接缴库　　D. 财政集中汇激

【答案解析】 AB 财政支出的支付方式分为财政直接支付和财政授权支付两种方式。

例题 4-88·多选题 下列各项中，实行财政直接支付的支出有（　　）。

A. 转移支出　　B. 物品服务采购支出的集中采购部分

C. 财政统一发放的工资　　D. 工程采购支出的集中采购部分

【答案解析】 ABCD 实行财政直接支付的支出包括财政统一发放的工资支出、工程采购和物品服务采购等购买支出的集中采购部分和转移支出。

例题 4-89·多选题 下列关于财政直接支付的表述中，不正确的有（　　）。

A. 由中国人民银行向代理银行签发支付指令

B. 由财政部门向中国人民银行和代理银行签发支付指令

C. 代理银行根据财政部门支付指令通过国库单一账户体系将资金直接支付到收款人账户

D. 代理银行根据预算单位支付指令通过国库单一账户体系将资金直接支付到收款人账户

【答案解析】 AD 财政直接支付是指财政部门向中国人民银行和代理银行签发支付指令，代理银行根据支付指令通过国库单一账户体系将资金支付到收款人（即商品或劳务的供应商等）或用款单位（即具体申请和使用财政资金的预算单位）账户，选项 BC 正确。

例题 4 – 90 · 多选题 下列各项中，财政直接支付可以将资金直接支付到的主体有（ ）。

A. 收款的供应商 B. 下级财政部门

C. 中国人民银行 D. 使用财政性资金的用款单位

【答案解析】 AD 财政直接支付是指财政部门向中国人民银行和代理银行签发支付指令，代理银行根据支付指令通过国库单一账户体系将资金直接支付到收款人（即商品或劳务的供应商等）或用款单位（即具体申请和使用财政性资金的预算单位）账户。

例题 4 – 91 · 多选题 下列关于财政授权支付的表述中，正确的有（ ）。

A. 代理银行通过预算单位基本户将资金支付到收款人账户

B. 代理银行根据预算单位支付指令在财政部门批准的预算单位的用款额度内支付

C. 代理银行通过国库单一账户体系将资金支付到收款人账户

D. 预算单位按照财政部门的授权，自行向代理银行签发支付指令

【答案解析】 BCD 财政授权支付是指预算单位按照财政部门的授权，自行向代理银行签发支付指令，代理银行根据支付指令，在财政部门批准的预算单位的额度内，通过国库单一账户将资金支付到收款人账户。选项 BCD 正确，选项 A 错误。

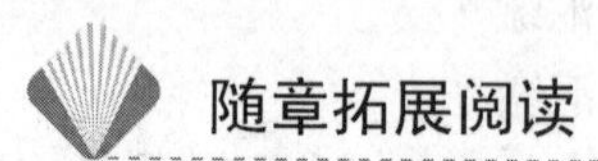

说明：手机扫描上方二维码，根据提示下载安装客户端，安装后使用客户端中的扫码功能直接访问，亦可通过浏览器登录 pass. cfeph. cn 访问。

第五章　chapter 5 会计职业道德

课前导语

本章内容直白，通俗易懂，学习难度不大，建议了解清楚相关内容要点。本章主要讨论会计职业道德的含义及其与会计法律制度的关系、会计职业道德规范的八项主要内容、会计职业道德教育等。建议读者重点关注会计职业道德规范八项主要内容的含义和基本要求、地位，要做适当的记忆和区分。

基本要求

了解：会计职业道德的功能
熟悉：会计职业道德的含义；加强会计职业道德教育的途径
掌握：会计职业道德规范的主要内容

本章框架结构

会计职业道德
1. 会计职业道德概述（职业道德的特征与作用、会计职业道德的概念与特征、会计职业道德的功能与作用、会计职业道德与会计法律制度的关系）
2. 会计职业道德规范的主要内容（爱岗敬业、诚实守信、廉洁自律、客观公正、坚持准则、提高技能、参与管理、强化服务）
3. 会计职业道德教育（含义、形式、内容、途径）
4. 会计职业道德建设组织与实施（财政部门的组织推动、会计行业的自律、企事业单位的内部监督、社会各界的监督与配合）
5. 会计职业道德的检查与奖惩（意义、机制）

第一节 会计职业道德概述

一、职业道德的特征与作用

（一）职业道德的概念

职业道德是指在一定职业活动中应遵循的、体现一定职业特征的、调整一定职业关系的职业行为准则和规范。

【解释】 职业道德的概念有广义和狭义之分，上述概念是狭义上的概念。广义的职业道德是指从业人员在职业活动中应该遵循的行为准则，涵盖了从业人员与服务对象、职业与职工、职业与职业之间的关系。

【提示】 不同的职业人员在特定的职业活动中形成了特殊的职业关系（社会关系），为了协调复杂的、特殊的职业关系，除了需要政治、行政、法律、经济上的规范和手段之外，还需要一种适应经济生活特点的调节职业社会关系的规范和手段，由此形成了不同职业人员的道德规范（即职业道德），用来指导和约束职业行为，保证职业活动的正常进行。注意理解。

【补充】 道德是人们共同生活及其行为的准则与规范，可以分为社会公德、家庭美德和职业道德。其中的职业道德是职业活动对职业行为的道德要求，体现一定职业特征和行业特点。我国《公民道德建设实施纲要》提出了职业道德的基本内容，即“爱岗敬业、诚实守信、办事公道、服务群众、奉献社会”。注意与会计职业道德的区别。

（二）职业道德的特征

职业道德是道德在职业实践中的具体体现，除了具有道德的一般特征之外，还具有以下特征：

1. 职业性（行业性）

职业道德的行业性很强，不具有全社会普遍的适用性。

【提示】 一定的职业道德只适用一定的职业活动领域，有些具体的行业道德规范只适用于本行业，其他行业就不完全适用或完全不适用。

2. 实践性

职业道德具有较强的针对性、实践性，容易形成条文。

【提示】 职业道德便于采用行业公约、工作守则、行为须知、操作规程等规章制度的形式。有些职业道德还被纳入法律规范。

3. 继承性

职业道德属于社会意识形态的一种特殊形式，具有较强的相对稳定性和历史继承性的特点。

【举例5-1】 教师“诲人不倦”、医生“救死扶伤”、商人“童叟无欺”等道德要求，就在这些行业中世代相传，并且得到不断丰富和发展。

4. 多样性

有多少种职业就有多少种职业道德。

【解释】 职业道德是道德在职业实践中的具体体现，职业道德与具体的职业相联系。

（三）职业道德的作用

1. 促进职业活动的有序进行

【解释】 职业道德最主要的作用就是通过协调职业关系中的各种矛盾和差异，维护正常的职业活动秩序，促进职业活动的健康发展。

2. 对社会道德风尚会产生积极的影响

【解释】 职业道德是社会道德的重要组成部分，而道德能够塑造高尚的道德良心和道德情感。

经典例题讲解

例题5－1·单选题 下列表述中，不属于职业道德内容的是（　　）。

A. 男女平等　　B. 诚实守信

C. 爱岗敬业　　D. 奉献社会

【答案解析】 A　职业道德的基本内容，即“爱岗敬业、诚实守信、办事公道、服务群众、奉献社会”。而男女平等属于家庭美德，选项A错误。

例题5－2·多选题 下列各项中，属于职业道德特征的有（　　）。

A. 职业性（行业性）　　B. 实践性

C. 继承性　　D. 多样性

【答案解析】 ABCD　职业道德除了具有道德的一般特征之外，还具有职业性（行业性）、实践性、继承性和多样性等特征。

例题5－3·多选题 会计人员应遵循的道德规范有（　　）。

A. 会计职业道德　　B. 社会公德

C. 其他行业职业道德　　D. 家庭美德

【答案解析】 ABD　道德是人们共同生活及其行为的准则与规范，可以分为社会公德、家庭美德和职业道德。因此，作为会计人员，除遵循会计职业道德外，还应遵循社会公德和家庭美德。

例题5－4·判断题 职业道德是指在一定职业活动中应遵循的、体现一定职业特征的、调整一定职业关系的职业行为准则和规范。（　　）

【答案解析】 √　表述正确。

例题5－5·判断题 职业道德的作用主要是促进职业活动的健康进行，对社会道德风尚会产生积极的影响。（　　）

【答案解析】 √　表述正确。

二、会计职业道德的概念与特征

（一）会计职业道德的概念

会计职业道德，是指在会计职业活动中应当遵循的、体现会计职业特征、调整会计职业关系的职业行为准则和规范。其具体含义包括以下几个方面：

（1）会计职业道德是调整会计职业活动中各种利益关系的手段。

（2）会计职业道德具有相对稳定性。

（3）会计职业道德具有广泛的社会性。

【解释】 会计工作的性质决定了在会计职业活动中要处理方方面面的关系，包括单位与国家、单位与单位、单位与投资者、单位与债权人、单位与职工、单位内部各部门之间及单位与社会公众之间等经济关系，这些经济关系的实质是经济利益关系。注意这里的“关系”不包括“人与自然”的关系。

（二）会计职业道德的特征

会计职业道德除具有职业道德的一般特征外，与其他职业道德相比还具有如下特征：

1. 具有一定的强制性

【解释】 道德一般不具有强制性，而法律具有强制性。但由于会计职业涉及众多利益相关者的利益，会计职业道德不同于一般的道德，许多内容都要求会计人员严格遵守。

2. 较多关注公众利益

【解释】 会计职业与社会公众利益密切相关，会计职业的这一显著特征对会计职业道德提出了更高的要求，要求会计人员客观公正，当发生道德冲突时要坚持准则，把社会公众利益放在第一位。

经典例题讲解

例题 5－6 · 单选题 会计职业道德是指在会计职业活动中应当遵循的、体现（ ）特征的和调整会计职业关系的职业行为标准和规范。

A. 会计工作　　B. 会计职业

C. 会计活动　　D. 会计人员

【答案解析】 B 会计职业道德是指在会计职业活动中应当遵循的、体现会计职业特征的、调整会计职业关系的职业行为准则和规范。

例题 5－7 · 多选题 会计职业道德是在会计职业活动中应当遵循的、体现会计职业特征、调整会计职业关系的职业行为准则和规范，其含义包括（ ）。

A. 是调整会计职业活动利益关系的手段

B. 具有相对的稳定性

C. 具有一定的强制性和较多关注公众利益

D. 具有广泛的社会性

【答案解析】 ABD　会计职业道德的含义包括：是调整会计职业活动利益关系的手段、具有相对的稳定性和具有广泛的社会性。而具有一定的强制性和较多关注公众利益是会计职业道德的特征，不是会计职业道德的含义。

例题 5-8·多选题　下列关于会计职业道德的表述中，正确的有（　　）。

A. 会计职业道德具有相对稳定性和广泛的社会性

B. 会计职业道德具有一定的强制性和较多关注公众利益的特征

C. 会计职业道德是调整会计职业活动中各种利益关系的手段

D. 会计职业道德是指在会计职业活动中应当遵循的、体现会计职业特征、调整会计职业关系的职业行为准则和规范

【答案解析】 ABCD　四个选项的表述都正确。

例题 5-9·判断题　会计作为经济活动中的一种职业，它所具有的特征与其他职业道德完全一致。（　　）

【答案解析】 ×　会计作为经济活动中的一种特殊职业，除具有职业道德的一般特征外，与其他职业道德相比还具有自己的特征：具有一定的强制性、较多关注公众利益等。

例题 5-10·多选题　会计职业道德的调整对象有（　　）。

A. 调整会计职业关系　　B. 调整会计职业中的经济利益关系

C. 调整单位内部各部门的关系　　D. 调整与会计活动有关的所有关系

【答案解析】 ABC　会计职业道德是调整会计职业活动中各种利益关系的手段。会计工作的性质决定了在会计职业活动中要处理各种经济关系，包括单位与国家、单位与单位、单位与投资者、单位与债权人、单位与职工、单位内部各部门之间及单位与社会公众之间等经济关系，这些经济关系的实质是经济利益关系。

三、会计职业道德的功能与作用

（一）会计职业道德的功能

1. 指导功能

会计职业道德具有指导具体会计行为的功能，扮演着指导人们会计行为方向的“向导”角色。

2. 评价功能

会计职业道德具有通过评价方式来指导和纠正人们行为，协调人际关系，维护社会秩序的功能。

【解释】 会计职业道德能够通过“评价—命令”方式，激发会计人员的积极性和主动性，推动会计人员的会计行为从“现有行为”向“应有行为”转化。

3. 教化功能

会计职业道德通过评价、命令、指导、示范等方式和途径，运用塑造理想人格和典型榜样等手段，形成良好的会计职业道德风尚；通过树立会计职业道德榜样等方式，培养人们践行会计职业道德行为的自觉性和主动性。

（二）会计职业道德的作用

1. 是规范会计行为的基础

2. 是实现会计目标的重要保证

【解释】 会计人员只有严格遵守职业道德规范，才能及时提供相关的、可靠的会计信息，反映企业管理层受托责任的履行情况，有助于财务会计报告使用者做出经济决策。

3. 是对会计法律制度的重要补充

【解释】 会计法律制度只能对会计人员不得违法的行为做出规定，而对会计人员如何爱岗敬业、提高技能等只能通过会计职业道德来进行规范。因此，会计职业道德的作用是会计法律制度所不能替代的。

【提示】 会计法律制度是会计职业的最低要求。不是“最高要求”“一般要求”，而是“最低要求”。

4. 是提高会计人员职业素养的内在要求

经典例题讲解

例题 5－11 · 单选题 下列各项中，不属于会计职业道德功能的是（ ）。

A. 指导　B. 评价　C. 教化　D. 宣传

【答案解析】 D 会计职业道德的功能主要有：指导功能、评价功能、教化功能。

例题 5－12 · 多选题 下列各项中，属于会计职业道德主要作用的有（ ）。

A. 对会计法律制度的重要补充　B. 规范会计行为的基础

C. 实现会计目标的重要保证　D. 提高企业经济效益的重要保障

【答案解析】 ABC 会计职业道德的作用主要有：是规范会计行为的基础；是实现会计目标的重要保证；是对会计法律制度的重要补充；是提高会计人员职业素养的内在要求。选项 D 错误。

四、会计职业道德与会计法律制度的关系

会计职业道德与会计法律制度作为社会规范的一部分，都属于会计人员行为规范，两者既有联系又有区别。

（一）会计职业道德与会计法律制度的联系

会计职业道德与会计法律制度有着共同的目标、相同的调整对象，承担着同样的职责，两者联系密切。

【点拨】 会计职业道德与会计法律制度两者目标相同、调整对象相同、职责也相同。

两者的联系主要表现在：

1. 两者在作用上相互补充、相互协调

会计行为不可能都由会计法律制度进行规范，不需要或不宜由会计法律制度进行规范的行

为，可通过会计职业道德规范来实现；同样，那些基本的会计行为必须运用会计法律制度强制规范。

2. 两者在在内容上相互借鉴、相互吸收

最初的会计职业道德规范就是对会计职业行为约定俗成的基本要求，后来制定的会计法律制度借鉴并吸收了这些基本要求，便形成了会计法律制度。会计法律制度中包含有会计职业道德规范的内容，同时，会计职业道德规范中也包含会计法律制度的某些条款。

【提示】 会计职业道德与会计法律制度在实施过程中相互作用，会计职业道德是会计法律制度正常运行的社会基础和思想基础，会计法律制度是促进会计职业道德规范形成和遵守的重要保障。

（二）会计职业道德与会计法律制度的区别

1. 两者的性质不同

会计法律制度通过国家机器强制执行，具有很强的他律性；会计职业道德主要由会计从业人员自觉遵守，并依靠社会舆论和个人职业素养来保障实施，具有很强的自律性。

2. 两者的作用范围不同

会计法律制度侧重于规范会计人员的外在行为和结果的合法化，具有较强的客观性；会计职业道德不仅要求调整会计人员的外在行为，还要调整会计人员内在的精神世界，具有较强的主观性。

【解释】 会计法律制度的各种规定是会计职业关系得以维系的最基本条件，是对会计从业人员行为的最低限度的要求，所以违反会计法律制度一定也违背了会计职业道德，但违背了会计职业道德不一定违反会计法律制度。

【举例 5－2】 某些会计人员不钻研业务，不加强新知识的学习，缺乏胜任工作的能力；某些会计人员缺乏爱岗敬业精神，对本职工作仅满足现状、不求进取、应付差事。上述两类会计人员都不能说违反了会计法律制度，但他们违背了会计职业道德规范的要求。【判断题】

3. 两者的表现形式不同

会计法律制度是通过一定的程序由国家立法部门或行政管理部门制定颁布和修改的，其表现形式是具体的、正式形成文字的成文条例；会计职业道德源自于会计人员的职业生活和职业实践，其表现形式既有明确的成文规定，也有不成文的只存在于会计人员内心的意识和信念。

4. 两者的实施保障机制不同

会计法律制度是由国家强制力保障实施的；会计职业道德既有国家法律的相应要求，又需要会计人员的自觉遵守和舆论监督来实现。

5. 两者的评价标准不同

会计法律是以会计人员享有的权利和义务为标准来判定其行为是否违法；而会计职业道德则以善恶为标准来判定人们的行为是否违背道德规范。

【补充】 会计职业道德的评价方法包括社会舆论、传统习俗、内心信念及考核评比等。

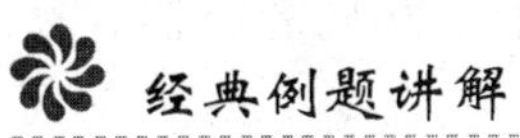

例题 5－13·判断题　会计法律制度中含有会计职业道德规范的内容。　（　）

【答案解析】 √ 表述正确。会计法律制度中含有会计职业道德规范的内容，同时，会计职业道德规范中也包含会计法律制度的某些条款。

例题5－14·多选题 下列关于会计职业道德与会计法律制度的表述中，正确的有（ ）。

A. 两者有着共同目标　　B. 两者承担着同样的职责

C. 两者在作用上相互补充、相互协调　　D. 两者在内容上相互借鉴、相互吸收

【答案解析】 ABCD 会计职业道德与会计法律制度有着共同的目标、相同的调整对象、承担着同样的职责，两者在作用上相互补充、相互协调，在内容上相互借鉴、相互吸收。

例题5－15·判断题 会计人员不钻研业务，不加强新知识的学习，造成工作上的差错，缺乏胜任工作的能力，这是一种既违反会计职业道德，又违反会计法律制度的行为。（ ）

【答案解析】 × 对于这种情况，应该是会计人员没有很好地遵守会计职业道德，但不能说其违反了会计法律制度。

例题5－16·单选题 会计职业道德评价的基本标准是（ ）。

A. 生产力　　B. 善与恶

C. 客观公正　　D. 诚实与虚伪

【答案解析】 B 会计法律是以会计人员享有的权利和义务为标准来判定其行为是否违法；而会计职业道德则以善恶为标准来判定人们的行为是否违背道德规范。

例题5－17·多选题 下列各项中，属于会计职业道德与会计法律制度的主要区别有（ ）。

A. 性质不同　　B. 作用范围不同

C. 表现形式不同　　D. 实施保障机制不同

【答案解析】 ABCD 四个选项都属于会计职业道德与会计法律制度的主要区别。

例题5－18·判断题 会计职业道德的评价方法包括政府监管、自我监督、行业自律和考核评比。（ ）

【答案解析】 × 会计职业道德的评价方法包括社会舆论、传统习俗、内心信念及考核评比等。

例题5－19·判断题 会计法律制度是会计职业的最高要求。（ ）

【答案解析】 × 会计法律制度是会计职业的最低要求。

例题5－20·多选题 下列有关会计职业道德与会计法律制度的表述中，正确的有（ ）。

A. 会计职业道德是会计法律制度正常运行的社会和思想基础

B. 会计法律制度是促进会计职业道德规范形成和遵守的重要保障

C. 会计职业道德与会计法律制度有着不同的目标、不同的职责，调整着不同的对象

D. 会计法律制度侧重于规范会计人员的外在行为和结果的合法化，会计职业道德不仅要求调整会计人员的外在行为，还要调整会计人员内在的精神世界

【答案解析】 ABD 会计职业道德与会计法律制度有着共同的目标、相同的调整对象、承担着同样的职责，二者联系密切。选项C错误，其余三项正确。

第二节 会计职业道德规范的主要内容

我国会计职业道德规范的主要内容包括八个方面："爱岗敬业、诚实守信、廉洁自律、客观公正、坚持准则、提高技能、参与管理和强化服务"。

一、爱岗敬业

（一）含义

爱岗敬业是指忠于职守的职业精神。"爱岗"要求会计人员热爱自己的本职工作，安心于本职岗位，恪尽职守地做好本职工作；"敬业"要求会计人员充分认识本职工作在社会经济活动中的地位和作用，在职业活动中具有高度的劳动热情和创造性，以强烈的事业心、责任感从事会计工作。

【提示】 "爱岗"和"敬业"互为前提，相互支持、相辅相成。"爱岗"是"敬业"的基石，"敬业"是"爱岗"的升华。

（二）基本要求

（1）正确认识会计职业，树立职业荣誉感。会计人员应当充分认识本职工作在社会经济活动中的地位和作用，认识本职工作的社会意义和道德价值，树立职业荣誉感和自豪感，这是做到爱岗敬业的前提和基本要求。

（2）热爱会计工作，敬重会计职业。对本职工作的热爱，对岗位的敬重，是做好工作的基础。会计人员要树立"干一行、爱一行"的思想。

（3）安心工作、任劳任怨。会计人员要安心于本职岗位，不辞辛苦。

（4）严肃认真、一丝不苟。会计人员要为单位把好关、理好财，严肃认真地对待每一项工作。

（5）忠于职守，尽职尽责。

"忠于职守"不仅要求会计人员认真执行岗位规范，而且要求在各种复杂的情况下，能抵制诱惑，忠实履行岗位职责。

"尽职尽责"是会计人员对自己应承担的责任和义务所表现出的一种责任感和义务感。具体表现为社会或他人对会计人员规定的责任以及会计人员对社会或他人所负的道义责任。

（三）地位

（1）爱岗敬业是所有职业道德规范的共同要求。

（2）爱岗敬业是会计职业道德的基础（出发点）。

经典例题讲解

例题 5－21 · 单选题 会计人员热爱会计工作，安心本职岗位，忠于职守，尽职尽责，这是会计职业道德规范中（ ）的具体体现。

A. 爱岗敬业 B. 诚实守信

C. 提高技能 D. 强化服务

【答案解析】 A 爱岗敬业就是要求会计人员热爱本职工作，安心本职岗位，并为做好本职工作任劳任怨、尽职尽责。

例题 5－22 · 单选题 所有职业道德规范的共同要求是（ ）。

A. 爱岗敬业 B. 办事公道

C. 服务群众 D. 廉洁自律

【答案解析】 A 爱岗敬业是所有职业道德规范的共同要求。

二、诚实守信

（一）含义

“诚实”是指言行思想一致，不弄虚作假、不欺上瞒下，做老实人、说老实话、办老实事；“守信”就是遵守自己所做出的承诺，讲信用，重信用，信守诺言，保守秘密。

（二）基本要求

（1）做老实人，说老实话，办老实事，不弄虚作假。

（2）保密守信，不为利益所诱惑。会计人员应依法保守商业秘密，这也是诚实守信的具体体现。

【解释 1】 泄密，不仅是一种不道德行为，也是违法行为，是会计职业的大忌。

【解释 2】 《会计基础工作规范》第二十三条规定：“会计人员应当保守本单位的商业秘密。除法律规定和单位领导人同意外，不能私自向外界提供或者泄露单位的会计信息。”

（3）执业谨慎，信誉至上。要求会计人员在工作中应保持谨慎态度，对客户和社会公众尽职尽责。

（三）地位

（1）诚实守信是做人的基本准则，也是会计职业道德的精髓。

（2）诚实守信是会计职业道德的基本工作准则。

【举例 5－3】 中国现代会计学之父潘序伦先生终身倡导：“信以立志，信以守身，信以处事，信以待人，毋忘‘立信’，当必有成”，这说明“诚信”是会计职业道德的重要内容。

【举例 5－4】 朱镕基同志在 2001 年视察北京国家会计学院时，为北京国家会计学院题词：“诚信为本，操守为重，坚持准则，不做假账”。

经典例题讲解

例题 5－23·单选题　下列各项中，不属于会计职业道德中诚实守信基本要求的是（　　）。

A. 做老实人，说老实话，办老实事，不弄虚作假

B. 执业谨慎，信誉至上

C. 依法办事、忠于职守

D. 保密守信，不为利益所诱惑

【答案解析】 C　诚实守信的基本要求有：做老实人，说老实话，办老实事，不弄虚作假；保密守信，不为利益所诱惑；执业谨慎，信誉至上。

例题 5－24·单选题　中国现代会计学之父潘序伦先生倡导："信以立志，信以守身，信以处事，信以待人，毋忘'立信'，当必有成。"这句话体现的会计职业道德规范是（　　）。

A. 坚持准则　　B. 客观公正

C. 诚实守信　　D. 廉洁自律

【答案解析】 C　这句话说明"诚实守信"是会计职业道德的重要内容。

三、廉洁自律

（一）含义

"廉洁"就是不贪污钱财，不收受贿赂，保持清白。"自律"是指会计人员要按照会计职业的道德规范和原则约束控制自己，养成"从必须遵守变成习惯于遵守"的品德。

【提示】　廉洁是自律的基础，而自律是廉洁的保证。

（二）基本要求

（1）树立正确的人生观和价值观。会计人员应自觉抵制享乐主义、个人主义、拜金主义等错误的思想，这是廉洁自律的思想基础。

（2）公私分明，不贪不占。"公私分明"就是指严格划分公与私的界线，公是公，私是私。"不贪不占"是指会计人员不贪图金钱和物质享受，不利用职务之便贪污受贿。

【提示】　"常在河边走，就是不湿鞋""理万金分文不沾""打铁还需自身硬""宁可清贫自乐，不可浊富多忧"等都是"廉洁自律"职业道德的生动写照。

（3）遵纪守法，一身正气。遵纪守法是每个公民应尽的义务，是建设中国特色社会主义和谐社会的基石。

（三）地位

（1）廉洁自律是会计职业道德的前提，这既是会计职业道德的内在要求，也是会计职业声誉的"试金石"。

（2）廉洁自律既是会计人员的行为准则，也是会计职业道德的灵魂。

经典例题讲解

例题5－25·单选题 在廉洁自律的基本要求中，（ ）是在会计工作中做到廉洁自律的思想基础。

A. 树立正确的人生观和价值观　　B. 公私分明

C. 客观公正　　D. 不贪不占

【答案解析】 A 树立正确的人生观和价值观，自觉抵制享乐主义、个人主义、拜金主义等错误的思想，这是在会计工作中做到廉洁自律的思想基础。

例题5－26·单选题 “常在河边走，就是不湿鞋”“理万金分文不沾”体现的会计职业道德要求是（ ）。

A. 诚实守信　　B. 廉洁自律

C. 坚持准则　　D. 提高技能

【答案解析】 B 廉洁自律要求会计人员公私分明、不贪不占，做到“常在河边走，就是不湿鞋”“理万金分文不沾”。

例题5－27·单选题 会计人员公私分明、不贪不占、遵纪守法、一身正气，这是会计职业道德（ ）的要求。

A. 诚实守信　　B. 客观公正

C. 坚持准则　　D. 廉洁自律

【答案解析】 D 廉洁自律要求会计人员树立正确的人生观和价值观，公私分明、不贪不占、遵纪守法、一身正气。

例题5－28·单选题 下列各项中，既是会计职业道德的前提，也是会计职业道德内在要求的是（ ）。

A. 诚实守信　　B. 客观公正

C. 坚持准则　　D. 廉洁自律

【答案解析】 D 廉洁自律是会计职业道德的前提，这既是会计职业道德的内在要求，也是会计职业声誉的“试金石”。

四、客观公正

（一）含义

“客观”是指按事物的本来面目去反映，不掺杂个人的主观意愿，也不为他人意见所左右。“公正”就是平等、公平、正直，没有偏失。

【解释】 对于会计职业和会计工作而言，客观主要包括两层含义：一是真实性（以实际发生的经济活动为依据）；二是可靠性（核算准确、记录可靠、凭证合法）。公正主要包括三层含义：一是国家的会计准则、制度要公正；二是执行会计准则、制度的人应公正地开展会计核算和会计监督工作；三是注册会计师在进行审计鉴证时应进行公平公正的判断和评价。

【提示】 客观是公正的基础，公正是客观的反映。

（二）基本要求

（1）依法办事。依法办事，是会计工作保证客观公正的前提。

（2）实事求是。实事求是要求会计人员从实际对象出发，按照事物的实际情况办事。在需要进行职业判断时，应保持客观公正的态度，实事求是，不偏不倚。

（3）如实反映。要求会计人员客观反映事物的本来面貌，不夸大、不缩小、不隐瞒，如实反映和披露单位的经济业务事项。

【解释】 实事求是体现的是会计核算过程的客观公正，而如实反映则体现的是最终结果的公正。

（三）地位

客观公正是会计职业道德所追求的理想目标。

【提示】 诚实守信和客观公正之间存在交叉。但是，诚实守信强调不弄虚作假，而客观公正则侧重于在客观真实的基础上做出公平合理的判断。

经典例题讲解

例题 5－29 · 单选题 保证会计工作客观公正的前提是（　　）。

A. 端正态度　　B. 依法办事

C. 实事求是　　D. 如实反映

【答案解析】 B　依法办事，是会计工作保证客观公正的前提。

例题 5－30 · 单选题 会计人员端正态度，依法办事，在处理涉及各方利益的会计事务时，不为他人所左右、不因个人好恶而取舍，实事求是，不偏不倚，这是会计职业道德中（　　）的要求。

A. 诚实守信　　B. 客观公正

C. 提高技能　　D. 坚持准则

【答案解析】 B　客观公正要求会计人员依法办事，实事求是，如实反映。

例题 5－31 · 多选题 对于会计职业和会计工作而言，“公正”意味着（　　）。

A. 会计准则和制度要公正　　B. 单位负责人要公正

C. 执行会计准则和制度的人要公正　　D. 注册会计师应进行公正的判断和评价

【答案解析】 ACD　公正主要包括三层含义：一是国家的会计准则、制度要公正；二是执行会计准则、制度的人应公正地开展会计核算和会计监督工作；三是注册会计师在进行审计鉴证时应进行公平公正的判断和评价。

五、坚持准则

（一）含义

坚持准则是指会计人员在处理业务过程中，要严格按照会计法律制度办事，不为主观或他人意志所左右。

【解释】“准则”是会计人员开展会计工作的外在标准和参照物，不仅指会计准则，而且包括会计法律、法规、国家统一的会计准则制度以及与会计工作相关的法律制度。

（二）基本要求

（1）熟悉准则。这是坚持准则、遵循准则的前提。

（2）遵循准则。即执行准则，会计人员应将单位具体的经济业务事项与准则对照，先做出是否合法合理的判断，对不合法的经济业务不予处理，做到执行准则不走样。

（3）敢于同违法行为做斗争。会计人员在发生道德冲突时，应坚持准则，敢于同违反会计法律制度和财务制度的现象做斗争。

（三）地位

坚持准则是会计职业道德的核心，是会计人员履行会计职责的标准和依据。

经典例题讲解

例题 5－32 · 多选题 坚持准则的基本要求有（　　）。

A. 熟悉准则　　B. 遵循准则

C. 执业谨慎　　D. 敢于同违法行为做斗争

【答案解析】 ABD　坚持准则的基本要求是熟悉准则、遵循准则、敢于同违法行为做斗争。

例题 5－33 · 单选题 下列各项中，要求会计人员在处理业务过程中，严格按照会计法律制度办事，不为主观或他人意志所左右的会计职业道德规范是（　　）。

A. 诚实信用　　B. 客观公正

C. 坚持准则　　D. 廉洁自律

【答案解析】 C　坚持准则是指会计人员在处理业务过程中，要严格按照会计法律制度办事，不为主观或他人意志所左右。

例题 5－34 · 单选题 某公司资金紧张，需向银行贷款 500 万元。公司王经理请返聘的张会计对公司提供给银行的会计报表进行技术处理。张会计很清楚公司目前的财务状况和偿债能力，但在王经理的反复开导下，张会计出于王经理平时对自己的照顾，于是按照贷款所要求的指标编造了一份经过技术处理后漂亮的会计报表，公司获得了银行的贷款，下列对张会计行为认定正确的是（　　）。

A. 张会计违反了爱岗敬业、客观公正的会计职业道德要求

B. 张会计违反了客观公正、坚持准则的会计职业道德要求

C. 张会计违反了强化服务、客观公正的会计职业道德要求

D. 张会计违反了参与管理、坚持准则的会计职业道德要求

【答案解析】 B　客观公正要求执行会计准则、制度的人应按照事物的实际情况办事，公正地开展会计核算和会计监督工作；坚持准则是指会计人员在处理业务过程中，要严格按照会

计法律制度办事，不为主观或他人意志所左右。因此，张会计的行为违反了客观公正、坚持准则的会计职业道德要求。

例题 5－35 · 多选题 会计职业道德规范“坚持准则”中所指的“准则”，不仅包括会计准则，还包括（ ）。

A. 会计法律　　B. 会计行政法规

C. 国家统一的会计准则制度　　D. 与会计工作相关的法律制度

【答案解析】 ABCD 这里所说的“准则”，不仅指会计准则，而且包括会计法律、法规、国家统一的会计准则制度以及与会计工作相关的法律制度。

六、提高技能

（一）含义

提高技能是指会计人员通过学习、培训和实践等途径，持续提高会计职业技能，以达到和维持足够的专业胜任能力的活动。

【解释】 职业技能，也称为职业能力，是人们进行职业活动、承担职业责任的能力和手段。

【提示】 这里的“技能”主要包括会计理论水平、会计实务操作能力、职业判断能力、自动更新知识能力、提供会计信息的能力、沟通交流能力以及职业经验等。

（二）基本要求

（1）具有不断提高会计专业技能的意识和愿望。

（2）具有勤学苦练的精神和科学的学习方法。

【举例 5－5】 “道”之不存，“德”将焉附；“活到老学到老”；“曲不离口，拳不离手”等都体现了提高技能的会计职业道德要求。

（三）地位

不断地提高职业技能既是会计人员的义务，也是在职业活动中做到客观公正、坚持准则的基础，是参与管理的前提。

经典例题讲解

例题 5－36 · 多选题 会计职业技能的主要内容包括（ ）。

A. 会计实务操作能力　　B. 主动更新知识的能力

C. 职业判断能力　　D. 提供会计信息能力

【答案解析】 ABCD 这里的“技能”主要包括会计理论水平、会计实务操作能力、职业判断能力、自动更新知识能力、提供会计信息的能力、沟通交流能力以及职业经验等。

例题 5－37 · 多选题 提高技能的基本要求包括（ ）。

A. 具有不断提高会计专业技能的意识和愿望

B. 具有勤学苦练的精神和科学的学习方法

C. 热爱工作

D. 积极维护单位负责人的利益

【答案解析】 AB 提高技能的基本要求有：具有不断提高会计专业技能的意识和愿望；具有勤学苦练的精神和科学的学习方法。

例题 5－38·单选题 下列各项中，既是会计人员的义务，也是在职业活动中做到客观公正、坚持准则的基础的会计职业道德规范是（ ）。

A. 提高技能　B. 客观公正　C. 强化服务　D. 廉洁自律

【答案解析】 A 不断地提高职业技能既是会计人员的义务，也是在职业活动中做到客观公正、坚持准则的基础，是参与管理的前提。

七、参与管理

（一）含义

参与管理是指间接参加管理活动，为管理者当参谋，为管理活动服务。

【解释】 参与管理就是要求会计人员积极主动地向单位领导反映本单位的财务、经营状况及存在的问题，主动提出合理化建议，积极地参与市场调研和预测，参与决策方案的制定和选择，参与决策的执行、检查和监督，为领导的经营管理和决策活动当好助手和参谋。

【提示】 注意是"间接""参谋"，不是"直接""代替"。

（二）基本要求

（1）努力钻研业务，熟悉财经法规和相关制度，提高业务技能，为参与管理打下基础。

【解释】 首先，要求会计人员要有扎实的基本功，掌握会计基本理论、基本方法和基本技能。其次，要充分利用掌握的大量会计信息，运用各种管理分析方法，对单位的经济管理进行分析、预测，找出经营管理中的问题，提出改进措施，真正起到当家理财的作用，成为领导的参谋助手。

【提示】 娴熟的业务、精湛的技能（即"提高技能"）是会计人员参与管理的前提。

（2）熟悉服务对象的经营活动和业务流程，使管理活动更具针对性和有效性。

经典例题讲解

例题 5－39·多选题 会计职业道德规范中的"参与管理"要求会计人员（ ）。

A. 全面熟悉单位经营活动的业务流程　B. 主动提出合理化建议

C. 代替领导决策　D. 积极参与管理

【答案解析】 ABD 参与管理要求会计人员在做好本职工作时努力钻研相关业务，全面熟悉本单位经营活动和业务流程，主动提出合理化建议，协助领导决策，积极参与管理。是"协助"而不是"代替"领导决策。

例题 5－40·判断题 参与管理是指直接参加管理活动，为管理者当参谋，为管理活动服务。（ ）

【答案解析】 × 参与管理是指间接参加管理活动，为管理者当参谋，为管理活动服务。

八、强化服务

（一）含义

强化服务要求会计人员具有文明的服务态度、强烈的服务意识和优良的服务质量。

（二）基本要求

（1）强化服务意识。

（2）提高服务质量。

【解释】 会计人员服务质量的表现有：是否真实地记录了单位的经济活动，向有关方面提供可靠的会计信息；是否主动地向单位领导反映经营活动情况及存在的问题，提出合理化建议，协助领导决策，参与经营管理活动。

【提示1】 强化服务的关键是“提高服务质量”。

【提示2】 会计人员在会计工作中提供上乘的服务质量，并非是无原则地满足服务主体的需要，而是在坚持原则、坚持准则的基础上尽量满足用户或服务主体的需要。

【思考】 强化服务和参与管理是什么关系？参与管理是强化服务的一种表现形式，强化服务有利于参与管理；不参与管理，难以提高服务水平和质量。不强化服务，难以保持参与管理的热情和动力。

【举例5－6】 有的单位“门难进、话难听、脸难看”，有的“官大办得快、官小办得慢、无官拖着办”，有的“利多马上办、利少慢慢办、无利事不办”等，这些都违背了“强化服务”的会计职业道德规范要求。

（三）地位

强化服务、奉献社会就是职业道德的归宿点。

【小结】 关于“八个方面”在会计职业道德中的“作用”或“地位”的小结如表5－1所示。

表5－1

会计职业道德规范的主要内容	“作用”或“地位”
爱岗敬业	会计职业道德的基础
诚实守信	会计职业道德的精髓
廉洁自律	会计职业道德的前提
客观公正	会计职业道德的理想目标
坚持准则	会计职业道德的核心
提高技能	客观公正、坚持准则的基础，参与管理的前提
参与管理	积极参与管理，当好助手和参谋
强化服务	会计职业道德的归宿

经典例题讲解

例题 5－41・单选题 （　）是会计人员强化服务的关键。

A. 提高业务水平　　B. 增强服务意识

C. 提高服务质量　　D. 端正服务态度

【答案解析】 C　强化服务的关键是提高服务质量。

例题 5－42・多选题 下列各项中，符合会计职业道德规范中“强化服务”的要求的有（　）。

A. 出纳人员对前来报销差旅费的人员耐心解释凭证粘贴的要求

B. 会计人员耐心向生产车间工人宣讲会计基础知识，推动了班组核算制度的顺利开展

C. 稽核人员认真检查凭证内容与格式，并就规范领导审批程序提出建议

D. 会计师和会计机构负责人认真组织财务分析和财务控制，提出推行全面预算管理、促进增收节支、提高经济效益的建议

【答案解析】 ABCD　各项表述均符合“强化服务”会计职业道德的要求。

例题 5－43・多选题 对参与管理与强化服务的关系，下列选项中说法正确的有（　）。

A. 参与管理是强化服务的一种形式

B. 强化服务有利于参与管理

C. 不参与管理也完全可以提高服务水平和质量

D. 不强化服务就难以保持参与管理的热情和动力

【答案解析】 ABD　参与管理是强化服务的一种表现形式，强化服务有利于参与管理。不参与管理，难以提高服务水平和质量；不强化服务，难以保持参与管理的热情和动力。

第三节 | 会计职业道德教育

一、会计职业道德教育的含义

会计职业道德教育是指根据会计工作的特点，有目的、有组织、有计划地对会计人员施加系统的会计职业道德影响，促使会计人员形成会计职业道德品质，履行会计职业道德义务的活动。

【提示】 会计职业道德教育的意义在于培养会计职业道德情感、树立会计职业道德信念、提高会计职业道德水平、促使会计职业健康发展。

二、会计职业道德教育的形式

（一）接受教育

接受教育即外在教育，是指通过学校或培训单位对会计人员进行以职业责任、职业义务为

核心内容的正面教导，以规范其职业行为，维护国家和社会公众利益的教育。

（二）自我修养（又称为会计职业道德修养）

自我修养即内在教育，是指会计人员在会计职业活动中，按照会计职业道德的基本要求，在自身道德品质方面进行的自我教育、自我改造、自我锻炼、自我提高，从而达到一定的职业道德境界。

【提示】 把外在的会计职业道德的内容要求，逐步转变成会计人员内在的职业道德认知、会计职业道德情感、会计职业道德意志和会计职业道德信念，要通过内在的自我教育才能实现。

【解释】 形成正确的会计职业道德认知、培养高尚的会计职业道德情感、树立坚定的会计职业道德意志和养成良好的会计职业道德行为被称为会计职业道德修养的基本环节。

经典例题讲解

例题5－44·判断题 会计职业道德的自我教育与自我修养，不可能将会计职业道德转化为会计人员的职业本能。（ ）

【答案解析】 × 会计职业道德的自我教育与自我修养，最终目的就是要将会计职业道德转化为会计人员的职业本能。

例题5－45·多选题 下列各项中，属于会计职业道德教育形式的有（ ）。

A. 接受教育 B. 自我修养 C. 参与教育 D. 提高强化

【答案解析】 AB 会计职业道德教育包括接受教育和自我修养两种形式。

例题5－46·多选题 下列各项中，属于会计职业道德教育的意义的有（ ）。

A. 培养会计职业道德情感 B. 树立会计职业道德信念

C. 提高会计职业道德水平 D. 促使会计职业健康发展

【答案解析】 ABCD 培养会计职业道德情感、树立会计职业道德信念、提高会计职业道德水平、促使会计职业健康发展均属于会计职业道德教育的意义。

三、会计职业道德教育的内容

（一）会计职业道德观念教育

会计职业道德观念教育是指在社会上广泛宣传会计职业道德基本常识，增强会计人员的职业义务感和职业荣誉感，培养良好的职业节操，形成“遵守会计职业道德光荣，违背会计职业道德可耻”的风尚，使广大会计人员懂得什么是会计职业道德，它对社会经济秩序、会计信息质量有何重要影响；懂得一旦违背会计职业道德，除了会受到良心和道义上的谴责外，还会受到行业惩戒和处罚。

【解释】 职业道德观念教育（普及会计职业道德基础知识）是会计职业道德教育的基础。

【提示】 会计人员一旦违背会计职业道德，除了会受到良心和道义上的谴责外，还会受到行业惩戒和处罚。

（二）会计职业道德规范教育

会计职业道德规范教育是指对会计人员开展以会计职业道德规范为内容的教育，主要内容包括“爱岗敬业、诚实守信、廉洁自律、客观公正、坚持准则、提高技能、参与管理、强化服务”等。

【提示】 职业道德规范教育是会计职业道德教育的核心内容，应贯穿于会计职业道德教育的始终。

（三）会计职业道德警示教育

会计职业道德警示教育是指通过开展对违反会计职业道德行为和对违法会计行为典型案例的讨论和剖析，给会计人员以启发和警示，从而可以提高会计人员的法律意识和会计职业道德观念，提高会计人员辨别是非的能力。

【点拨】 职业道德警示教育的目的和作用有：①从典型案例中得到启发和警示；②提高法律意识和会计职业道德观念；③提高辨别是非的能力。

（四）其他教育

其他教育是指其他与会计职业道德相关的教育，主要有形势教育、品德教育、法制教育等。

经典例题讲解

例题 5－47·多选题 下列各项中，属于会计职业道德教育内容的有（ ）。

A. 其他与会计职业道德相关的教育 B. 会计职业道德规范教育

C. 会计职业道德观念教育 D. 会计职业道德警示教育

【答案解析】 ABCD 会计职业道德教育的内容包括：会计职业道德观念教育、会计职业道德规范教育、会计职业道德警示教育和其他教育（形势教育、品德教育、法制教育）。

例题 5－48·多选题 会计职业道德观念教育的目的有（ ）。

A. 树立会计职业道德观念

B. 了解会计职业道德对社会经济秩序的影响

C. 了解违反会计职业道德将受到的惩戒和处理

D. 了解会计职业道德对会计信息质量的影响

【答案解析】 ABCD 广泛宣传会计职业道德基本常识，使广大会计人员懂得什么是会计职业道德，它对社会经济秩序、会计信息质量有何重要影响；懂得一旦违背会计职业道德，除了受到良心和道义上的谴责外，还会受到行业惩戒和处罚。因此，选项 ABCD 都正确。

例题 5－49·判断题 会计职业道德警示教育是指通过对违反会计职业道德行为和违法会计行为典型案例进行讨论和剖析，从中得到警示，提高法律意识、会计职业道德观念和辨别是非能力的一种教育。（ ）

【答案解析】 √ 表述正确。

四、会计职业道德教育的途径

（一）接受教育（外在教育）的途径

1. 岗前职业道德教育

岗前职业道德教育是指对将要从事会计职业的人员进行的道德教育，其侧重点应放在职业观念、职业情感及职业规范等方面。如会计专业学历教育中的职业道德教育，就在会计职业道德教育中具有基础性地位。

2. 岗位职业道德继续教育

岗位职业道德继续教育是对已进入会计职业的会计人员进行的继续教育。

【提示】 会计人员继续教育是强化会计职业道德教育的有效形式（不是唯一形式）。会计职业道德教育应贯穿于整个会计人员继续教育的始终。

（二）自我修养（内在教育）的途径

自我修养的途径主要是慎心，坚守心灵，不被诱惑。具体包括：

1. 慎独慎欲

（1）“慎独”，即在一个人单独处事、无人监督的情况下，也能自觉地按照道德准则去办事。

（2）“慎欲”，就是指用正当的手段获得物质利益。会计人员做到慎欲，要把国家、社会公众和集体利益放在首位，在追求自身利益的时候，不损害国家和他人利益。

【提示】 会计职业道德修养的最高境界是做到“慎独”。

2. 慎省慎微

（1）“慎省”，就是指认真自省，通过自我反思、自我解剖、自我总结，检查自己的言行是否有不对的地方，敢于做到是非观、价值观、知行观的自我斗争，不断地自我升华、自我超越。

（2）“慎微”，就是指在微处、小处自律，从微处、小处着眼，积小善成大德。

【补充】 自我剖析法是指会计人员经常对自己的工作进行评价，对工作的不足进行评判、剖析的自我教育的方式。

3. 自警自励

（1）“自警”，是指要随时警醒、告诫自己，警钟长鸣，防止各种不良思想对自己的侵袭。

（2）“自励”，是指要以崇高的会计职业道德理想、信念激励自己、教育自己。

【小结】 会计职业道德教育的途径（形式）包括两大类：接受教育和自我修养。①接受教育（外在教育）的途径分为岗前职业道德教育和岗位职业道德继续教育；②自我修养（内在教育）的途径分为慎独慎欲、慎省慎微、自警自励。

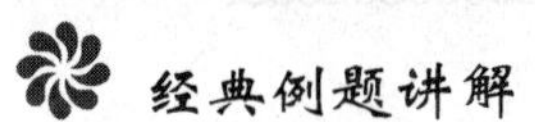

例题 5－50·多选题 会计职业道德教育的接受教育途径包括（　　）两方面。

A. 会计法制教育　　B. 岗前职业道德教育

C. 自我教育　　D. 岗位职业道德继续教育

【答案解析】 BD　会计职业道德教育的接受教育途径可以分为岗前职业道德教育和岗位职业道德继续教育两个部分。

例题 5－51·多选题　下列属于会计职业道德教育自我修养的途径的有（　　）。

A. 自警自励　　B. 慎省慎微

C. 要互相监督指导　　D. 慎独慎欲

【答案解析】 ABD　会计职业道德教育自我修养的途径主要有：慎独慎欲；慎省慎微；自警自励。

例题 5－52·单选题　（　　）符合慎独精神。

A. 经常开展自我批评、自我解剖

B. 虚心向先进人物学习

C. 无人监督的情况下，也自觉按照道德准则去办事

D. 能独立自主地按照会计法规处理会计事务

【答案解析】 C　"慎独"，即在一个人单独处事、无人监督的情况下，也自觉地按照道德准则去办事。

例题 5－53·多选题　下列关于会计职业道德教育的表述中，不正确的有（　　）。

A. 会计职业道德教育的内容不包括形势教育、品德教育和法制教育

B. 自我修养是指会计人员通过学校或培训单位的学习教育

C. 岗前会计职业道德教育是指对将要从事会计职业的人员进行的道德教育

D. 会计职业道德教育应贯穿整个会计人员继续教育的始终

【答案解析】 AB　会计职业道德教育的内容包括与会计职业道德相关的其他教育，主要包括形势教育、品德教育和法制教育等。选项 A 错；接受教育（而不是自我修养）是指通过学校或培训单位等的学习教育，选项 B 错。

例题 5－54·单选题　下列各项中，不属于会计职业道德教育途径的是（　　）。

A. 会计学历教育　　B. 会计人员继续教育

C. 会计人员自我教育　　D. 会计专业技术资格考试

【答案解析】 D　会计职业道德教育包括岗前职业道德教育和岗位职业道德教育。岗前职业道德教育包括会计学历教育中的职业道德教育；岗位职业道德继续教育是对进入会计职业的会计人员进行的继续教育。会计职业道德教育贯穿于整个会计人员继续教育的始终。

第四节｜会计职业道德建设组织与实施

要抓好会计职业道德建设，关键在于加强和改善会计职业道德建设的组织和领导，并使之切实得到贯彻和实施。

一、财政部门的组织推动

会计职业道德建设是会计管理工作的重要组成部分，必须发挥财政部门的政府主导作用。

各级财政部门应当负起组织和推动本地区会计职业道德建设的责任，把会计职业道德建设与会计法制建设紧密结合起来。

【链接】《会计法》第七条规定：国务院财政部门主管全国的会计工作，县级以上地方各级人民政府财政部门管理本行政区域内的会计工作。

二、会计行业的自律

会计职业组织起着联系会员与政府的桥梁作用，应充分发挥会计职业组织的作用，改革和完善会计职业组织自律机制，有效发挥自律机制在会计职业道德建设中的促进作用。

【链接】 会计职业组织：注册会计师协会、会计学会、总会计师协会等。

【注意】 会计职业组织主要通过“自律”（而不是“他律”）的机制实现对会员的管理与约束。

三、企事业单位的内部监督

单位要切实抓好会计职业道德建设，重视内部控制制度建设，形成内部约束机制，防范舞弊和经营风险，支持并督促会计人员遵循会计职业道德，依法开展会计工作。

【链接】《会计法》规定，单位负责人对本单位的会计工作和会计资料的真实性、完整性负责。

四、社会各界的监督与配合

加强会计职业道德建设，既是提高广大会计人员素质的一项基础性工作，又是一项复杂的社会系统工程；不仅是某一个单位、某一个部门的任务，也是各地区、各部门、各单位的共同责任。

【解释】 良好会计职业道德风尚的树立，离不开广泛的宣传教育，离不开社会舆论的支持和监督。要在全社会会计人员中倡导诚信为荣、失信为耻的职业道德意识，引导会计人员加强职业修养。

经典例题讲解

例题 5－55·多选题 下列关于会计职业道德建设组织与实施表述中，正确的有（ ）。

A. 社会各界应广泛开展会计职业道德的宣传教育，加强舆论监督，倡导诚信为荣，失信为耻的职业道德意识，引导会计人员加强职业修养

B. 企业事业单位应形成内部约束机制，防范舞弊和经营风险，支持并督促会计人员遵循会计职业道德

C. 会计行业协会应有效发挥自律机制在会计职业道德建设中的促进作用

D. 各级财政部门应当负起组织和推动本地区会计职业道德建设的责任

【答案解析】 ABCD 上述四项表述都正确。

例题 5－56·判断题 会计行业协会应该改革和完善其自律机制，有效发挥自律机制在会计职业道德建设中的促进作用。（ ）

【答案解析】 √ 表述正确。

第五节 会计职业道德的检查与奖惩

开展会计职业道德检查与奖惩是道德规范付诸实施的必要方式，也是促使道德力量发挥作用的必要手段。

一、会计职业道德检查与奖惩的意义

1. 促使会计人员遵守职业道德规范

【解释】 会计行为主体不论出于何种动机，都必须遵循会计职业道德规范，否则将受到相应的惩罚或谴责。

【提示】 奖惩机制把会计职业道德要求与个人利益结合起来，体现了权利与义务统一的原则。

2. 裁决与教育的作用

【提示】 会计职业道德的检查与奖惩具有道德法庭的作用，而且具有教育作用，使会计人员生动而直接地感受到会计职业道德的价值。

3. 有利于形成抑恶扬善的社会环境

【提示】 会计职业道德的好坏，对社会道德环境的优劣会产生一定的影响。

经典例题讲解

例题 5－57·多选题 会计职业道德检查与奖惩的意义主要体现在（ ）等几方面。

A. 促使会计人员遵守职业道德规范的作用

B. 保护会计人员作用

C. 有利于形成抑恶扬善的社会环境

D. 裁决与教育的作用

【答案解析】 ACD 会计职业道德检查与奖惩的意义：促使会计人员遵守职业道德规范的作用；裁决与教育作用；有利于形成抑恶扬善的社会环境。

二、会计职业道德检查与奖惩机制

（一）财政部门的监督检查

财政部门作为会计行业的主管部门，应当利用行政管理上的优势，对会计职业道德情况实

施必要的行政监管。

1. 将执法检查与会计职业道德检查相结合

（1）财政部门作为《会计法》的执法主体，一方面要督促各单位严格执行会计法律法规，另一方面也要对单位会计人员执行会计职业道德进行检查和检验。

（2）对于检查中发现违反《会计法》的行为，会计人员不但要承担相应的行政处罚或刑事处罚，同时还要接受相应的职业道德惩戒。

【提示】 法律惩罚和道德惩戒两者并行不悖，不可替代，应同时并举。

2. 将会计从业人员管理与会计职业道德检查相结合

要定期检查会计人员遵守职业道德情况，检查内容包括：遵守财经纪律、法规和会计职业纪律情况；依法履行会计职责情况。

【补充】《会计基础工作规范》第二十四条规定："财政主管部门、业务主管部门和各单位应当定期检查会计人员遵守职业道德的情况，并作为会计人员晋升、晋级、聘任专业职务、表彰奖励的重要考核依据。会计人员违反职业道德的，由所在单位进行处罚。"

3. 将会计专业技术资格考评、聘用与会计职业道德检查相结合

报考各级专业技术资格的会计人员，均要求"坚持原则，具备良好的职业道德品质"。

【链接】 我国会计专业技术资格分为初级资格（包括会计员、助理会计师）、中级资格（会计师）和高级资格（高级会计师）三个级别。初级资格、中级资格通过全国会计专业技术资格考试取得，高级会计师资格采取考试和评审相结合的方式。

4. 将会计人员表彰奖励制度与会计职业道德检查相结合

各级财政部门在表彰奖励会计人员时，不仅要求考察工作业绩，还应考察会计职业道德遵守情况。

【补充】《会计法》第六条规定："对认真执行本法，忠于职守，坚持原则，做出显著成绩的会计人员，给予精神的或者物质的奖励。"对会计人员的表彰奖励应注意将物质奖励和精神激励有机结合起来，具体可以采用给予一定数额奖金、晋升工资、授予荣誉称号、颁发荣誉证书等方式，并通过公开刊物等大众媒体予以广泛宣传。

（二）会计行业组织的自律管理与约束

会计行业自律是一个群体概念，是会计组织对整个会计职业的会计行为进行自我约束、自我控制的过程。建立健全会计人员行业自律管理制度，是政府对会计人员进行宏观管理的必要补充。

【提示】 会计行业协会的职责："服务、监督、管理、协调"。

（三）激励机制的建立

建立和完善激励机制，对违反会计职业道德行为进行惩戒，对自觉遵守会计职业道德的优秀会计工作者进行表彰。

经典例题讲解

例题 5－58·多选题 下列各项中，属于对认真执行会计法，忠于职守，坚持原则，做出

显著成绩的会计人员进行奖励的方式是（　　）。

A. 颁布荣誉证书　　B. 发放奖金

C. 授予荣誉称号　　D. 晋升工资

【答案解析】 ABCD　对会计人员的表彰奖励应注意将物质奖励和精神激励有机结合起来，具体可以采用给予一定数额奖金、晋升工资、授予荣誉称号、颁发荣誉证书等方式，并通过公开刊物等大众媒体予以广泛宣传。

例题 59 · 多选题　下列各项中，属于对认真执行会计法，忠于职守，坚持原则，做出显著成绩的会计人员进行奖励的方式有（　　）。

A. 颁布荣誉证书　　B. 发放奖金

C. 授予荣誉称号　　D. 晋升工资

【答案解析】 ABCD　对会计人员的表彰奖励应注意将物质奖励和精神激励有机结合起来，具体可以采用给予一定数额奖金、晋升工资、授予荣誉称号、颁发荣誉证书等方式，并通过公开刊物等大众媒体予以广泛宣传。

例题 60 · 多选题　下列各项中，属于财政部门为加强会计职业道德建设，可以采取的措施有（　　）。

A. 将会计职业道德的内容全部予以法律化

B. 采取多种形式组织开展会计职业道德宣传教育

C. 将会计职业道德建设与会计从业人员管理相结合

D. 组织开展《会计法》执法检查

【答案解析】 BCD　不可能也不必要将会计职业道德的内容全部予以法律化，选项 A 错误，其余三项正确。

例题 61 · 单选题　（　　）是对会计职业道德进行自律管理与约束的主要机构。

A. 会计行业组织　　B. 工商行政管理部门

C. 新闻媒体　　D. 财政部门

【答案解析】 A　会计行业组织是对会计职业道德进行自律管理与约束的主要机构。

例题 62 · 多选题　下列各项中，属于会计行业协会职责的有（　　）。

A. 服务　　B. 监督　　C. 管理　　D. 协调

【答案解析】 ABCD　会计行业协会的职责是“服务、监督、管理、协调”。

说明：手机扫描上方二维码，根据提示下载安装客户端，安装后使用客户端中的扫码功能直接访问，亦可通过浏览器登录 pass. cfeph. cn 访问。